Maler und Lackierer

Lernfelder 9–12

Maler und Lackierer

→ **Lernfelder 9–12**
Schülerbuch, 1. Auflage, 2009
240 S., vierfarbig
978-3-14-**231605**-5

Maler und Lackierer

→ **Arbeitsaufträge – Lernfelder 9–12**
1. Auflage, 2009
112 S., vierfarbig
978-3-14-**231606**-2

→ **Lösungen zu den Arbeitsaufträgen – Lernfelder 9–12**
112 S.
978-3-14-**231609**-3

Maler und Lackierer

→ **Bilder-CD-ROM – Lernfelder 5–12**
978-3-14-**364302**-0

Die CD-ROM bietet die Bilder und Tabellen der Fachbücher für die Lernfelder 5–8 und der Lernfelder 9–12 (Best.-Nr. 231603 und 231605) zum Drucken, Speichern und Kopieren in Office-Programme an.

Markus Dempf, Bernhard Finkenzeller, Uwe Herrmann, Klaus Littmann, Uta Mengel

Maler und Lackierer

Fahrzeuglackierer

Lernfelder 1–4

westermann

Diesem Buch wurden die bei Manuskriptabschluss vorliegenden neuesten Ausgaben der DIN-Normen, VDI-Richtlinien und sonstigen Bestimmungen zu Grunde gelegt. Verbindlich sind jedoch nur die neuesten Ausgaben der DIN-Normen, VDI-Richtlinien und sonstigen Bestimmungen selbst.

Die DIN-Normen wurden wiedergegeben mit Erlaubnis des DIN Deutsches Institut für Normung e.V. Maßgebend für das Anwenden der Norm ist deren Fassung mit dem neuesten Ausgabedatum, die bei der Beuth-Verlag GmbH, Burggrafenstraße 6, 10787 Berlin, erhältlich ist.

Auf verschiedenen Seiten dieses Buches befinden sich Verweise (Links) auf Internet-Adressen.
Haftungshinweis: Trotz sorgfältiger inhaltlicher Kontrolle wird die Haftung für die Inhalte der externen Seiten ausgeschlossen. Für den Inhalt dieser Seiten sind ausschließlich deren Betreiber verantwortlich. Sollten Sie bei dem angegebenen Inhalt des Anbieters dieser Seite auf kostenpflichtige, illegale oder anstößige Inhalte treffen, so bedauern wir dies ausdrücklich und bitten Sie, uns umgehend per E-Mail unter **www.westermann.de** davon in Kenntnis zu setzen, damit der Verweis beim Nachdruck gelöscht wird.

2. Auflage, 2009

Redaktion: Wolfgang Rund, Annette Wiegmann
Verlagsherstellung: Harald Kalkan
Satz und Layout: deckermedia GbR, Vechelde
Umschlaggestaltung: boje 5 Grafik und Werbung, Brauschweig
Druck und Bindung: westermann druck GmbH, Braunschweig

ISBN 978-3-14-**231601**-7

Vorwort

Die Umsetzung des nach Lernfeldern strukturierten Rahmenlehrplanes für die Ausbildungsberufe Maler und Lackierer, Fahrzeuglackierer sowie Bauten- und Objektbeschichter stellt für alle Lehrkräfte eine besondere Herausforderung dar. Nach dem KMK-Rahmenlehrplan wird von der Berufsschule verlangt, „den Unterricht an einer für Ihre Aufgaben spezifische Pädagogik auszurichten, die Handlungsorientierung betont". Das Lernen soll sich in Beziehung auf „konkretes berufliches Handeln" ausrichten. Nicht mehr die Anhäufung von schnell wechselndem Fachwissen steht im Vordergrund des Unterrichts, sondern die Vermittlung von **Handlungskompetenz**, die es den Schülern ermöglicht, sich die entwickelnde Technik in ihrem zukünftigen Berufsleben selbst zu erschließen.

Mit der Abkehr von fachspezifischen Lerninhalten, die überwiegend durch lehrerzentrierte Unterrichtskonzepte umgesetzt wurden, ergeben sich neue Anforderungen an die Zielstellung beruflicher Bildung. Der Auftrag, den Unterricht an den konkreten **betrieblichen Arbeits- und Geschäftsprozessen** zu orientieren, lässt sich dadurch erfüllen, dass im Unterricht praxisbezogene Lernsituationen geschaffen werden müssen.

Für dieses Lehrwerk wurden deshalb Lernsituationen entwickelt, deren Umsetzung durch die Abwicklung von konkreten Arbeitsaufträgen vollzogen werden kann.

Arbeitsaufträge

Jedes Lernfeldkapitel beginnt mit einem typischen Arbeitsauftrag, wie er als Folge eines Kundenwunsches zu erfüllen ist.

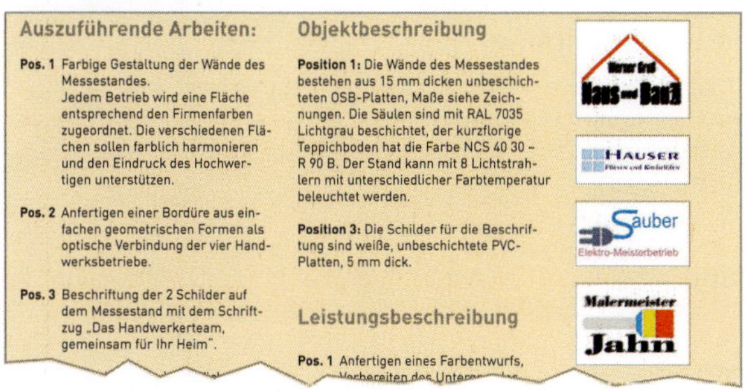
Auszuführende Arbeiten:

Pos. 1 Farbige Gestaltung der Wände des Messestandes.
Jedem Betrieb wird eine Fläche entsprechend den Firmenfarben zugeordnet. Die verschiedenen Flächen sollen farblich harmonieren und den Eindruck des Hochwertigen unterstützen.

Pos. 2 Anfertigen einer Bordüre aus einfachen geometrischen Formen als optische Verbindung der vier Handwerksbetriebe.

Pos. 3 Beschriftung der 2 Schilder auf dem Messestand mit dem Schriftzug „Das Handwerkerteam, gemeinsam für Ihr Heim".

Objektbeschreibung

Position 1: Die Wände des Messestandes bestehen aus 15 mm dicken unbeschichteten OSB-Platten, Maße siehe Zeichnungen. Die Säulen sind mit RAL 7035 Lichtgrau beschichtet, der kurzflorige Teppichboden hat die Farbe NCS 40 30 – R 90 B. Der Stand kann mit 8 Lichtstrahlern mit unterschiedlicher Farbtemperatur beleuchtet werden.

Position 3: Die Schilder für die Beschriftung sind weiße, unbeschichtete PVC-Platten, 5 mm dick.

Leistungsbeschreibung

Pos. 1 Anfertigen eines Farbentwurfs,

Die Arbeitsaufträge sind in die Phasen

- **Auszuführende Arbeiten,**
- **Objektbeschreibung** und
- **Leistungsbeschreibung**

gegliedert. Mit dieser Gliederung wird dem Aufbau einer Gesellenprüfung entsprochen.

Fachsystematische Inhalte

Dem Arbeitsauftrag schließen sich die **fachsystematisch gegliederten Inhalte** an.

Technische Mathematik, Lesen von Symbolen und Zeichnungen sowie u. a. die Themen Gesundheits- und Umweltschutz werden integrativ vermittelt.
Mit dem daraus gewonnenem technologischen und mathematischen Fachwissen können die Arbeitsaufträge bearbeitet werden.
Das schließt jedoch nicht aus, dass die Schüler über die Inhalte des Fachbuches hinaus auf zusätzliche Informationen aus weiteren Informationsquellen, z. B. Tabellenbücher, Herstellerunterlagen, elektronische Informationssysteme, zugreifen müssen.
Die Anschaulichkeit der Inhalte wird unterstützt durch übersichtliche Tabellen und aussagekräftige Abbildungen.

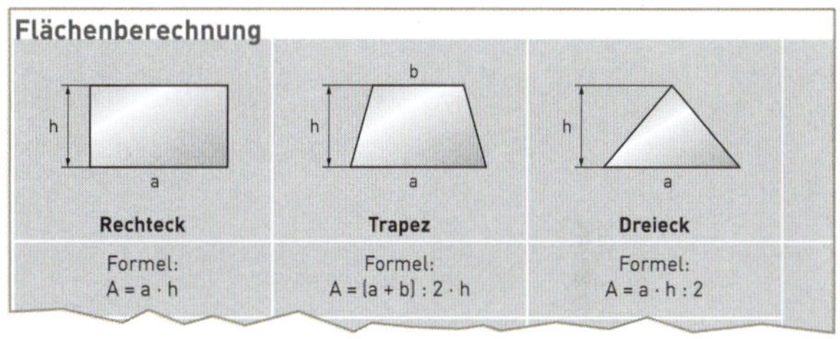

Am Ende eines jeden Lernfeldkapitels befinden sich Aufgaben zur Vertiefung der Inhalte.

Ein eigenständiges Kapitel befasst sich mit den Themen **Präsentationstechniken** und **Umgang mit Kunden**.

Sachwortverzeichnis

Ein umfangreiches Sachwortverzeichnis in deutscher und englischer Sprache soll den fremdsprachlichen Unterricht in der Berufsschule unterstützen.

Begleitende Produkte

Zu diesem Band wird ein **Heft mit Arbeitsaufträgen** angeboten, die inhaltlich auf das Fachbuch abgestimmt sind. Ein Lösungsheft ist ebenfalls erhältlich.

Zusätzlich wird zu diesem Band die CD **Maler und Lackierer interaktiv** angeboten, die alle Abbildungen, Tabellen, Lösungen der Aufgaben des Buches sowie ein Programm zur interaktiven Erstellung von Unterrichtsmaterialien beinhaltet.

Autoren und Verlag möchten mit diesem Lehrwerk einen Beitrag zur effektiven Umsetzung des lernfeldstrukturierten Unterrichts leisten. Hinweise zur Weiterentwicklung des Lehrwerkes werden gerne angenommen.

Autoren und Verlag
Braunschweig, Juli 2009

Inhaltsverzeichnis

Lernfeld 1 - Metallische Untergründe bearbeiten

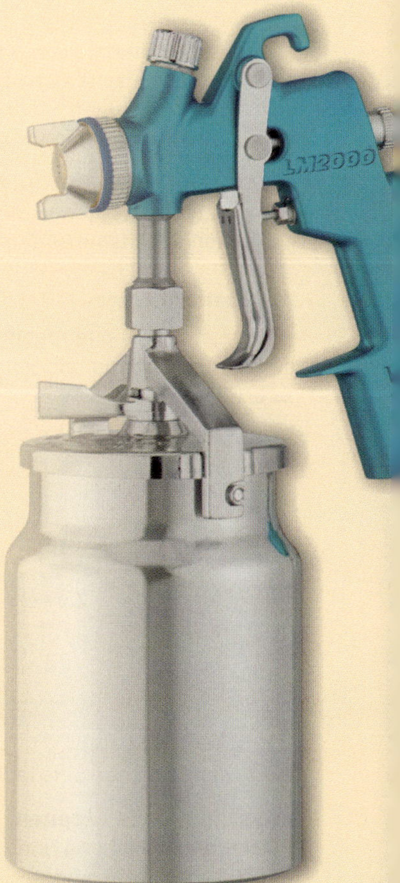

Lernfeld 2 - Nichtmetallische Untergründe bearbeiten

Lernfeld 3 - Oberflächen und Objekte herstellen

Lernfeld 4 - Oberflächen gestalten

Lernfeldübergreifend –
➜ Präsentationstechniken und Kundenorientierung

Der Beruf des Malers und des Fahrzeuglackierers

1 Entwicklung des Berufs

Schildermaler um 1910

Zu allen Zeiten und in allen Kulturen wurden die Behausungen, Gebrauchsgegenstände und Kultobjekte mit Farben versehen und verziert. Bestimmte Menschen hatten besondere Kenntnisse der Farbenherstellung und besondere Fähigkeiten, diese Farben auf den Untergründen aufzubringen. Dies waren dann die ersten „Maler“. Besonders verehrt wurden die Menschen, die in der Lage waren, Dinge und Lebewesen bildhaft darzustellen.

Es ist anzunehmen, auch wenn keine Beweise überliefert sind, dass bis zur Antike die Malspezialisten für alles, was mit Anmalen zu tun hat, zuständig waren.

Im Laufe der Zeit bildete sich eine Spezialisierung heraus, die sehr stark davon abhing, welche Art von Bemalung in der jeweiligen Zeit und Kultur gerade gefragt war. Im Deutschen bildete sich eine Vielzahl von Bezeichnungen für Teilbereiche des Malens heraus, die dann später nicht mehr gebräuchlich waren oder in ihrer Bedeutung verändert wurden.

Maler um 1960

Zum Beispiel gab es im 19. Jahrhundert den Dekorationsmaler, der ursprünglich für die Bemalung von Theaterkulissen zuständig war. Das Tätigkeitsfeld umfasste aber dann zunehmend auch die aufwändige und in dieser Zeit umfangreiche Ausmalung der privaten Räume. So war der Dekorationsmaler der „bessere“ Maler im Vergleich zum Tüncher oder Weißmaler, der die einfachen Fassaden- und Innenraumanstriche ausführte.

Auch in der neueren Zeit entstehen durch die veränderten technischen und gesellschaftlichen Anforderungen neue Spezialisierungen und daraus neue Berufe, während andere Malerberufe verschwinden.

Die Fertigkeiten und Kenntnisse, die ein Maler früher brauchte, waren deutlich anders als heute. In jedem Betrieb wurden bis Mitte des 20. Jahrhunderts die benötigten Farben und Lacke nach eigenen Rezepturen selbst hergestellt. Um eine gleich bleibende Qualität zu erreichen, war sehr viel Wissen über die Werkstoffe und ein großes Können beim Umgang damit erforderlich. Die an jeden Malergesellen gestellten handwerklichen Anforderungen waren auch deutlich höher, da es weniger Hilfsmittel gab, z. B. Klebebänder, Spritzgeräte oder Rollen.

Heute muss ein Facharbeiter in der Lage sein, seine Aufgabe möglichst effektiv, d. h. schnell und sauber, zu erledigen und dabei stets den Kunden zufrieden zu stellen. Er muss sich dabei mit den vielen speziellen Hilfestellungen, die dem Betrieb von den Herstellern und Händlern angeboten werden, auskennen und sinnvoll nutzen. Die Entwicklung von neuen Produkten erfolgt immer schneller, sodass ein Geselle auch in der Lage sein muss, sich schnell zu informieren, um einen Überblick über die Eigenschaften und Anwendung der neuen Produkte zu erhalten.

2 Die Aufgaben des Malers

Schon aus den vielfältigen, sich ständig ändernden Bezeichnungen des Berufes kann man ermessen, welch unterschiedliche Tätigkeiten ein Maler ausführen kann.

Diese Vielfalt lässt sich aber auf wenige Aspekte zusammenfassen, wenn man überlegt, warum ein Maler einen Auftrag vom Kunden bekommt. Der Auftraggeber möchte

- seine Umgebung schöner haben,
- seine Objekte vor dem Verfall schützen,
- durch Schriften, Zeichen und Bilder auf etwas hinweisen.

Die drei Aufgaben

- Verschönerung,
- Schutz
- und Kennzeichnung

sind die Kernaufgaben des Malers und der von ihm abgeleiteten Berufe.

Zusätzlich kann ein Maler auch für die Gesundheit, d.h. für das körperliche und psychische Wohlergehen, sorgen, indem er eine Wärmedämmung anbringt, Schimmelbildung verhindert oder einfach Wände in einer angenehmen Farbe streicht.

3 Das Berufsbild heute

3.1 Maler

Heute rührt ein Maler seine Farben und Lacke nur in ganz seltenen Fällen noch selbst an. Die Produkte werden von Industriebetrieben fertig geliefert und zwar genau abgestimmt auf die besonderen Anforderungen bei der Anwendung. Dadurch ist der Beruf auf der einen Seite einfacher geworden, da man sich nicht mehr mit der Rezeptur von Farben beschäftigen muss, auf der anderen Seite muss ein Maler nun in der Lage sein, sich schnell über ein Produkt zu informieren. Er muss auch ständig sein Wissen auf den neuesten Stand halten, weil die Entwicklung neuer Produkte immer schneller voran schreitet.

Ein Malerbetrieb arbeitete schon immer mit gefährlichen Stoffen. Früher war es für die Menschen normal, dass es beim Lackieren „stinkt“. Heute reagieren sie sehr viel sensibler auf die Gefahren, die von einem Stoff ausgehen. Deshalb muss der professionelle Anwender von Lacken, Farben, Verdünnungsmitteln, Abbeizern und Reinigungsmitteln viele Gesetze und Verordnungen zum Gesundheits-, Umwelt-, und Brandschutz beachten.

Besonders zu erwähnen ist hier die Umsetzung der „Decopaint-Richtlinie“ in deutsches Recht. Damit wurden ab 2007 und nochmals verschärft ab 2010 Grenzwerte für den Lösemittelgehalt in Beschichtungsstoffen festgelegt. Lösemittelverdünnbare Stoffe verschwinden dann zwar nicht vom Markt, der Gehalt an gefährlichen Stoffen ist dann allerdings deutlich reduziert.

Die Tätigkeiten, die ein Malerbetrieb heute nach der Handwerksordnung (HwO) ausführen darf, sind sehr vielseitig:

- Beschichtung von Fassaden, Räumen und den unterschiedlichsten Objekten,
- Aufbauen von Gerüsten,
- Tapezieren,
- Boden verlegen,
- Montage von Trockenbauwänden,
- Betonsanierung,
- Vergolden,
- Wärmedämmung,
- Beschriftung,
- Illusionsmalerei,
- Ausführen von hochwertigen Techniken wie Marmor- und Holzimitation, Glättetechnik oder Lasurtechnik.

Maler heute

Da die meisten Malerbetriebe in Deutschland relativ klein sind und meist nicht mehr als 10 Mitarbeiter haben, kann ein einzelner Betrieb nicht das ganze Leistungsspektrum anbieten, sondern muss sich auf die Arbeiten konzentrieren, für die er aufgrund der Ausstattung und dem Können der Mitarbeiter befähigt ist. Ein Malergeselle, der heute den Betrieb wechselt, muss sich deshalb im Klaren sein, dass in dem neuen Betrieb unter Umständen Arbeiten ausgeführt und Techniken eingesetzt werden, die er aus seinem alten Betrieb nicht kennt. Hier zeigt sich dann der Wert einer guten Ausbildung, in der ein breites Grundwissen und -können in möglichst allen Tätigkeitsbereichen vermittelt wird.

3.2 Fahrzeuglackierer

Die Fahrzeug-Reparaturlackierung war bis in die 1960er Jahre hinein meist ein Tätigkeitsbereich der Malerbetriebe. Mit der steigenden Anzahl und Qualität der Fahrzeuge mussten die Betriebe immer aufwändigere Anlagen anschaffen, um den Kundenwünschen gerecht zu werden. Dies lohnte sich nur, wenn sich ein Betrieb auf die Fahrzeuglackierung spezialisierte. Deshalb gibt es heute kaum noch Betriebe, die sowohl Maler- als auch Lackiererarbeiten durchführen.

Mit der Spezialisierung war auch ein immer höher werdender Anspruch an die Qualität der Lackierung verbunden. Die Betriebe gerieten aber auch stärker in die Abhängigkeit der Autohersteller, der Lackhersteller und der Versicherungen, die bestimmen konnten, in welcher Qualität eine Arbeit ausgeführt werden muss, damit sie auch bezahlt wird.

Die Lackier-Betriebe versuchen deshalb häufig, sich neue Tätigkeitsfelder zu erschließen, z. B. im Bereich der Industrielackierung oder Pulverbeschichtung.

Die Dauer einer Fahrzeuglackierung hat sich enorm verkürzt. Die Trocken- und Ablüftzeiten sind heute so gering, dass eine komplette Lackierung innerhalb eines Tages fertiggestellt werden kann.

Auch bei der Fahrzeuglackierung spielt der Umweltgedanke eine immer stärkere Rolle. So muss ein Lackiererbetrieb seine Lösemittelemissionen schrittweise auf einen bestimmten Grenzwert reduzieren. Dies gelingt nur, wenn größtenteils wasserverdünnbare Beschichtungsstoffe oder HS- bzw. VHS-Systeme verwendet werden.

4 Die Ausbildung und Weiterbildung

Die Ausbildung in den Berufen „Maler und Lackierer" und „Fahrzeuglackierer" ist wie bei allen Ausbildungsberufen in Deutschland in der Ausbildungsordnung festgelegt. Für die beiden Berufe wurden die Ausbildungsordnungen 2003 neu erlassen.

In dieser Ausbildungsordnung ist für Fahrzeuglackierer und Maler eine gemeinsame Grundbildung vorgesehen. Erst im zweiten Ausbildungsjahr werden jeweils spezifische Inhalte vorgeschrieben.

Die Ausbildung findet an den Lernorten Betrieb, Berufsschule und in überbetrieblicher Unterweisung statt.

Maler und Lackierer/ Bauten- und Objektbeschichter

Es gibt zwei Möglichkeiten der Ausbildung zum Maler und Lackierer. Zum einen die dreijährige Lehrzeit mit dem Abschluss der Gesellenprüfung, zum anderen die Stufenausbildung. Hier wird zunächst ein zweijähriger Ausbildungsvertrag abgeschlossen. Am Ende dieser Ausbildungszeit erfolgt eine Qualifikationsprüfung zum Bauten- und Objektbeschichter. Wird diese Prüfung bestanden, kann nach einem weiteren Jahr die Gesellenprüfung abgelegt werden.

Im dritten Lehrjahr findet eine Spezialisierung der Ausbildung in drei Fachrichtungen „Gestaltung und Instandhaltung" (der „klassische" Maler), „Bauten- und Korrosionsschutz" und „Kirchenmalerei und Denkmalpflege" statt.

Fahrzeuglackierer

Für die Ausbildung zum Fahrzeuglackierer ist nur eine dreijährige Ausbildung vorgesehen, die mit der Gesellenprüfung endet.

In der Ausbildung sollten Fertigkeiten in möglichst vielen Tätigkeitsbereichen erlernt werden. Dies ist in vielen Lackierbetrieben nicht möglich, da sie sich auf bestimmte Gebiete spezialisiert haben und die einzelnen Arbeiter meist nur eng begrenzte Aufgaben durchführen. Deshalb ist gerade in der Ausbildung zum Fahrzeuglackierer eine enge Abstimmung zwischen den Lernorten notwendig.

Fortbildung

Mit dem Bestehen der Gesellenprüfung ist die Karriere im Handwerk noch nicht beendet. Man kann schon nach einem Jahr mit dem Meisterkurs beginnen und diesen mit der Meisterprüfung abschließen.

Als Meister kann man selbst einen Betrieb eröffnen oder übernehmen, oder man ist als angestellter Meister in größeren Betrieben für bestimmte Bereiche zuständig, z. B. Aufmaßerstellung oder Organisation bestimmter Baustellen.

Auch ohne Meisterprüfung kann man seinen Verantwortungsbereich und somit seine Verdienstmöglichkeiten erweitern, indem man zum Vorarbeiter aufsteigt, der für eine Gruppe an einer Baustelle verantwortlich ist.

Mit der bestandenen Abschlussprüfung kann man auch das Niveau des Schulabschlusses erhöhen. Unter bestimmten Bedingungen, die in den einzelnen Bundesländern sehr unterschiedlich sind, kann man auch über den beruflichen Bildungsweg die Hochschulreife erlangen.

Weiterbildung

Die Berufe des Malers und des Fahrzeuglackierers sind sehr vielseitig, deshalb ist es leicht möglich, sich auf ein bestimmtes Teilgebiet zu spezialisieren und sich dadurch eine besondere Qualifikation verschaffen.

Voraussetzung dafür ist es, sich ständig über den aktuellen Stand der Werkstoffe, Arbeitsverfahren und Werkzeuge zu informieren und auch selbst neue Dinge auszuprobieren und weiterzuentwickeln. Ein Fahrzeuglackierer könnte sich zum Beispiel, indem er seine Fähigkeiten im Bereich Airbrush weiter entwickelt, neue Tätigkeitsfelder erschließen.

Hilfreich können hier Seminare sein, die über die verschiedensten Themen aus dem Beruf durchgeführt werden. Diese werden von den Innungen, Handwerkskammern und sonstigen Institutionen sowie den Berufsgenossenschaften und von den Herstellern angeboten.

4 Ausbildungsstruktur im Überblick

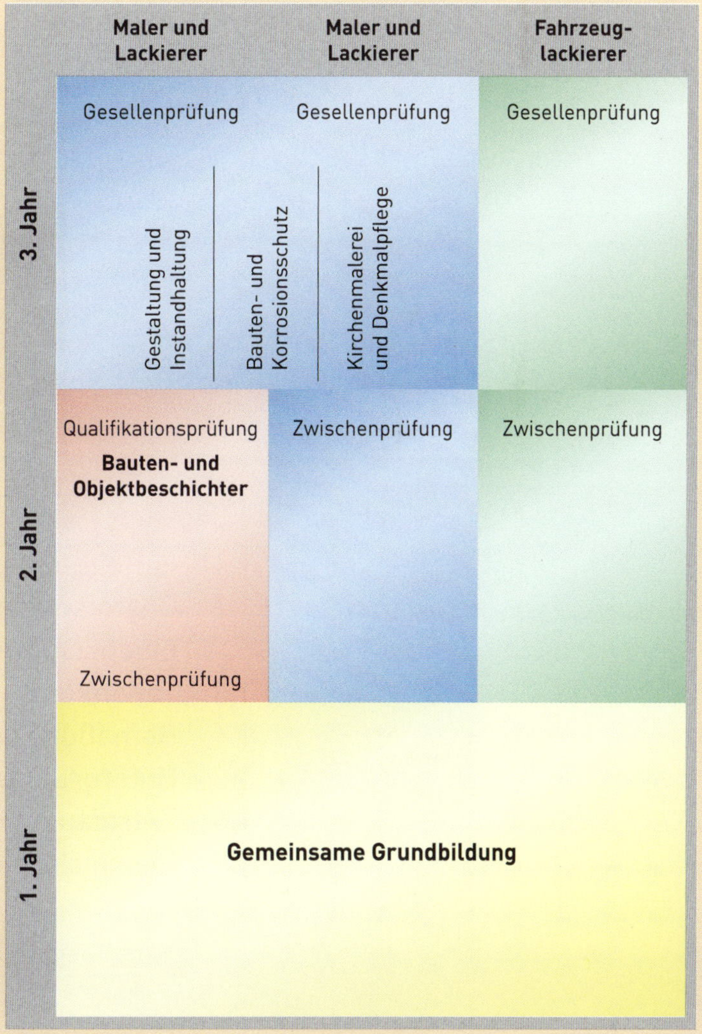

1 Lernfeld 1
Metallische Untergründe bearbeiten

Kundenauftrag
▶ Beschichten von Torelementen

Arbeitsauftrag

Für einen Hersteller von Falt- und Rolltoren sollen Torelemente probebeschichtet werden.

Es handelt sich um stabile und zuverlässige Tore für normale, gewerbliche Anwendungen. Sie werden an Außenwänden installiert.

Eine Vielzahl von Fensterformen ist als Option erhältlich.

Auszuführende Arbeiten

1. Die metallischen Untergründe sollen geprüft und für eine Beschichtung vorbereitet werden.
2. Die Grundbeschichtung ist mit einem lösemittelhaltigem Alkydharzlack aufzubringen.
3. Die Decklackierung ist mit Alkydharzlack im entsprechenden Beschichtungsverfahren aufzubringen.
4. Für die Kalkulation sollen die zu bearbeitenden Flächen berechnet werden.

Die Beschichtung soll im Rollverfahren durchgeführt werden. Aus Kostengründen soll später auf ein Spritzverfahren umgestellt werden.

Objektbeschreibung

Zur Erprobung werden die Tore in drei Metallarten und Größen zur Verfügung gestellt (s. Tabelle):

- Gebrauchtes sechsflügliges Stahltor mit Altbeschichtung und partiellen Roststellen an den Kanten
- Vierflügliges verzinktes Stahltor, neu
- Aluminium, fünf Flügel, neu

Überblick über die Falttorvarianten:

Sollte die Herstellerfirma mit der Lackierarbeit und dem Preis zufrieden sein, können weitere Tore in verschiedener Flügelanordnung und Fenstervarianten zur Beschichtung angeliefert werden.

Alle Tore bieten dem Kunden größtmögliche Flexibilität in der Flügelordnung.

Torgrößen/Bauarten

Lichte Breite in mm	Flügelzahl	Flügelanordnung
1020–2460	2+0	
2461–3750	2+1	
	3+0	
3751–5020	2+2	
	3+1	
	4+0	
5021–6320	3+2	
	4+1	
	5+0	
6231–7590	3+3	
	4+2	
	5+1	
	6+0	
7591–8000	4+3	
	5+2	
	6+1	
	7+0	
	4+4	
	8+0	

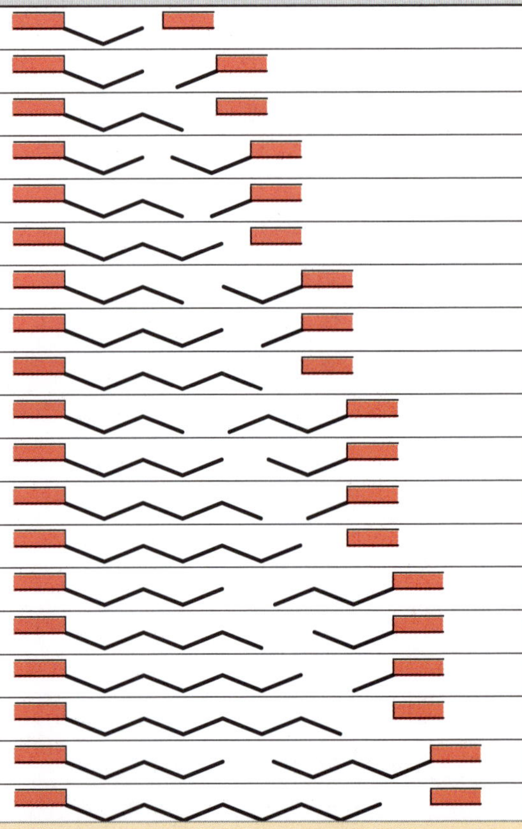

Bis zu einer Breite von 8 Metern können die Tore in nahezu jede industrielle Öffnung eingepasst werden.

Je nach Anforderung bietet der Hersteller eine Vielzahl von Fensteranordnungen. Von komplett durchsichtigen Feldern bis hin zu individuellen rechteckigen, ovalen oder runden Fenstern.

Diese Variation von Fensterfeldern ergibt selbstverständlich unterschiedliche Preise in der Beschichtung, da sich die Beschichtungsfläche von Typ zu Typ ändert.

Fenstervarianten

Fenstermaße

Fenstervarianten	Fenstermaße in mm
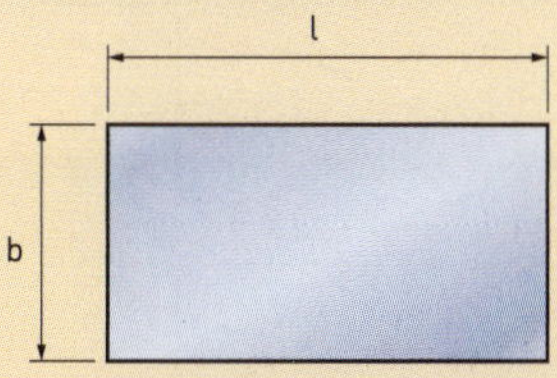	778 x 405 825 x 435 905 x 455 1005 x 555
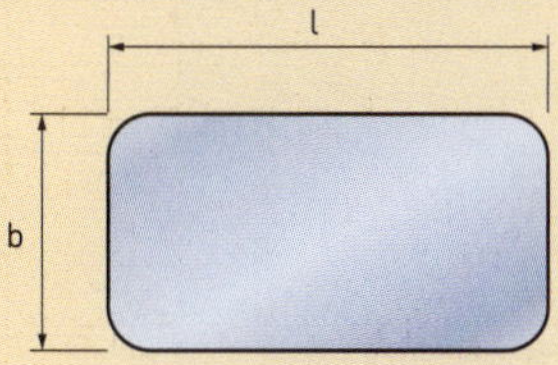	475 x 315 805 x 410 905 x 455 1000 x 500
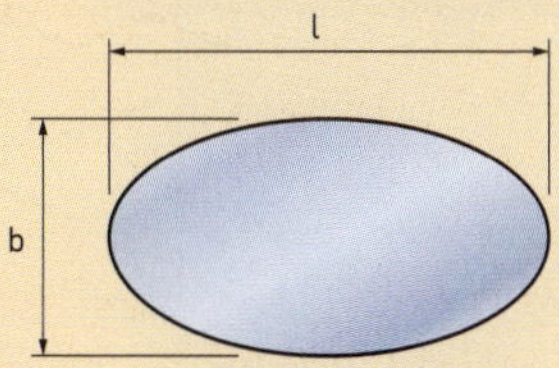	775 x 395 837 x 435 875 x 450 910 x 465
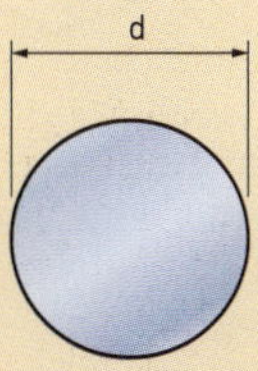	Durchmesser: 350 400 450 500

Leistungsbeschreibung

Altbeschichtetes Stahltor

- Die Haftung der Altbeschichtung ist zu prüfen und gegebenenfalls zu entfernen.
- Alle vorhandenen Roststellen sind durch entsprechende Verfahren zu entrosten.
- Unebenheiten werden durch Spachteln ausgeglichen und verschliffen.
- Korrosions- und Grundbeschichtung sind auszuführen und eine Decklackierung aufzubringen.

Verzinktes Stahltor

- Die Verzinkung ist fachgerecht vorzubereiten und mit einer Grundbeschichtung zu versehen.
- Anschließend erfolgt eine Decklackierung. Grundbeschichtung und Decklackierung erfolgen mit Acryllack.

Aluminiumtor

- Der Untergrund wird fachgerecht vorbereitet und mit einer Grundierung auf Alkydharzbasis versehen.
- Die Decklackierung erfolgt ebenfalls mit Alkydharzlack.
- Die Fenster werden erst nach der Beschichtung eingebaut.

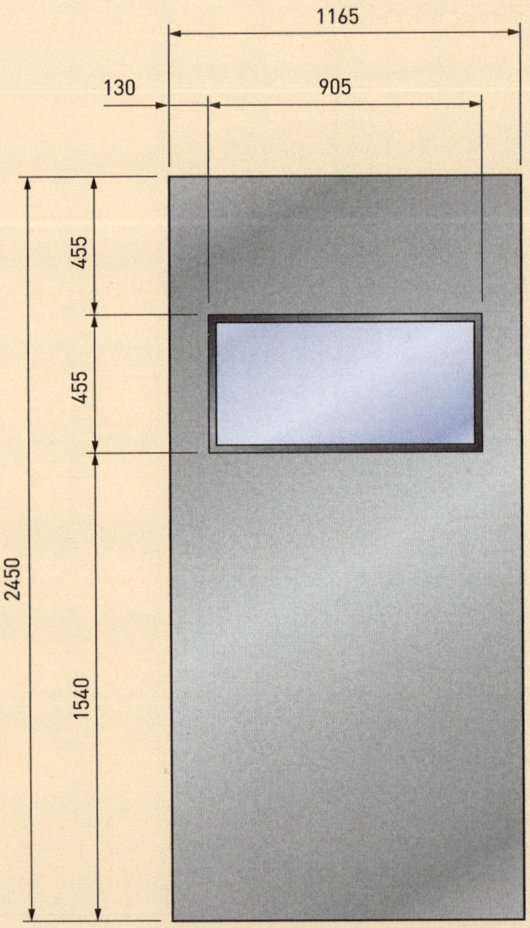

1.1 Einteilung der metallischen Untergründe

Maler und Lackierer bearbeiten metallische Untergründe, die sich in zwei Gruppen einteilen lassen: Eisenmetalle und Nichteisenmetalle (NE-Metalle).
Zu den Eisenmetallen gehören Gusseisen, Schmiedeeisen, Baustahl, Qualitätsstahl und Edelstahl. Zu den NE-Metallen zählen z. B. Aluminium, Kupfer, Zink und Blei. Metallische Untergründe kann man aufgrund ihrer Farbe, Dichte und einer eventuellen Oxidationsschicht unterscheiden.

Metalle, die mit Anteilen anderer Metalle oder sonstiger Stoffe versehen werden, nennt man Legierungen. Beispiele hierfür sind Stahl mit Chrom (z. B. für Motorradteile) oder das Messing (Kupfer und Zink), das man für Beschläge, Verzierungen und Armaturen verwendet, oder Bronze (Kupfer und Zinn).

Das Eisenmetall, das von Malern und Lackierern vorwiegend beschichtet wird, ist der Baustahl. Der Rohstoff für die Erzeugung von Stahl ist Eisenerz, aus dem im Hochofen durch Entzug von Sauerstoff zunächst Roheisen und durch weitere Erhitzung dann der Stahl gewonnen wird. Bei der Herstellung wird dem Stahl Kohlenstoff entzogen, da hiervon seine Härte abhängt. Baustahl enthält weniger als 2 % Kohlenstoff.

Durch mechanische Umformung bei gleichzeitiger Einwirkung großer Hitze können die Eigenschaften von Stahl auf unterschiedliche Anwendungsbereiche angeglichen werden. Enthält der Stahl mehr Kohlenstoff, wird er spröder. Aufgrund seiner guten Eigenschaften und auch aus wirtschaftlichen Gründen ist Stahl auf einer Vielzahl von Gebieten unersetzbar. Stahl ist zerspanbar, kalt verformbar und schweißbar. Stahl kann sehr weich und dafür ausgezeichnet verformbar hergestellt werden, wie etwa das Weißblech der Getränkedosen. Im Bauwesen und Fahrzeugbau können Stahlteile ergänzt und

1 **Eisenherstellung, Abstich**

ausgetauscht werden. Stahl wird in vielen Gebieten des Geräte-, Anlagen- und Fahrzeugbaus, des Bauwesens und der Industrie sowie bei der Herstellung sonstiger Alltagsgegenstände verwendet.

Mögliche Beschichtungsobjekte sind:
- Bleche,
- Heizkörper,
- Karosserieteile,
- Rohre,
- Türen,
- Tore,
- Maschinenteile.

Oberflächen aus NE-Metallen, die beschichtet werden, können aus Aluminiumlegierungen, Zink, verzinkten Eisenmetallen und Kupfer bestehen. Aluminium ist ein Leichtmetall, das elektrochemisch aus dem Rohstoff Bauxit hergestellt wird. Es ist im Vergleich zu Stahl weich und kratzempfindlich. Baubeschläge, Fassadenverkleidungen, Karosserieteile, Felgen, Fenster, Türen, Vordächer usw. werden aus Legierungen des Aluminiums mit Mangan, Magnesium, Silicium oder Kupfer hergestellt.

Aus Zink oder Zinklegierungen werden z. B. Fallrohre und Fassadenabdeckungen hergestellt. Mit Zink beschichtete (verzinkte) Eisenmetalle sind als Türzargen, Dachrinnen, Geländer usw. mögliche Beschichtungsuntergründe. Auch Fahrzeugkarossen können verzinkt werden.

Heizungsrohre und Bleche aus Kupfer werden aus optischen Gründen beschichtet.

Tab. 1: Metalle als Beschichtungsuntergründe

Aluminium und seine Legierungen	Al Cu Mn Mg Si	
Zink	Zn	
Verzinktes Eisen	Fe & Zn	
Kupfer	Cu	

1.2 Chemische und physikalische Bedingungen/ Eigenschaften und Verhalten

Wenn man gleichzeitig große Hitze und starke mechanische Kräfte auf Stahl einwirken lässt, können die Eigenschaften von Stahl auf unterschiedliche Anwendungsbereiche angeglichen werden. Er kann zum Beispiel weich und dafür gut verformbar hergestellt werden, wie etwa das Blech von Getränkedosen. Andererseits kann er sehr hart aber dafür spröde hergestellt werden, wie Stähle für Messer.

Neuere Entwicklungen sind darauf ausgerichtet, den Stahl gleichzeitig stabil und verformbar herzustellen, was für den Fahrzeugbau wichtig ist. Dies lässt zu, dass beschädigte Autoteile vom Fahrzeuglackierer z. B. durch Ausbeularbeiten repariert werden können. Um dünnes Blech dennoch stabil halten zu können, werden beim Fahrzeugbau gezielt Sicken und Kanten (Abb. 1) sowie Stabilisierungen im Innenbereich eingeplant (Abb. 2).

Stahl steht aufgrund seiner höheren Masse als Werkstoff in Konkurrenz zum Aluminium. Leichtere Bauteile sind auf der Baustelle einfacher einzubauen und benötigen keine übermäßig stabile Unterkonstruktion (z. B. Dächer für Wintergärten). Bei Fahrzeugen kann durch die Reduzierung der Masse mit der Verwendung von Aluminium Kraftstoff und somit Geld gespart werden.

Aluminium ist zudem sehr korrosionsbeständig, da es durch die Reaktion mit dem Luftsauerstoff rasch eine dünne Oxidschicht bildet, die es vor weiterer Korrosion schützt. Diese Schicht kann künstlich verstärkt werden, indem das Aluminium chemisch oder elektrisch oxidiert wird. Das elektrische Oxidieren wird „Eloxieren“ genannt.

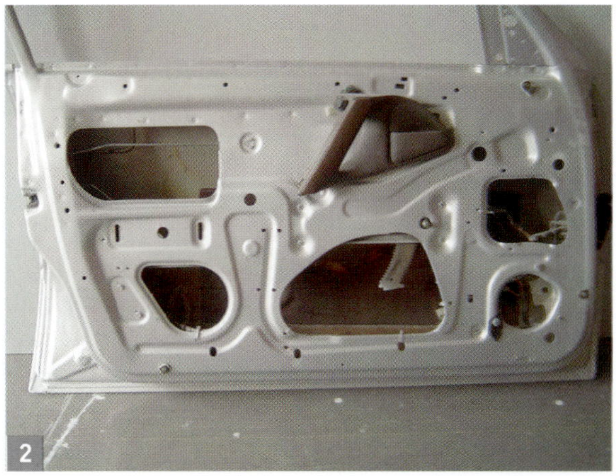

1 Sicke an einem Fahrzeug

2 Pkw-Tür

3 Feuerverzinken

1.3 Verzinkung

Korrosionsschutz von Stahl ist durch einen Überzug mit Zink möglich. Meistens werden Stahlteile feuerverzinkt, d. h. sie werden in ein Zinkbad getaucht, wobei die zu erreichenden Schichtdicken von der Temperatur des Zinks und der Verweildauer des Stahlteils im Bad abhängen (Abb. 3). Andere Verfahren sind die elektrolytische Verzinkung sowie die Spritzverzinkung mittels Flamm- oder Lichtbogenspritzen. Allerdings ist eine Unterscheidung der unterschiedlichen Verzinkungsarten mit baustellenüblichen Mitteln nicht immer möglich.

Auf der Baustelle trifft der Maler häufig auf verzinkte Stahltüren und -zargen, der Lackierer bearbeitet verzinkte Karosserieteile.

Die Zinkoberfläche muss zur Verbesserung der Haftfestigkeit sorgfältig vorbereitet werden.

Die Reinigung von Öl-, Fett- und Schmutzresten wird mittels einer ammoniakalischen Netzmittelwäsche durchgeführt.

Die Reinigungsflüssigkeit wird auf der Baustelle aus

- 10 l Wasser,
- ½ l 25 %-iger Salmiakgeist (Ammoniakwasser) und
- einer geringen Menge Spülmittel (Inhalt eines Kronkorkens)

hergestellt. Einige Hersteller bieten auch fertige Mischungen an. Die Zinkoberfläche wird mit einem Schleifvlies und der Reinigungsflüssigkeit nass geschliffen, bis es schäumt. Im Anschluss ist das Objekt mit viel Wasser nachzuspülen.

Alternativ kann die Zinkoberfläche gesweept werden. Das Sweepen ist ein Strahlverfahren, das die Zinkoberfläche für eine Beschichtung anraut, ohne die Schicht zu beschädigen.

1.4 Bemaßung von Beschichtungsflächen

1.4.1 Aufmaßregeln nach VOB

In Teil C der „Vergabe- und Vertragsordnung für Bauleistungen" (VOB) werden die „Allgemeinen Technischen Vertragsbedingungen für Bauleistungen" (ATV) beschrieben. Diese sind gleichzeitig als DIN-Normen veröffentlicht worden. Darin befinden sich Vorschriften, wie Bauarbeiten allgemein (DIN 18299) und vom jeweiligen Gewerk (z. B. Maler und Lackierer, DIN 18363) auszuführen und abzurechnen sind. Besonders für die Abrechnung von Arbeiten ist das Erstellen von Aufmaßen (z. B. von Innenräumen und Fassaden) wichtig, um den Material- und Arbeitsaufwand zu ermitteln.

Auch im Bereich der Fahrzeuglackierung müssen Karosserieflächen aufgemessen werden, um beim Anmischen von Lacken weder zu viel noch zu wenig Material spritzfertig zur Hand zu haben.

Tab. 1: Aufmaßregeln nach VOB, Teil C (Auswahl)

liegende Flächen (z. B. Tischplatten)	(größere) Länge mal (kleinere) Breite
stehende Flächen (z. B. Fenster, Wandflächen)	Grundlinie mal Höhe
Räume	Maße der Straßen- oder Fensterseite zuerst nennen
mehrere gleiche zu beschichtende Teile	Stückzahl vorne, Angabe der Beschichtungsseiten hinten (z. B. 6 Türen beidseitig: $6 \times 0{,}98 \times 2{,}00 \times 2$)
mehrstöckige Gebäude/ Gebäudekomplexe	Raum für Raum, Stockwerk für Stockwerk, Gebäude für Gebäude aufnehmen
Öffnungen, Aussparungen, Nischen	werden bis 2,5 m^2 Einzelgröße übermessen (d. h. ignoriert), ab 2,5 m^2 werden sie von der Fläche abgezogen

1.4.2 Bemaßung von Zeichnungen und Plänen

Für eine korrekte Kalkulation ist eine genaue Angabe von Maßen wichtig.

Die erforderlichen Maße, die zu einer Berechnung nötig sind, müssen enthalten und klar zu erkennen sein.

Die Übersicht und das Gesamtbild sollten durch eine Bemaßung nicht beeinflusst werden.

Eine Bemaßung besteht aus:

- Maßlinien,
- Maßhilfslinien,
- Maßlinienbegrenzungen und
- Maßzahlen.

Für diesen Zweck werden folgende Regeln angewandt:

- Maßlinien immer parallel zur Körperkante, ca. 1 cm von der Körperkante entfernt.
- Maßzahlen in der Regel Dezimalzahlen in m, Werte unter 1 m in cm. Im Metallbereich in mm.
- Maßzahlen stehen meist auf der Maßlinie, bei Platzmangel können die Maßlinien unterbrochen werden.
- Maßlinien sollen sich möglichst nicht überschneiden:
  - die kleineren Maße stehen näher beim Objekt,
  - in der Regel wird außerhalb des Körpers bemaßt.
- Drehsinn beachten: 90° im Uhrzeigersinn, damit die Maßzahlen immer auf der Linie stehen.
- Maßlinienbegrenzungen können unterschiedlich dargestellt werden:

Begrenzung durch 45°-Striche, Anwendung vorzugsweise im Baubereich

Begrenzung durch Pfeile, Anwendung vorzugsweise im Metall- und Karosseriebau

Begrenzung durch Punkte

- Bei Platzmangel können die Maßzahlen auch neben den Maßhilfslinien geschrieben werden.
- Bei Maßen von Öffnungen (Fenster und Türen) steht das Breitenmaß oben und das Höhenmaß unten.

$$\frac{1{,}24}{1{,}85}$$

- Halbe cm werden hochgestellt: $1{,}24^5$

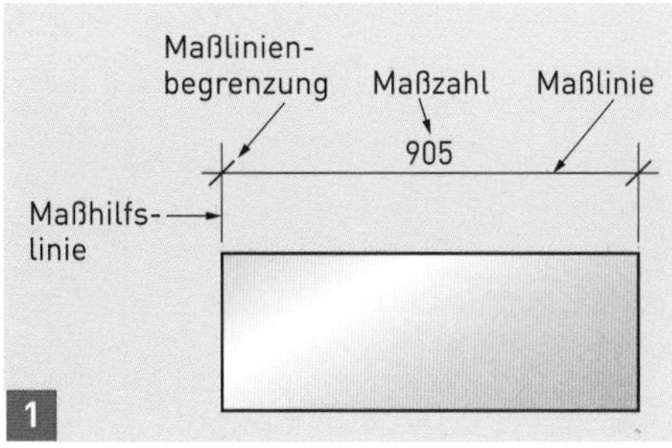

1 **Bestandteile einer Bemaßung**

2 **Bemaßung eines Grundrisses**

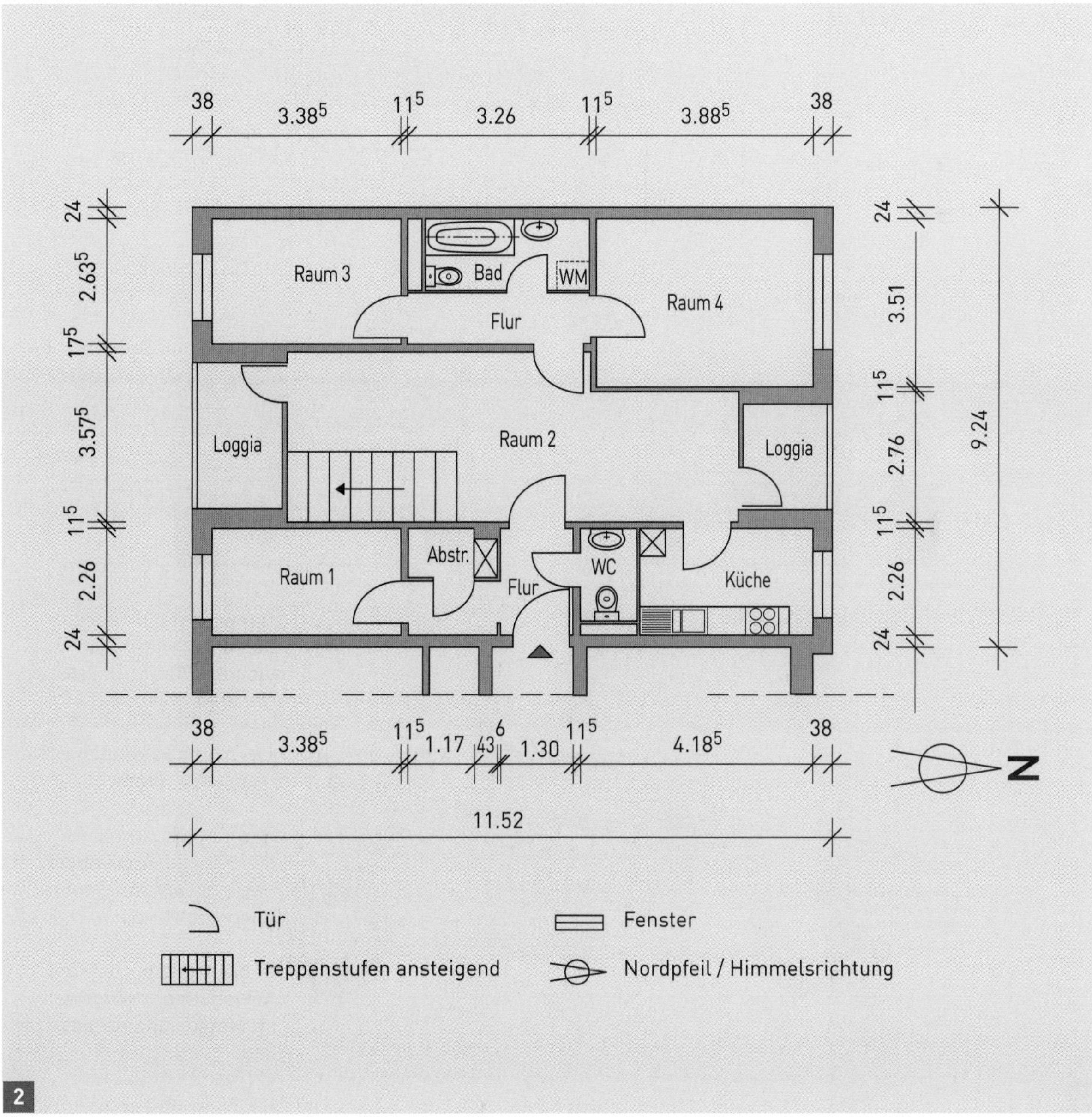

1.4.3 Bemaßung eines Fahrzeuges

Bei der Fahrzeugbemaßung sind folgende Größen von Wichtigkeit:

- Fahrzeuglänge = L,
- Fahrzeugbreite = B,
- Fahrzeughöhe = H,
- Radstand = R,
- Spurweite = S,
- Überhanglänge = $Ü_v$; $Ü_h$,
- Bodenfreiheit = F,
- vorderer und hinterer Überhangwinkel α_v; α_h.

1 **Bemaßung einer Autotür**

2 **Fahrzeugbemaßung**

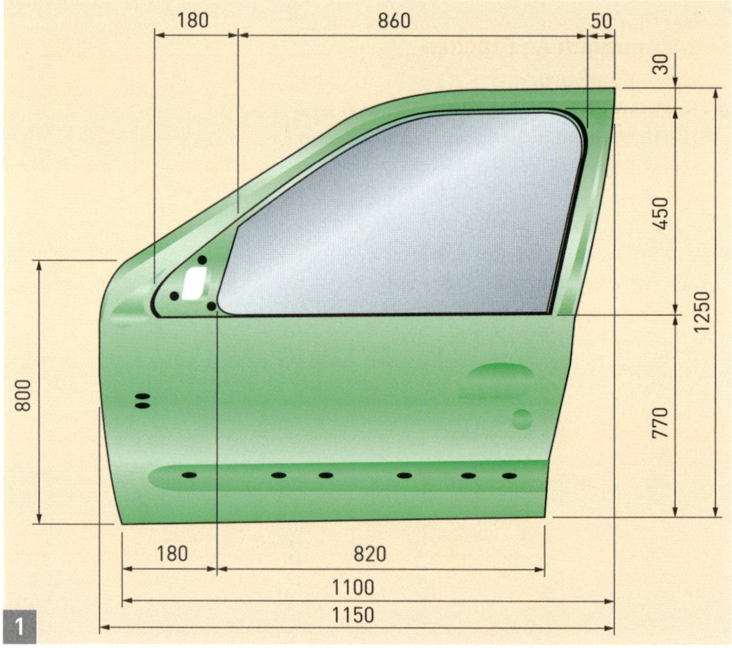

1

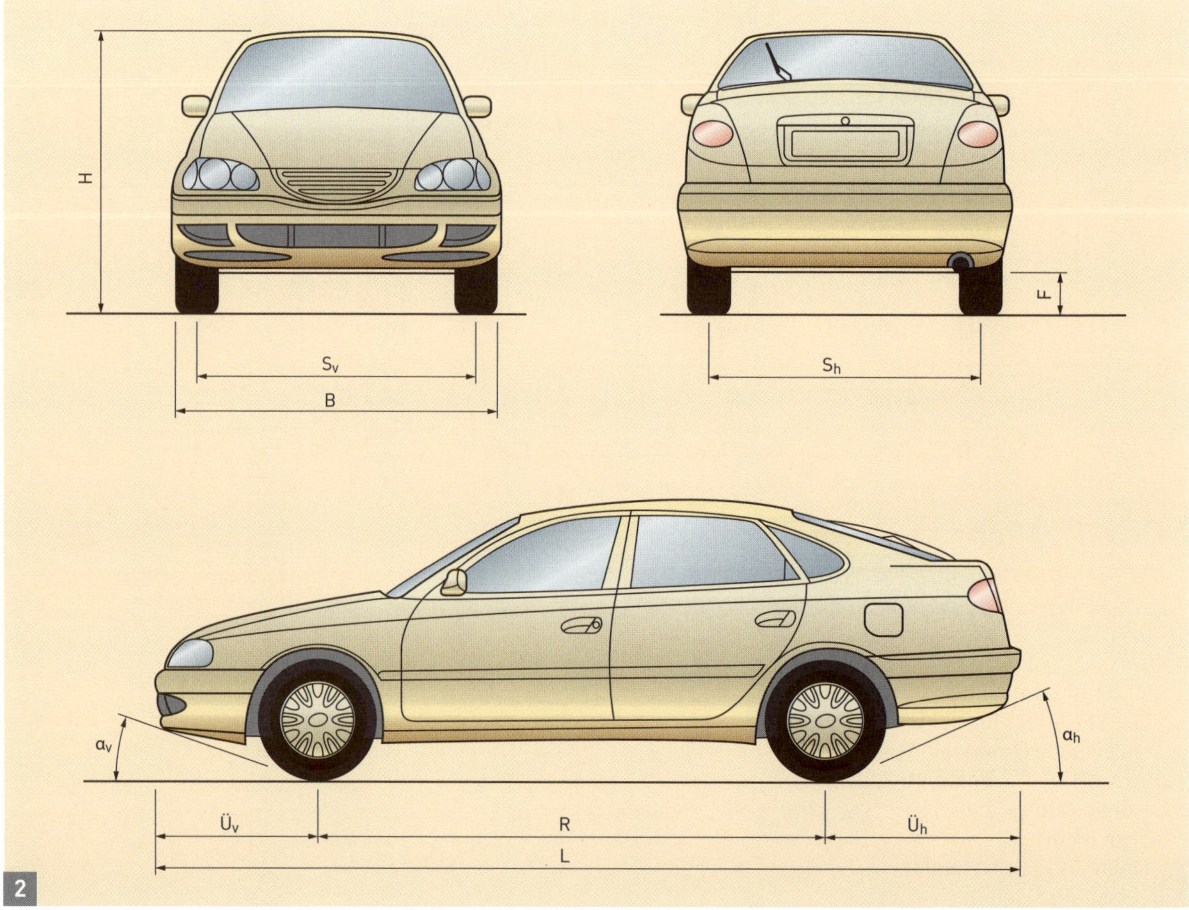

2

1.4.4
Berechnungen an Flächen

a) Berechnung der Fläche

Im Beruf des Malers und des Fahrzeuglackierers ist es notwendig, die Größe der bearbeiteten Fläche zu kennen.
Von der Größe der Fläche hängt ab,

- wie lange man für die Arbeit braucht,
- wie viel Material benötigt wird,
- und – wenn nach m² abgerechnet wird – wie hoch der Rechnungsbetrag ist, den der Kunde bezahlen muss.

Grundlegende Flächen

Häufig bestehen die Objekte aus sehr komplizierten Formen, die sich aber fast immer auf grundlegende Flächen vereinfachen lassen:

Flächenberechnung

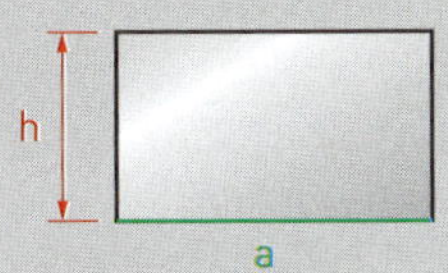 **Rechteck**	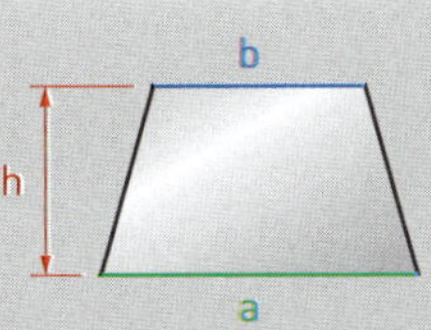 **Trapez**	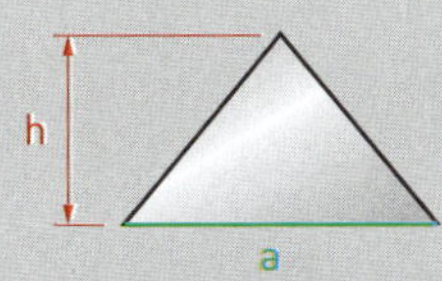 **Dreieck**
Formel: A = a · h	Formel: A = (a + b) : 2 · h	Formel: A = a · h : 2
Beispiel: A = 3,00 · 1,43 = 4,29 m²	Beispiel: A = (3,00 + 1,50) : 2 · 1,43 = 3,22 m²	Beispiel: A = 3,00 · 1,43 : 2 = 2,15 m²

Hinweis: Diese drei Flächen haben gemeinsam, dass sie sich mit der waagerechten Strecke a und der dazu rechtwinkligen Höhe h berechnen lassen.
Beim Trapez wird ein Mittelwert aus der langen und kurzen Seite berechnet.
Mittelwert = **(a + b) : 2**

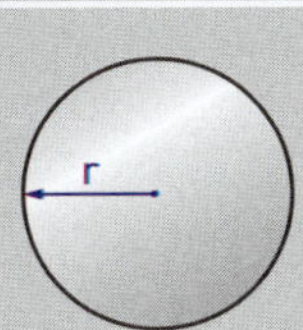 **Kreis**	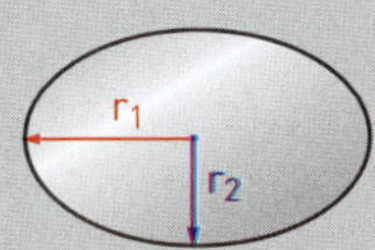 **Ellipse**
Formel: A = r · r · **3,14**	Formel: A = $r_1 \cdot r_2$ · **3,14**
Beispiel: A = 1,51 · 1,51 · **3,14** = 7,16 m²	Beispiel: A = 2,05 · 1,51 · **3,14** = 9,72 m²

Hinweis: „3,14" ist der Näherungswert für die Kreiszahl π (Pi). Für die Berechnungen im Maler- und Fahrzeuglackiererbereich ist dieser Näherungswert ausreichend.

Größeneinheiten

Aus den Formeln für die Berechnung der Flächen ergeben sich die Größeneinheiten:
m · m = m² **Beispiel:** 2,00 **m** · 1,50 **m** = 3,00 **m²**
dm · dm = dm²
cm · cm = cm²
Im Maler- und Fahrzeuglackiererbereich werden Flächen fast ausschließlich in m² angegeben.

Rundung

Flächenmaße werden auf zwei Stellen hinter dem Komma angegeben und entsprechend auf- oder abgerundet.

Beispiele: **2,00 m² (nicht** 2 m²)
1,945 m² = **1,95 m²**

b) Berechnung des Umfangs

Die Umfangsberechnung von Flächen wird benötigt für

- das Verlegen von Leisten,
- das Kleben von Bordüren,
- das Anbringen von Zierlinien am Fahrzeug,
- das Abdecken von Flächen.

Umfangsberechnung

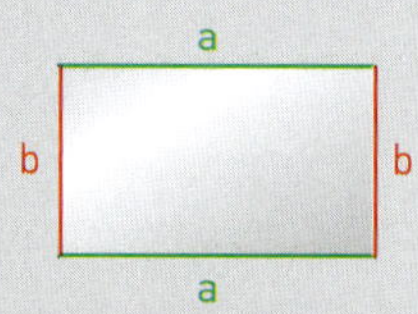 **Rechteck**	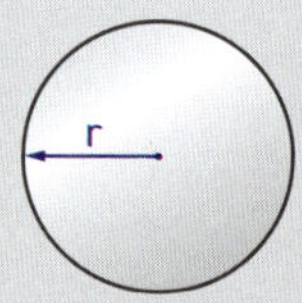 **Kreis**	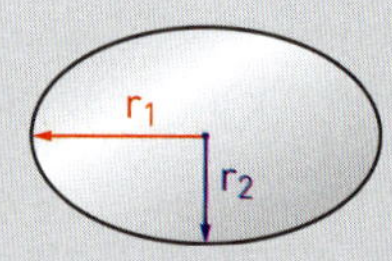 **Ellipse**
Formel: U = a + b + a + b oder einfacher U = 2 · a + 2 · b oder noch einfacher U = 2 · (a + b)	Formel: U = 2 · r · 3,14 Anmerkung: 2 · r = **d** (Durchmesser des Kreises)	Formel: U = (2 · r_1 + 2 · r_2) : 2 · 3,14
Beispiel: U = 2 · (3,00 + 1,43) = 8,86 m	Beispiel: U = 2 · 1,51 · 3,14 = 9,48 m	Beispiel: U = (2 · 1,51 + 2 · 2,05) : 2 · 3,14 = 11,18 m

Unregelmäßige Formen

Bei unregelmäßigen Formen wird der Umfang durch das Abmessen der äußersten Begrenzung einer Fläche ermittelt.

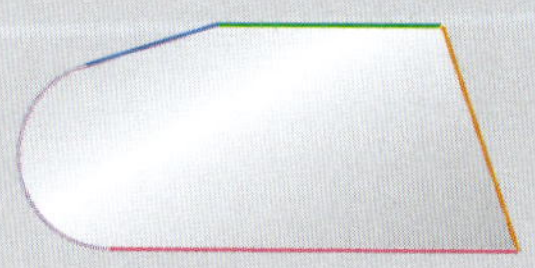

Formel für diese Fläche:

U = a + b + c + d + 2 · r · 3,14 : 2

Beispiel:

U = 1,67 + 2,88 + 2,95 + 5,16 + 1,95 · 3,14 : 2 = 15,72 m

Größeneinheiten

Der Umfang einer Fläche ist ein Längenmaß, deshalb wird er in einer Längeneinheit angegeben.

1 **m** = 100 **cm** = 1000 **mm**

1.5 Untergrundmängel

1 Gitterschnitttest

2 Klebebandtest

1.5.1 Untergrundprüfung

Ehe ein Untergrund bearbeitet werden kann, muss – auch zur Kalkulation des Preises – eine Schadensanalyse durchgeführt werden. Hierfür benötigt man keine aufwändigen Messverfahren, sondern vergleichsweise einfaches Zubehör. Bei beschichteten Metallen können eine Gitterschnittprüfung oder ein Klebebandtest bereits Erkenntnisse über die Tragfähigkeit des Untergrundes bringen.

Mit Lösemitteln kann festgestellt werden, ob ein Untergrund reversibel ist, d. h. ob er sich anlöst. Hierzu wird mit einem lösemittelgetränkten Baumwolllappen an einer wenig sichtbaren Stelle gerieben, ob sich der Lack anlösen lässt. Zur Analyse von Korrosionsschäden gleicht man die befallene Fläche mit Vergleichsbildern oder anhand des Rostgrades (Tab. 1 und 2, S. 26) ab.

1.5.2 Korrosion

Um metallische Untergründe beschichten zu können, müssen zunächst mögliche Mängel am Untergrund beseitigt werden. An Objekten, die der Maler und Lackierer bearbeitet, tritt Korrosion (Rost) an Baustahl am häufigsten auf. Sie ist die meist oberflächliche Reaktion des Werkstoffs mit seiner Umgebung. Eisen korrodiert, wenn es ungeschützt Wasser und Sauerstoff ausgesetzt wird. Chloride (Salze) fördern die Korrosion. Zum Beispiel rosten durch Steinschläge oder Kratzer beschädigte Autokarossen im Winter durch den Einfluss von Streusalz schneller als im Sommer.

Rost hat ein deutlich größeres Volumen als Stahl, so dass er Betonteile von der metallischen Bewehrung absprengen oder Beschichtungen abplatzen lassen kann. Metalle haben das Bestreben, in ihre ursprüngliche Form zurückzukehren und sich den Sauerstoff, der ihnen bei der Herstellung entnommen worden ist, wieder zurückzuholen.

Schon bei der Stahlherstellung bildet sich bei ca. 600 °C eine harte, schwarze Schicht, die Zunder genannt wird. Der Zunder ist spröder als das sich darunter befindende Eisen und besitzt mit der Zeit keine Haftung zum Stahl mehr. Daher muss er komplett entfernt werden, bevor mit Beschichtungsarbeiten begonnen werden kann.

Durch die Korrosion entstehen allein an beschichteten Fahrzeugen und Bauteilen jährlich Schäden in Milliardenhöhe. Sie kann die Sicherheit eines Fahrzeugs aber auch die Funktion eines Bauteils oder einer ganzen Konstruktion gefährden.

1 Unterrostung am Radbogen eines Pkw

2 Durchrostung am Fensterrahmen eines Busses

Baustahl muss zur Verhinderung von Korrosion beschichtet werden; andere Metalle sind widerstandsfähiger. Sie bilden eine Schutzschicht, die einen weiteren Schaden am sich darunter befindenden Material verhindert.

Durch eine chemische Reaktion der Oberfläche des Baustahls mit Wasser, Säuren, Laugen und Gasen wird die chemische Korrosion hervorgerufen, die das Materialgefüge nach und nach zerstört.

In der Tabelle 1 sind die wichtigsten Bezeichnungen für Rost zusammengefasst.

Damit der Maler und Lackierer die notwendigen Schritte zur Vorbehandlung der mit Rost befallenen Flächen durchführen kann, muss er die Schäden einordnen können. Die DIN-Normen helfen, die Beeinträchtigungen an beschichteten und unbeschichteten Stahlflächen in Rostgrade einzuteilen (Tab. 2 und 3).

1.5.3 Beulen

Durch kleinere Schäden oder schwerere Unfälle können Fahrzeugteile unterschiedlich stark verbeult werden. Aber auch andere Bauteile aus Stahl können beim Transport oder Einbau Beschädigungen erhalten. Bevor man beginnt, beschädigte Teile zu reparieren, muss überprüft wer-

Tab. 1: Rostbezeichnungen

Rostbezeichnung	Beschreibung
Flugrost	beginnende Korrosion auf Stahl an der Luft, noch keine Beeinträchtigung der Stabilität
Lochfraß	örtlich begrenzte, tief wirkende Korrosion
Unterrostung	sich unter der Beschichtung ausbreitende Korrosion, Haftungsverlust der Beschichtung
Durchrostung	zerstörende Durchrostung bei Stahlblechen, häufig an älteren Kfz zu beobachten

Tab. 2: Rostgrade beschichteter Stahlflächen nach DIN EN ISO 4628-3

Rostgrad	Flächenzustand
Ri 0	rostfreie Fläche
Ri 1	0,05 % rostbedeckte Fläche
Ri 2	0,5 % rostbedeckte Fläche
Ri 3	1 % rostbedeckte Fläche
Ri 4	8 % rostbedeckte Fläche
Ri 5	40–50 % rostbedeckte Fläche

Tab. 3: Rostgrade unbeschichteter Stahlflächen nach ISO 8501-1

Rostgrad	Aussehen
A	weitgehend mit fest haftendem Zunder bedeckt, aber im Wesentlichen frei von Rost
B	beginnende Rostbildung und beginnende Zunderabblätterung
C	Zunder ist abgerostet oder lässt sich abschaben, nur ansatzweise für das Auge sichtbare Rostnarben
D	Zunder ist abgerostet, verbreitet für das Auge sichtbare Rostnarben

3 Unfallschaden an Kfz-Türen

den, ob der Austausch oder die Wiederbeschaffung eventuell wirtschaftlicher ist als deren Reparatur.

Vorbehandlung der Untergründe

Damit eine hochwertige Beschichtung ihre Funktion und Optik überhaupt entfalten kann, ist eine gründliche Vorbehandlung des jeweiligen Untergrundes notwendig. Korrosionsprodukte, Zunder, Fette, Öle, Silicone, alte/nicht mehr intakte Beschichtungen und Schmutz müssen entfernt werden, ehe die Neubeschichtung aufgebracht werden kann.

1.6 Entrostung, Entschichtung und Reinigung

Da einige Reinigungsverfahren auch beim Entfernen von Beschichtungen und Korrosionsschichten eingesetzt werden (und umgekehrt), werden diese Tätigkeiten hier zusammengefasst. Die Verfahren sind sehr unterschiedlich und müssen stets den Gegebenheiten entsprechend ausgewählt werden. Unfallverhütungsvorschriften und Umweltschutzbestimmungen müssen eingehalten werden. Dies gilt auch für die Entsorgung z. B. von Strahlgut oder mit Abbeizer versetzter Altbeschichtung.

Unfallverhütung beim Entrosten/Entschichten und Reinigen von Metalloberflächen

Grundsätzlich muss der Arbeiter bei diesen Arbeiten zur Vermeidung von Unfällen und Gesundheitsschädigungen seine persönliche Schutzausrüstung tragen.

- **Staubbelastung:** **Feinstaubmaske**
- **Funkenbildung:** **Schutzbrille, Schutzhandschuhe, langärmlige Kleidung**
- **Wasserstrahlen:** **Schutzbrille, Nässeschutz**
- **Sandstrahlen:** **Vollschutz (Gesichts- und Körperschutz)**
- **Flammstrahlen:** **Schutzbrille, feuerfeste Kleidung**
- **Lösemittel:** **Maske mit entsprechendem Gasfilter, Handschuhe**

Bei Lärmbelastung durch laute Geräte ist zusätzlich Gehörschutz zu tragen!

1 **Strahlgerät**

2 **Bohrmaschine mit Bürstenaufsatz**

3 **Nadelpistole**

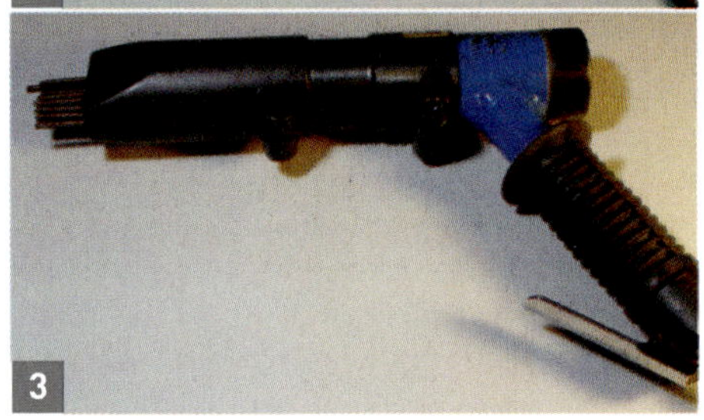

Tab. 1: Entschichtungsverfahren

Gerät/Werkzeug/Methode	Entrostung	Entschichtung	Reinigung
Handbesen/Abstauber	Flugrost	–	Staub, sehr lose Schichten
Druckluftpistole	lose Rostschichten	Schichten mit mangelhafter Haftung am Untergrund	Staub, sehr lose Schichten
Handstahlbürste/Bohrmaschine mit Bürstenaufsatz	lose Rostschichten	–	fest haftende Verunreinigungen
Schleifmittel (manuell und maschinell per Schwing- oder Exzenterschleifer)	fest haftender Rost, loser Zunder	dünne, harte Beschichtungen	fest haftende Verunreinigungen
Hochdruckwasserstrahlen	–	je nach Dicke der Beschichtung und Strahldruck	Öle, Fette
Sand- oder Partikelstrahlen	alle Rostgrade und Zunderschichten	harte Beschichtungen	Staub, lose und feste Verunreinigungen, Öle, Fette
Flammstrahlgerät/ Abbrenngerät	alle Rostgrade und Zunderschichten	organische Beschichtungen	–
Lösemittel/Abbeizer	–	reversible, organische Beschichtungen	teilweise Öle und Fette
Nadelpistole	dicke Rostschichten, auch auf profilierten Untergründen	–	–

1.6.1 Schleifmittel

Je nachdem, ob korrodiertes, bereits beschichtetes oder blankes Eisen- oder Nichteisenmetall geschliffen werden soll, muss man das richtige Schleifmittel wählen. Beim Maler und Lackierer kommen meistens Schleifpapier und Schleifgewebe zum Einsatz. Dieses besteht aus dem eigentlichen Schleifmittelmaterial, dem Trägermaterial und einem Bindemittel. Es gibt Schleifmittel für den Trockenschliff und für den Nassschliff.
Schleifmittel werden nach ihrer Korngröße geordnet. Der europäische Verband der Schleifmittelhersteller (FEPA) hat die Bezeichnung der Körnung festgelegt. Die Zahl der Körnung, die in der Regel auf der Rückseite des Schleifmittels angegeben ist, richtet sich nach der Anzahl der Maschen eines Siebes pro Zoll (1 Zoll = 25,4 mm). Durch diese Zahl wird die Körnung der Teilchen, die noch auf dem Sieb liegen bleiben, ausgedrückt. Je größer die Zahl, desto feiner ist die Körnung. Flexible Schleifmittel bekommen den Zusatz „P" (z. B. P 120) , starre Schleifmittel den Zusatz „F" (z. B. F 180).

Schleifmittelmaterial

■ Siliciumcarbid
Siliciumcarbid (SiC) wird aus ca. 60 % Quarzsand und ca. 40 % aus Petrolkoks, einem Nebenprodukt der Mineralölverarbeitung, hergestellt. Es verfügt über eine harte, scharfkantige Struktur und eignet sich zum Bearbeiten von festen, aber auch weichen, zähen Werkstoffen.

■ Aluminiumoxid, Elektrokorund
Aluminiumoxid (Al_2O_3) ist sehr hart und zäh. Es eignet sich besonders zur Bearbeitung von Holz und Metall. Je nach Aluminiumoxidgehalt unterscheidet man weißen bis rosafarbenen Edelkorund (ca. 99 % Al_2O_3), braunen Normalkorund (ca. 94 bis 97 % Al_2O_3) und schwarzen Korund (ca. 70 bis 85 % Al_2O_3).

■ Schmirgel
Schmirgel ist ein natürlicher Hartstoff, der zu 60 % aus Aluminiumoxid besteht und als Fremdbestandteil Eisenoxid (Fe_2O_3) enthält.
Für das Schleifen hat die Bedeutung des Schmirgels im Laufe der Zeit abgenommen, da er nur rund und blockig abbricht und dadurch nur wenige scharfe Schneidkanten bildet.

■ Zirkonkorund
Durch Schmelzen eines Gemisches aus Zirkondioxid (ZrO_2) und Aluminiumoxid wird ein selbstschärfendes Schleifmittel hergestellt. Beim Brechen, das heißt auch bei der Abnutzung im praktischen Schleifbetrieb, werden stets neue, scharfe Bruchkanten freigesetzt (selbstschärfender Effekt). Deshalb eignet sich Zirkonkorund besonders gut zum Bearbeiten von Edelstahl.

Trägermaterial

■ Papiere
Als Trägermaterial werden Papiere mit sehr festen und zähen Fasern verschiedener Stärken verwendet. Für Wasserschleifpapier benutzt man Papiere mit einer besonderen, wasserfesten Imprägnierung.
Papierunterlagen genügen in den meisten Fällen den Anforderungen und werden deshalb am häufigsten eingesetzt.

■ Gewebe
An einige Schleifmittel werden hohe Anforderungen in Bezug auf Festigkeit und Stabilität gestellt. Diese bestehen aus Geweben, die aus Baumwolle, Kunstfasern oder Mischgeweben zusammengesetzt sind. In einigen Fällen wird Papier hinzugegeben.
Die Herstellung von Gewebeträgern ist teurer als die des gewöhnlichen Schleifpapiers. Sie werden deshalb nur bei einer hohen mechanischen Beanspruchung des Trägermaterials eingesetzt, z. B. bei Bandschleifmaschinen.

■ Faserverbundwerkstoffe
Man setzt Verbundwerkstoffe als stabilisierende Werkstoffe bei Schleifarbeiten ein. Typisch sind Schleifscheiben zusammen mit einem stabilisierenden Gummiteller beim Einsatz von Winkelschleifern

1 Trockenschleifpapier (Al_2O_3), Körnung P 40

2 Wasserschleifpapier (SiC), Körnung P 220

3 Schleifscheibe (Al_2O_3), Körnung P 120

4 Schleifvlies (Abranet™), Körnung P 120

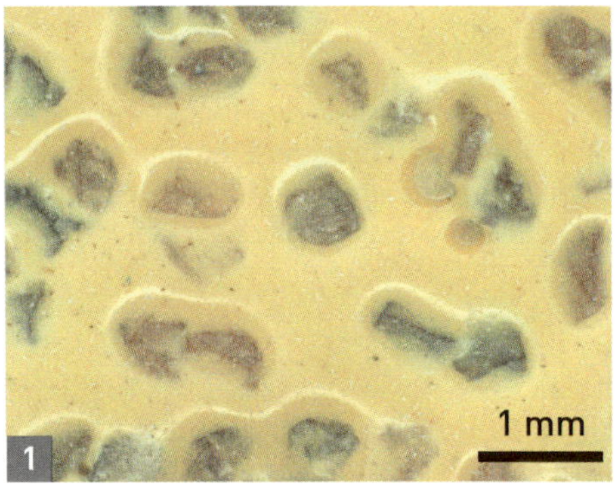

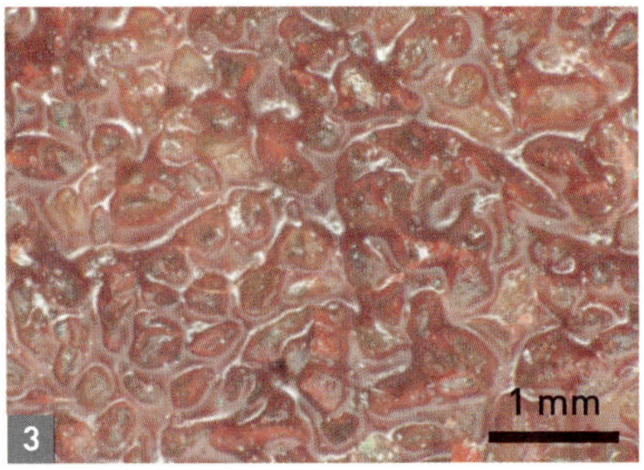

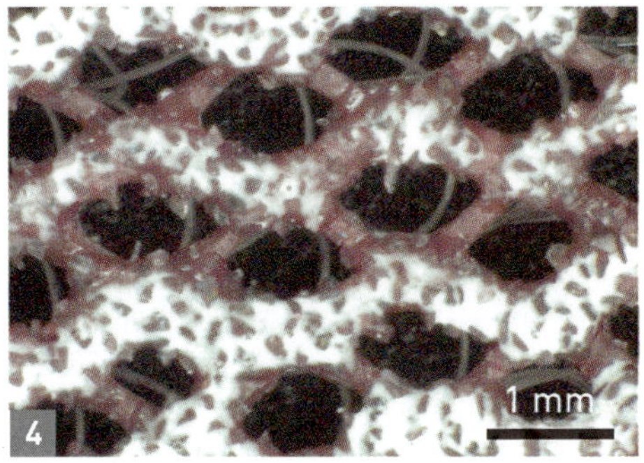

zum Entrosten oder groben Schleifen. Diese werden z. B. aus Vulkanfiber (Papiervliese, die durch chemische Behandlung verfilzen und verfestigt werden), hergestellt.

Auch die Verwendung von Verbundwerkstoffen als Schleifvlies oder -pad für das Aufrauen oder Mattieren runder, gewölbter und kompliziert geformter Werkstücke ist möglich. Auf dieses Vlies werden bei der Herstellung mittels eines Harzes Schleifkörner aufgeklebt. Schleifvlies ist im Handel z. T. auch als Schleifgitter erhältich.

Zur Veranschauung sind in Abb. 1–4 unterschiedliche Schleifmittel in Mikroskopaufnahmen dargestellt, der Maßstab ist bei allen Aufnahmen gleich.

Bindemittel

Auch von einer genügenden Haftung der Schleifkörner auf dem Trägermaterial hängt die Leistungsfähigkeit der Schleifmittel ab. Die Verbindung von Korn und Unterlage muss stabil aber gleichzeitig flexibel sein.

■ **Naturleimbindung**
Naturleime werden eingesetzt, wenn die Anforderungen an das Schleifmittel nicht besonders hoch sind, z. B. für Schleifpapier der „Baumarktqualität" für den Heimwerker.

■ **Harzbindung**
Durch Verwendung unterschiedlicher Harze in den einzelnen Schichten kann man dank einer besonders festen Haftung des Schleifkorns auf dem Träger harte als auch flexible Verbindungen erhalten. Diese Bindemittel werden hauptsächlich bei Schleifmitteln für Maschinenschliff verwendet.

■ **Wirkstoffbeschichtung**
Schleifmittel können durch Zusätze in ihren Eigenschaften verbessert werden. Die Schleifmitteloberfläche wird dabei mit Calciumstearat überzogen. Dieses wachsähnliche Material erschwert die Ablagerung von Schleifstaub (Lackpartikel, Spachtelmasse, Verunreinigungen) an der Oberfläche. Dadurch wird ein vorzeitiges Zusetzen des Schleifmittels verhindert und somit die Standzeit verlängert.

Technische Merkblätter und Sicherheitsdatenblätter

Damit geliefertes Beschichtungsmaterial auch korrekt verarbeitet wird, bietet der Hersteller dem Verarbeiter technische Merkblätter an, aus denen der Handwerker alle notwendigen Informationen zur Anwendung entnehmen kann.

Für den Umgang mit gefährlichen Materialien, zu denen auch die meisten Anstrichstoffe gehören, müssen Hersteller, Importeure und Händler den Verbraucher informieren. Dies schreiben die Gefahrstoffverordnung und verschiedene EU-Richtlinien vor. Dazu dient das Sicherheitsdatenblatt.

Inhalte Technischer Merkblätter:

- Kurzbeschreibung (Anwendungsgebiete)
- Technische Daten (Rohstoffbasis, Flammpunkt, spezifisches Gewicht, Festkörperanteil, Anteile organischer Lösemittel)
- Vorbehandlung/Reinigung des Untergrunds
- Verarbeitung (Mischverhältnis, Viskosität, Topfzeit, Werkzeug, Spritzdruck, Düsengröße, Ablüftzeit, Trocknungs-/Härtungszeit, Ergiebigkeit, Reinigung der Werkzeuge)

(→ S. 32, Abb. 1)

Inhalte von Sicherheitsdatenblätter:

- Firmenbezeichnung (Hersteller)
- Stoff-/Zubereitungsbezeichnung des Materials (Verwendungszweck)
- Zusammensetzung/Angaben zu Bestandteilen (chemische Charakterisierung des Produkts, R- und S-Sätze)
- Risiko-(R-) und Sicherheits-(S-)Sätze sind EU-weit gültige Warnhinweise zu Gefahrstoffen bei Chemikalien und daraus hergestellten Produkten.
- Mögliche Gefahren (für Menschen und Umwelt)
- Erste-Hilfe-Maßnahmen (bei Einatmen, Haut-, Augenkontakt, Verschlucken)
- Maßnahmen zur Brandbekämpfung (Löschmittel, Schutzausrüstung)
- Maßnahmen bei unbeabsichtigter Freisetzung (Umweltschutz, Reinigung)
- Handhabung und Lagerung
- Expositionsbegrenzung und persönliche Schutzausrüstung (technische Anlagen, Grenzwerte für Verarbeiter und Umwelt
- Physikalische und chemische Eigenschaften (Aussehen, Erscheinungsbild, technische Daten)
- Stabilität und Reaktivität (zu vermeidende Bedingungen und Stoffe, gefährliche Zersetzungsprodukte)
- Angaben zur Toxikologie (Auswirkungen auf die Gesundheit)
- Angaben zur Ökologie (z. B. Giftigkeit für Wasserpflanzen, Fische und Mikroorganismen)
- Hinweise zur Entsorgung (Produkt, Verpackung)
- Angaben zum Transport (Straßen-, Schienen-, See-, Luftverkehr)
- Vorschriften (R- und S-Sätze nach EU-Richtlinie, nationale Vorschriften)

(→ S. 32, Abb. 2)

Technisches Merkblatt (Auszug)

Standocryl 2K-Autolack

ANWENDUNG:	3:1 HS-System
UNTERGRUND: Kritische Untergründe mit Standox 2K-Füllern, vorzugsweise Standox 2K-Nonstop-Füllprimer, isolieren.	- ausgehärtete Lackierung, geschliffen - Standox 1K-Grundierung - Standox 1K/2K-Füller
VORBEHANDLUNG / REINIGUNG:	Untergrundvorbehandlung beachten! Siehe **Standox** Lackiersystem S1
VERARBEITUNG: Falls das Tragen der persönlichen Schutzausrüstung nicht gesetzlich vorgeschrieben ist, wird es von uns empfohlen.	3:1 mit allen **Standox** 2K-Härtern-HS potlife 6 h/20°C 10% **Standox** 2K-Verdünnungen 17-19 s/DIN 4 mm/20°C 41-49 s / ISO 4 mm / 20°C 1,3 - 1,4 mm 4 bar 2 = 50 - 60 micron 1,5 - 1,7 mm 4 bar 2 = 50 - 60 micron 5-10 min/20°C Zwischen- und Endabluft

1

Sicherheitsdatenblatt (Auszug)

SICHERHEITSDATENBLATT STANDOX

DE

Produkt: ***STANDOCRYL 2K-MISCHLACK MIX 010 WEISS*** **2089009**

Druckdatum: 11.11.2005 Version: 9.0 Überarbeitet am: 16.09.2005 Seite: 2/8

- Zusätzliche Hinweise:
  Klartexte der R-Sätze siehe unter Kapitel 16.

3. MÖGLICHE GEFAHREN

Das Produkt ist nach der Richtlinie 1999/45/EG als gefährlich eingestuft.

- Bezeichnung der Gefahren:
  Einstufung : - entzündlich - umweltgefährlich -
  Entzündlich. Schädlich für Wasserorganismen, kann in Gewässern längerfristig schädliche Wirkungen haben. Wiederholter Kontakt kann zu spröder oder rissiger Haut führen. Dämpfe können Schläfrigkeit und Benommenheit verursachen.
- Zusätzliche Gefahrenhinweise für Mensch und Umwelt:
  Sensibilisierung durch Einatmen und Hautkontakt möglich. Sie ist auch ein Haut-Reizstoff und wiederholter Kontakt kann diesen Effekt verstärken.

4. ERSTE-HILFE-MASSNAHMEN

- Allgemeine Hinweise:
  Wenn die Symptome anhalten oder falls irgendein Zweifel besteht, ärztlichen Rat einholen. Nie einer ohnmächtigen Person etwas durch den Mund einflößen.
- nach Einatmen:
  An die frische Luft bringen. Betroffenen warm und ruhig lagern. Bei unregelmäßiger Atmung oder Atemstillstand künstliche Beatmung einleiten. Bei Bewusstlosigkeit stabile Seitenlage anwenden und ärztlichen Rat einholen.
- nach Hautkontakt:
  Keine Lösemittel oder Verdünnungen verwenden! Beschmutzte, getränkte Kleidung sofort ausziehen. Die Haut gründlich mit Wasser und Seife waschen oder anerkannten Hautreiniger benutzen.
- nach Augenkontakt:
  Kontaktlinsen entfernen. Augenlider geöffnet halten und mindestens 10 Minuten lang reichlich mit sauberem, fließenden Wasser spülen. Ärztlichen Rat einholen.
- nach Verschlucken:
  Bei Verschlucken sofort Arzt aufsuchen. Betroffenen ruhig halten. Kein Erbrechen herbeiführen.

5. MASSNAHMEN ZUR BRANDBEKÄMPFUNG

- Geeignete Löschmittel:
  alkoholbeständiger Schaum, Kohlendioxid (CO2), Trockenpulver, Sprühnebel (Wasser)
- Aus Sicherheitsgründen ungeeignete Löschmittel:
  Wasservollstrahl
- Besondere Gefährdungen durch das Produkt selbst, seine Verbrennungsprodukte oder entstehende Gase:
  Im Brandfall bildet sich dichter, schwarzer Rauch, der gefährliche Zersetzungsprodukte enthält (siehe Kapitel 10).
  Das Einatmen von Zersetzungsprodukten kann Gesundheitsschäden verursachen.
- Besondere Schutzausrüstung bei der Brandbekämpfung:
  Ggf. Atemschutzgerät erforderlich.

2

1.7 Beschichtungen

In diesem Kapitel werden einige Fachbegriffe zu Beschichtungsstoffen eingeführt, die in Lernfeld 3 ausführlich beschrieben werden.

Auf metallischen Untergründen werden je nach gewünschter Funktion Materialien auf Basis verschiedener Harze (Acryl-, Epoxid- oder Alkydharzen) eingesetzt. Teilweise werden sie bei der Herstellung mit anderen Harzen gemischt, um die Eigenschaften zu verändern.

Einige Beschichtungsstoffe werden einkomponentig (1K-Materialien) verarbeitet und trocknen durch Aufnahme von Sauerstoff aus der Luft. Andere sind zweikomponentig (2K-Materialien) und benötigen die Zugabe eines Härters, mit dessen Hilfe sie chemisch aushärten. In der Umgangssprache wird das Aushärten eines Beschichtungsstoffes fälschlicherweise oft mit dem Trocknen gleichgesetzt. Daher werden Anlagen, in denen Werkstücke gehärtet werden, häufig „Trockenkammern" genannt. 2K-Materialien härten bei Umgebungstemperatur aus. Diese Zeit kann durch Zufuhr von Wärme in einer entsprechenden Anlage verkürzt werden.

In jedem Fall sind die technischen Merkblätter des Herstellers zu beachten.

Verzinkte Untergründe sollten nicht mit Alkydharz-Systemen beschichtet werden, da diese Materialien mit dem Zink zu Zinkseifen reagieren und verspröden. Stattdessen sind z. B. Acryl-, Epoxid- oder Polyurethansysteme zu verwenden.

1.7.1 Herstellung von Mischungen

2K-Materialien muss ein Härter in einem bestimmten Verhältnis zugegeben werden, damit die chemische Reaktion zur Erhärtung des Anstrichstoffs stattfinden kann. Nach der Mischung der Komponenten muss das Material in einer bestimmten Zeit verarbeitet werden, da es sonst z. B.

im Gebinde oder in der Spritzpistole hart wird. Diese Zeit nennt man Topfzeit (engl. potlife). Verwendete Werkzeuge und Geräte müssen in dieser Zeit gereinigt werden, da man auch mit scharfen Lösemitteln das harte Material kaum noch entfernen kann.

Das Mischungsverhältnis von Anstrichstoff und Härter kann in
- Volumenteilen (Liter [l] oder Kubikmeter [m^3]) oder in
- Masseteilen (kg)

angegeben sein. Die Masse wird fälschlicherweise oft als Gewicht bezeichnet. Um Mischfehler zu vermeiden, sind die jeweiligen technischen Merkblätter und die Beschriftungen auf den Gebinden sorgfältig zu lesen. Falsch angemischtes Material kann nicht verarbeitet werden, da sonst Härtungsstörungen in der Beschichtung auftreten können.

Das Mischverhältnis wird z. B. als 2:1, 3:1, 4:1 usw. angegeben. 2:1 bedeutet, dass auf zwei Teile des Anstrichstoffs, auch als „Stamm" oder „A-Komponente" bezeichnet, ein Teil Härter (auch „B-Komponente" genannt) gegeben wird.

Das Material ist gut aufzurühren, damit sich Stamm und Härter gleichmäßig mischen. Anschließend ist die Mischung meist einige Minuten stehen zu lassen bevor beschichtet wird, damit die chemische Reaktion starten kann.

Um die Materialien für bestimmte Beschichtungstechniken, z. B. Spritzen, verarbeitbar zu machen, muss ihre Viskosität (= Zähigkeit/Dickflüssigkeit) durch Zugabe von Verdünnung herabgesetzt werden. Die Verdünnungszugabe wird in der Regel in Prozent von der Stamm-Härter-Mischung angegeben (Abb. 3).

Bei vielen 1K-Materialien werden keine Hinweise zur Verdünnungszugabe gegeben. In diesem Fall muss in Abhängigkeit von der Arbeitstechnik und der Umgebungstemperatur verdünnt werden.

3 Anmischen nach Volumenteilen

Viskosität

Unter Viskosität versteht man das Fließverhalten von Flüssigkeiten. Daraus leitet sich der Flüssigkeitsgrad eines Beschichtungsstoffes ab. Es werden drei Flüssigkeitsgrade unterschieden:
- zähflüssig (hochviskos),
- dickflüssig (mittelviskos),
- dünnflüssig (niedrigviskos).

Die Viskosität eines Beschichtungsstoffes lässt sich auf verschiedenste Art verändern:
- durch Zugabe von Pigmenten, Füll- oder Verschnittmitteln,
- durch Zugabe oder Entzug von Lösemittel,
- durch die Temperatur.

Welche Viskosität ein Beschichtungsstoff besitzen soll, ist von verschiedenen Faktoren abhängig:
- Untergrund saugend oder dicht,
- Spritz- oder Streichverfahren,
- Art des Beschichtungsstoffes.

Mischungsrechnen

Damit die passende Menge eines Zweikomponenten-Beschichtungsstoffes angemischt wird, muss man folgende Berechnungen durchführen können.

Beispiel: Das Volumen-Mischungsverhältnis Stammlack zu Härter beträgt 3:1, es wird mit 10 Volumen-% verdünnt.

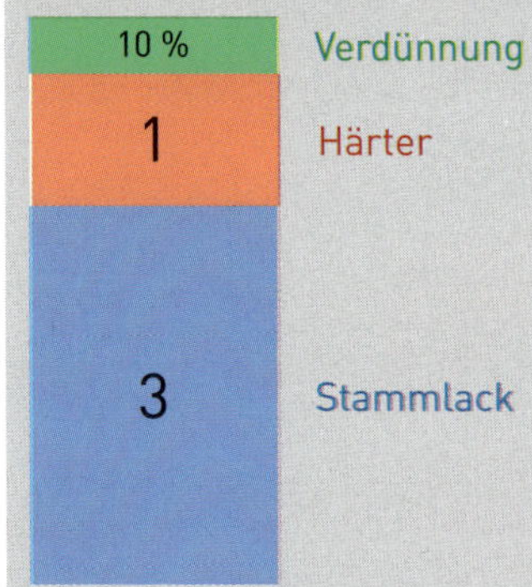

Aufgabe 1: Die Menge des Stammlacks ist gegeben

Die Menge Stammlack beträgt 1,500 l. Wie groß ist die Gesamtmenge des angemischten und verdünnten Lacks?

3 Teile ≙ 1,500 l (Menge Stammlack)
1 Teil ≙ 0,500 l (Menge Härter)
4 Teile ≙ **2,000 l** (Menge Härter und Stammlack)

100 % ≙ 2,000 l
10 % ≙ 0,200 l (Menge Verdünnung)
110 % ≙ **2,200 l (Gesamtmenge)**

Aufgabe 2: Die Gesamtmenge ist gegeben

Es werden insgesamt 2,200 l fertiger Lack benötigt. Wie viel Stammlack, Härter und Verdünnung ist darin enthalten?

110 % ≙ **2,200 l (Gesamtmenge)**
1 % ≙ 2,200 l : 110 = 0,020 l
10 % ≙ 0,200 l (Menge Verdünnung)
100 % ≙ 2,000 l

4 Teile ≙ **2,000 l** (Menge Härter und Stammlack)
1 Teil ≙ 0,500 l (Menge Härter)
3 Teile ≙ 1,500 l (Menge Stammlack)

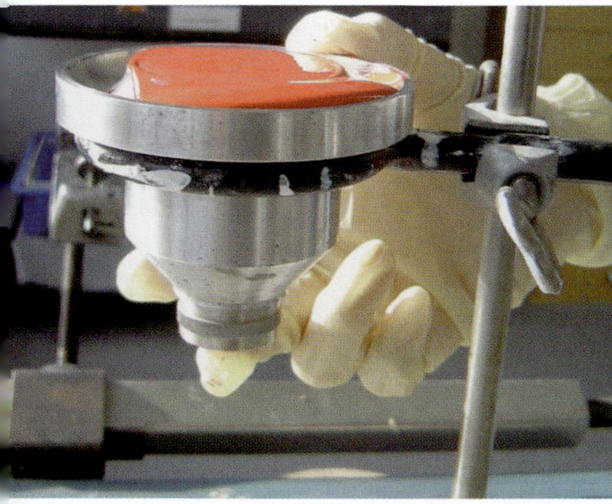
1

2

1 Auslaufbecher

2 Beschichtungsaufbau

In technischen Merkblättern ist oft ein Viskositätswert in Sekunden angegeben. Um diesen Wert zu ermitteln, wird der Auslaufbecher nach DIN EN ISO 2431 benutzt (Abb. 1).

Hierzu wird die Öffnung des Bechers verschlossen und der Messbecher völlig mit dem zu messenden Beschichtungsstoff gefüllt. Anschließend wird das überstehende Material mit einer Rakel abgestreift. Die zu ermittelnde Zeit beginnt mit der Freigabe der Auslaufdüse. Ende der Zeitermittlung ist, wenn der Beschichtungsstoff zum ersten Mal das Auslaufen unterbricht.

In der Praxis kann der Becher auch eingetaucht werden. Dann beginnt die Zeitnahme sofort nach dem Herausheben aus dem zu messenden Stoff.

Um vergleichbare Messergebnisse zu erhalten, muss die Raumtemperatur nach DIN 23 °C betragen. Die Angaben in technischen Merkblättern beziehen sich jedoch meist auf eine Temperatur von 20 °C.

Bei nicht fließfähigen Materialien ist diese Methode jedoch ungeeignet, da sie nicht aus dem Becher herauslaufen.

1.7.2 Grundierung

Eine Grundierung (Primer) ist grundsätzlich ein Beschichtungsstoff, der auf den Untergrund aufgetragen wird, bevor man die erste Schicht des eigentlichen Anstrichs aufbringt. Da Metalle keine saugenden Untergründe sind, dient die Grundierung in erster Linie als Korrosionsschutz des Metalls und Haftvermittler für die nachfolgenden Schichten. Die Grundierung wird im Regelfall ohne Zwischenschliff mit dem Füller oder der Deckbeschichtung verarbeitet (Abb. 2).

Eine Stahloberfläche muss so schnell wie möglich mit einem Überzug versehen werden, der den Stahl passiviert (chemisch untätig macht) und eine inhibierende (rosthemmende) Wirkung besitzt. Dies erhöht die Widerstandsfähigkeit gegenüber Umwelteinflüssen. Für die Passivierung eignet sich am besten eine Zinkphosphatschicht, die im Tauch- oder Spritzverfahren aufgetragen wird (Phosphat ist ein Salz der Phosphorsäure).

Oberflächen aus Aluminiumlegierungen werden mit einem Haftvermittler auf Zinkchromatbasis vorgearbeitet, ehe eine Grundierung aufgetragen wird. Dies geschieht, da das Aluminium aufgrund seines weichen Charakters nur mit einem feinen Schleifvlies angeschliffen werden kann und die Haftung am Untergrund durch den Haftgrund verbessert wird.

1.7.3 Zwischenbeschichtung

Die sich zwischen der Grundierung und der Deckbeschichtung befindende Schicht wird als Zwischenbeschichtung (Vorlack/Füller) bezeichnet. Meistens handelt es sich dabei um einen Beschichtungsstoff,

1 Spritzen von Füller

der über ein höheres Füllvermögen als die abschließende Beschichtung verfügt. Dieses Material füllt leichte Unebenheiten und Fehlstellen und wird aufgrund dieser Eigenschaft Füller genannt.

Diese Füller haben einen hohen Festkörperanteil von über 60 % (HS = High Solid) oder sogar einen sehr hohen von über 80 % (VHS = Very High Solid).

Einige Produkte sind in gleichen oder ähnlichen Farbtönen wie die Deckbeschichtungsmaterialien erhältlich, oder sie unterstützen die Leuchtkraft des Anstrichs und nehmen an der Farbgebung teil. Dies ist besonders bei schlecht deckenden Endbeschichtungen notwendig, bei z. B. Tagesleucht- oder Perlmutteffektfarben.

Einige Zwischenbeschichtungen werden nass-in-nass mit der abschließenden Schicht aufgetragen. „Nass-in-nass" bedeutet, dass die nächste Schicht appliziert (aufgetragen) wird, bevor die darunter liegende trocken oder hart ist. Dies erfordert allerdings eine einwandfreie Vorbereitung des Untergrunds und eine gute Applikation der Zwischenbeschichtung. In der Regel werden Vorlacke und Füller angeschliffen, bevor die Deckbeschichtung aufgetragen wird. Dies ist notwendig, da Materialien mit hohem Feststoffgehalt oft keine besonders glatte Oberfläche ergeben; außerdem können durch den Zwischenschliff Unregelmäßigkeiten im Untergrund noch ausgeglichen werden.

Vorlacke können je nach Anwendung Epoxid-, Alkyd-, Acryl- und Polyurethanharze als Bindemittel haben.

1.7.4 Deckbeschichtung

Deckbeschichtungen für metallische Untergründe bestehen wie die meisten Beschichtungsstoffe aus Bindemittel, Pigmenten, Lösemittel und Additiven. In Lernfeld 3 wird auf diese Zusammenhänge näher eingegangen.

Bindemittel
Bindemittel sorgen für die Filmbildung des Anstrichstoffs auf der Oberfläche. Sie bestehen aus Ölen oder Harzen und haben die Aufgabe, die Beschichtung überhaupt zusammenzuhalten. Dieses Verhalten nennt man Kohäsion (= Zusammenhangskraft). Außerdem unterstützt das Bindemittel die Adhäsion (= Anhaftkraft) auf dem Untergrund (→ LF 2).

Die Anforderungen an eine abschließende Beschichtung sind abhängig vom Objekt und dessen Verwendung (innen oder außen, Bauteil oder Fahrzeug). Auch der Glanzgrad hängt vom Bindemittel ab. Für manche Beschichtungen wird eine hochglänzende Oberfläche gewünscht (z. B. Autos), für andere genügen matte oder seidenmatte Deckschichten (z. B. Zimmertüren).

Deckbeschichtungen für Außenflächen müssen besonders wetter- und chemikalienbeständig sein. Sie sind verschiedenen Belastungen, wie der UV-Strahlung (Sonne), saurem Regen, verschmutzter Luft (besonders in Industrieregionen), salzhaltiger Atmosphäre (Küstenregionen) oder in Wasser gelöstem Streusalz (Problem für Kfz im Winter) ausgesetzt.

Weitere mögliche Belastungen sind mechanischer Natur. Dies können Schläge aufgewirbelter Steine (bei Kfz) oder die Berührung mit Möbeln und sonstigen Gegenständen (bei Türen und Zargen) sein, aber auch Beschädigungen beim intensiven manuellen (per Hand) oder maschinellen (z. B. Auto-Waschanlage) Reinigen

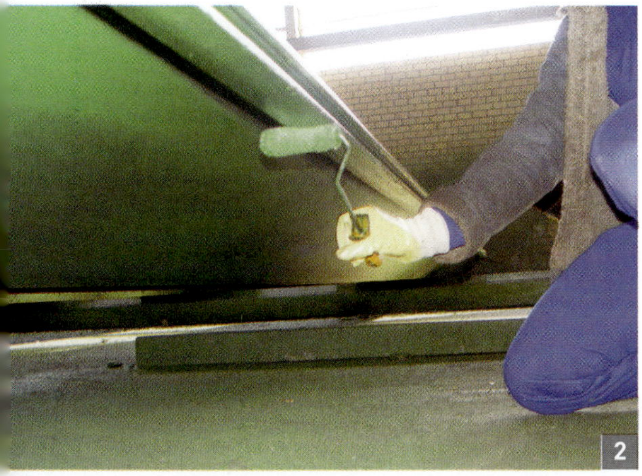

2 Rollen

3 Steichverfahren auf profilierten Blechen

von Oberflächen sein. Gegen derartige Belastungen muss eine Beschichtung geschützt sein.

Pigmente
Pigmente sind anorganische oder organische, bunte oder unbunte Farbmittel, die sich weder im Binde-, noch im Lösemittel lösen. Sie gehören gemeinsam mit den löslichen Farbstoffen zur Gruppe der Farbmittel. Pigmente geben der Beschichtung ihren Farbton und ermöglichen ihre Deckkraft. Sie tragen gemeinsam mit dem Bindemittel zum Schutz des Untergrundes bei. Um dies zu bewerkstelligen, müssen Pigmente ein gutes Färbe- und Deckvermögen sowie eine gute Verträglichkeit mit dem jeweiligen Bindemittel und anderen Pigmenten besitzen. Außerdem ist die Reinheit und Dispergierbarkeit (Fähigkeit zur Verteilung im Anstrichstoff) der Pigmente wie auch die Beständigkeit gegen Licht und Chemikalien notwendig.

Man kann Pigmente nach unterschiedlichen Gesichtspunkten einteilen. Üblicherweise werden sie zunächst in organische und anorganische Pigmente eingeteilt und in zweiter Ebene nach natürlichem Vorkommen oder künstlicher Herstellung (→ LF 12).

Typische Pigmente für Beschichtungen auf Metall sind:
- Eisenglimmer (Korrosionsschutz),
- Titandioxid,
- Eisenoxidgelb und
- Eisenoxidrot (jeweils universell verwendbar),
- Aluminium (Metalliclacke).

Lösemittel
Flüssigkeiten, in denen sich ein Bindemittel physikalisch löst, bezeichnet man als Lösemittel. Sie sind auch dazu geeignet, Beschichtungsmaterialien auf die nötige Viskosität einzustellen, also um sie verarbeitbar zu machen. Lösemittel verdunsten bei der Trocknung oder Erhärtung der Beschichtung.

Man teilt sie in organische Lösemittel und anorganische Verdünnungsmittel (Wasser) ein. Organische Lösemittel zum Verdünnen von Beschichtungsstoffen sind meistens Gemische aus Estern, Ketonen und Ethern.

Additive
Um bestimmte Eigenschaften der Anstrichstoffe zu verbessern oder unerwünschte Vorgänge zu verhindern, gibt man Additive (Zusätze) hinzu. Dies sind z. B. Entschäumer, Sikkative (Trockenstoffe), Elastifizierer (Weichmacher) und Mattierungsmittel. Additive werden in der Regel bereits bei der Herstellung der Anstrichstoffe zugegeben.

1.7.5 Applikationsverfahren

Rollen
Unprofilierte Flächen kleiner bis mittlerer Größe lassen sich ohne großen technischen Aufwand mit einer Rolle beschichten. Man taucht die Rolle leicht in den tieferen Teil einer mit Anstrichstoff gefüllten Wanne.

1 Tauchen eines Heizkörpers

2 Kathodische Tauchlackierung

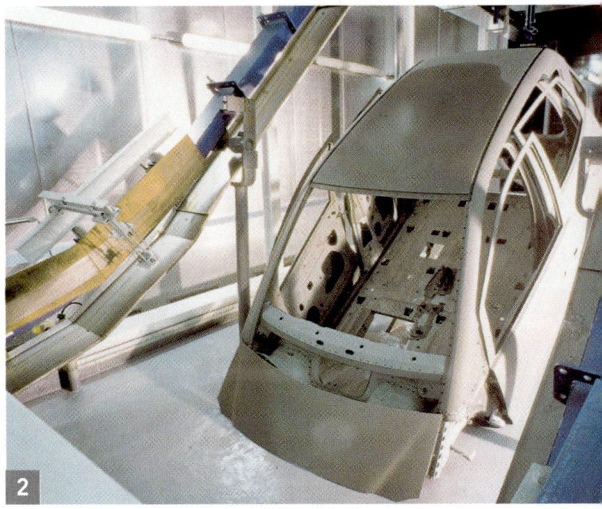

Dann rollt man ihn auf ihrem höheren, profilierten Bereich aus, um an jeder Stelle der Rolle die gleiche Menge Beschichtungsstoff zu haben. Anschließend bringt man das Material gleichmäßig auf die Fläche auf und verschlichtet die Oberfläche zuletzt mit wenig Druck.

Streichen

Beim Beschichten von Metall ist das Streichen mit Pinseln von untergeordneter Bedeutung. Müssen allerdings schwer erreichbare Bereiche beschichtet werden, die man weder mit Spritzstrahl noch mit dem Roller erreicht, streicht man mit dem für das Objekt passenden Pinsel vor oder nach.

Tauchen

Im Tauchverfahren wird das zu beschichtende Objekt in ein Becken getaucht, das den entsprechenden Beschichtungsstoff enthält. Das Material überzieht das Objekt gleichmäßig, so dass auch schwer zugängliche Bereiche beschichtet werden. Beim Herausziehen verbleibt das restliche Material im Becken und kann weiter verwendet werden.

Dieses Verfahren wird beim Beschichten größerer Serien vorwiegend in mittelständischen und Industriebetrieben angewendet.

Meistens werden Grundierungen mit teil- oder vollautomatischen Anlagen per „Elektrotauchen" aufgebracht. Hierbei handelt es sich i. d. R. um die „kathodische Tauchlackierung", bei der das Werkstück negativ elektrisch geladen wird (Kathode, griechisch = negative Elektrode). Das mit Wasser verdünnte Lackmaterial wird über eine Anode positiv geladen und setzt sich in einer genau definierten Schichtdicke auf dem Objekt ab.

Fluten

Beim Fluten gießt man das Beschichtungsmaterial über das Werkstück. Das überflüssige Material sammelt sich in einer Wanne. Im Gegensatz zum Tauchverfahren benötigt man weniger Material, da man kein ganzes Becken befüllen muss. Dieses Verfahren ist auch auf der Baustelle, z. B. zum Beschichten von Heizkörpern, durchführbar.

Spritzen

Man beschichtet Oberflächen im Spritzverfahren, wenn eine besonders gleichmäßige Beschichtung gewünscht wird sowie eine größere Anzahl von Objekten oder große Flächen zu beschichten sind. Beim Spritzen wird ein Beschichtungsstoff durch Luft- oder Materialdruck in feine Tropfen zerstäubt, die sich im Idealfall gleichmäßig auf dem zu beschichtenden Untergrund verteilen. Dies geschieht mittels einer Spritzpistole.

Um eine gleichmäßige Beschichtung zu erhalten, muss die Pistole im 90°-Winkel im Abstand von 15–20 cm über das Objekt bewegt werden. Man wechselt beim Spritzen einer Fläche zwischen waagerechten und senkrechten Spritzgängen, die sich

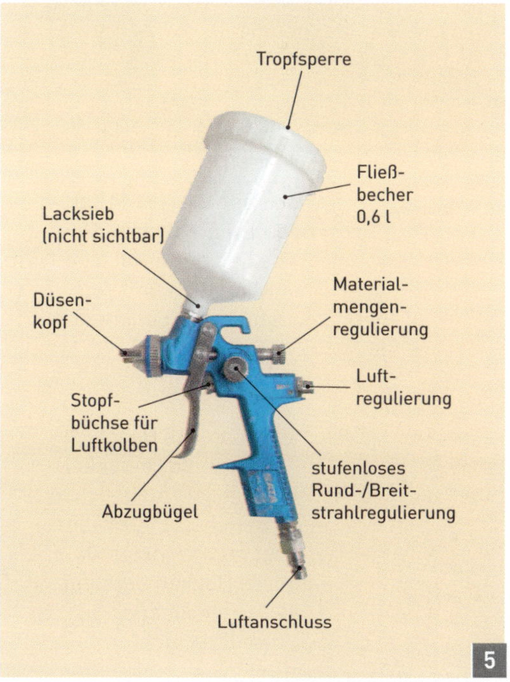

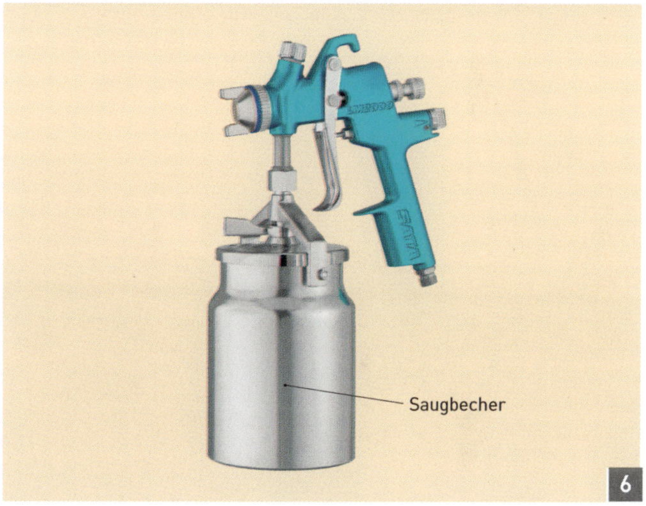

jeweils um die Hälfte überlappen müssen. Dadurch erhält man eine bessere Deckfähigkeit und eine konstante Schichtdicke.

1.7.6 Anlagen und Geräte

Spritzgeräte

Je nach Verwendungsgebiet werden unterschiedliche Spritzgeräte eingesetzt. Die Tabelle auf S. 41 bietet einen Überblick über die im Maler- und Lackiererhandwerk üblichen Systeme. Für metallische Untergründe werden in Autolackierereien Hochdruckspritzsysteme eingesetzt, beim Korrosionsschutz Airless-Systeme, im Malerbereich auf der Baustelle häufig Niederdrucksysteme.

Eine Weiterentwicklung beim Hochdruckspritzen sind die HVLP-Pistolen (HVLP = high volume low pressure – hohes Volumen, niedriger Druck), die bei gleicher Oberflächenqualität weniger Druck (wie beim Niederdruckverfahren < 1 bar) benötigen und somit weniger Spritznebel und Overspray entsteht.

Spritzkabinen

Beim Hochdruckspritzen wird ein hoher Prozentsatz des Beschichtungsmaterials von der Druckluft als Spritznebel am Material vorbei gespritzt. Dieses „verlorene" Material wird Overspray genannt.

3 **Beschichtungsanlage für Holzfenster**

4 **Spritzverfahren (Airless)**

5 **Hochdruck-Fließbecherpistole**

6 **Hochdruck-Saugbecherpistole**

1 Arbeiten mit dem Airless-Gerät

2 Air-Mix-Gerät

3 Lackiertes Fahrzeug in einer Spritzkabine mit Trockenabscheidung

4 Spritzanlage mit Nassabscheidung

Um gesundheits- und umweltgefährdende Belastungen im Arbeitsbereich zu reduzieren, werden die meisten Spritzarbeiten in Spritzkabinen durchgeführt. In einer Spritzkabine wird auf 20–25 °C erwärmte und gefilterte Luft von oben in den Raum hineingeblasen und im unteren Bereich mitsamt des Oversprays aufgenommen. Es gibt zwei Systeme zur Aufnahme des Spritznebels, die Trocken- und die Nassabscheidung. Bei der Trockenabscheidung wird das Beschichtungsmaterial durch einen Bodenfilter aufgenommen, während es bei der Nassabscheidung im Wasser mit Hilfe eines Mittels zur Koagulierung (= Ausflockung) gebunden und später vom Wasser getrennt wird.

Kabinen zum Trocknen und Härten
Nach dem Spritzvorgang muss der Lack trocknen und härten. Um dies zu beschleunigen und um dabei austretende Lösemittel abzusaugen, wird das Kfz bzw. werden die Werkstücke in eine spezielle Kabine überführt. Bei einer kombinierten Kabine kann das Objekt im Spritzraum verbleiben.

Bei 70–80 °C sind 2K-Lacke nach etwa 30 Minuten staubtrocken und können einige Zeit später – wenn nötig – im Finish nachgearbeitet werden.

Tab. 1: Spritzgeräte (Auswahl)

Spritzgerät	Druckart	Spritzdruck	Materialzufuhr	Vorteile	Nachteile	Anwendung
Sprühdose	Treibgasdruck	3–4 bar	Steigrohr	geringe Kosten	niedrige Oberflächenqualität	Ausbesserungen, Do-it-yourself-Sektor
Niederdruckgerät	Luftdruck	< 1 bar	Fließbecher	geringe Kosten, kaum Farbnebel	niedrige Oberflächenqualität	kleine Flächen (Baustelle), Do-it-yourself-Sektor
Hochdruckgerät	Luftdruck	1–10 bar	Fließbecher, Saugbecher	feine Zerstäubung, hohe Ergiebigkeit	viel Overspray, hohe Anschaffungskosten	hochwertige Oberflächen (Autolackierung, Holzveredelung)
elektrostatisches Gerät	Luftdruck, Unterstützung durch elektrostatische Hochspannung	1–10 bar	Druckkessel mit Hochdruckschlauch	feine Zerstäubung, hohe Ergiebigkeit	Gefährdungen bei Missachtung der Sicherheitsbestimmungen	hochwertige Oberflächen, auch profiliert
Airless-Gerät	Materialdruck	120–450 bar	Pumpe mit Höchstdruckschlauch	hohe Ergiebigkeit, besonders für hochviskose Stoffe	hohe Anschaffungskosten, Gefährdungen bei Missachtung der Sicherheitsbestimmungen	große Flächen (Bauten- und Korrosionsschutz, Neubaubeschichtung)
Air-Mix-Gerät (Spray-Mix, Air-Coat)	Material- und Luftdruck	40–50 bar	Pumpe mit Hochdruckschlauch	feinere Zerstäubung als Airless	hohe Anschaffungskosten, Gefährdungen bei Missachtung der Sicherheitsbestimmungen	hochwertige Oberflächen auf großen Flächen

Aufgaben

1. a) Welche Metalle kommen als Beschichtungsuntergründe in Frage?
   b) Welche Objekte werden aus diesen Metallen hergestellt?
2. Nennen Sie mögliche Mängel, die ein zu beschichtender Untergrund aus Stahl aufweisen kann.
3. a) Unter welchen Bedingungen rostet Eisen? b) Welcher Stoff ist rostfördernd?
4. Was ist ein 2K-Anstrichstoff?
5. Welche Aufgabe haben jeweils die Bindemittel und Pigmente eines Beschichtungsstoffs?
6. Welche Gesundheitsgefährdungen können beim Entrosten und Entschichten von Metalloberflächen auftreten?
7. Erklären Sie den Unterschied zwischen Flugrost und Durchrostung.
8. Wie muss eine verzinkte Stahloberfläche im Vergleich zu einem nicht verzinkten Bauteil vorbehandelt werden?
9. Wann ist es sinnvoll, Metalloberflächen zu spritzen, anstatt sie zu rollen oder zu streichen?
10. Für welche Zwecke werden Lacken spezielle Additive zugegeben?

2 Lernfeld 2

Nichtmetallische Untergründe bearbeiten

Kundenauftrag

▶ Malerarbeiten an einem Einfamilienhaus durchführen

Arbeitsauftrag

Bei einem Neubau eines freistehenden Einfamilienhauses sollen Malerarbeiten durchgeführt werden. Hierfür sind die Untergründe zu prüfen und für die jeweilige Beschichtung vorzubereiten.

Auszuführende Arbeiten

1. Die Außenwände sind zu prüfen und für eine Beschichtung mit Fassadenfarbe nach Bauherrenwunsch vorzubereiten.
2. Die Sichtschalung der Dachüberstände ist mit Schutzlasur zu versehen.
3. Die Eingangstür aus Kunststoff ist für die Beschichtung vorzubereiten.

Objektbeschreibung

Außenwände

Die Außenwände aus Ziegelmauerwerk sind verputzt mit Kalk-Zementputz der Mörtelgruppe P II.

Dachüberstände

Die Dachüberstände betragen umlaufend 40–50 cm. Für die sichtbare Holzverbretterung, bestehend aus abgelagertem, unbehandeltem Holz, ist die Holzsorte nicht bekannt.

Eingangstür

Eine Tür aus unbekanntem Kunststoff wurde bei der Montage verkratzt.

Leistungsbeschreibung

Außenwände

Die Putzuntergründe müssen geprüft, gegebenenfalls mit artgerechtem Material ausgebessert und für die vom Bauherren gewünschte Beschichtung vorbereitet werden.

Holzverkleidung

Die Holzart ist zu ermitteln und dafür die passende Schutzlasurbeschichtung auszuwählen.

Kunststofftür

Die Eingangstür soll eine neue Lackbeschichtung erhalten.

Es ist die Kunststoffart zu ermitteln und die Tür für die Beschichtung vorzubereiten.

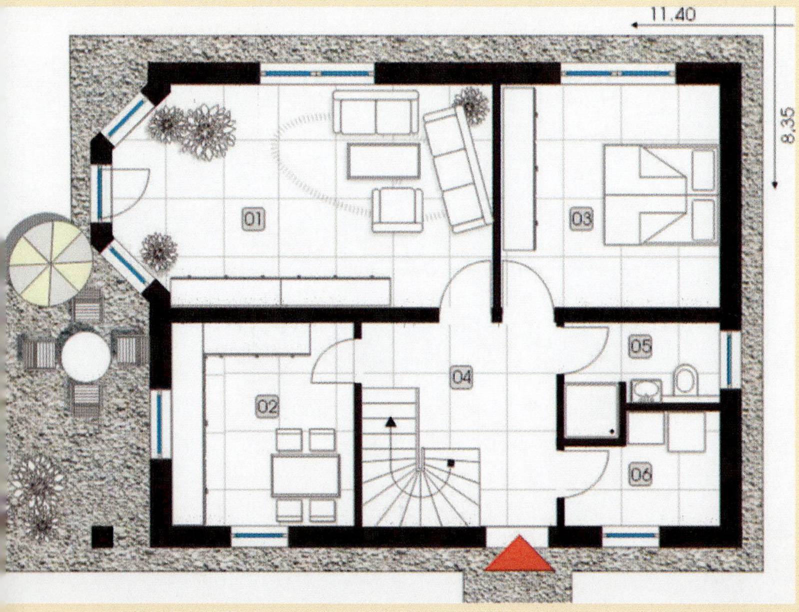

2.1 Untergründe

Nichtmetallischer Untergrund ist ein Sammelbegriff, der alle Untergründe umfasst, die nicht aus Eisen- oder Nichteisenmetallen bestehen. Dieses sind die unterschiedlichen Untergründe Holz, Kunststoff, Stein, Keramik jeder Art, Beton oder Putz.

Innerhalb dieser Gruppe kann man noch die Unterteilung „poröse Untergründe" und „nicht poröse Untergründe" vornehmen. Holz und Beton sind beispielsweise poröse Untergründe, während Kunststoffuntergründe in der Regel nicht porös sind. Auch organische und mineralische Untergründe werden unterschieden. Holz und Kunststoff sind organischer Natur, während Stein, Putz oder Beton mineralisch sind.

2.1.1 Porosität

Das Vorhandensein von Poren ist ein wichtiges Merkmal der Untergründe. Bei natürlichen Materialien wie Holz und Stein, kann die Anzahl und Größe der Poren, die Porosität [→ S. 46], in weiten Bereichen schwanken. Obwohl einige Steine, z. B. Marmor sehr wenige Poren haben, gehören sie zu den porösen Untergründen. Bei künstlichen Materialien, z. B. Putz und Beton, kann die Porosität je nach Herstellungsart ebenfalls sehr unterschiedlich sein. Geschäumte Kunststoffe, z. B. Dämmmaterialien, haben sehr große Porenvolumen. Nicht poröse Materialien sind Glas und glatte Kunststoffe.

Wichtig wird die Porosität vor allem bei der Vorbehandlung der Untergründe: Nicht poröse Untergründe sind bei der Vorbereitung einer Beschichtung ähnlich zu behandeln wie metallische Untergründe.

1 Nichtmetallische Untergründe unter dem Mikroskop: Beton, Holz, Naturstein (von oben nach unten)

Poröse Untergründe erfordern weitere Aufmerksamkeit. Die offenen Poren können Wasser enthalten, oder sie können den Anstrichstoff aufsaugen. Es ist daher wichtig, sich mit den Eigenschaften der Poren und den Eigenschaften der Baustoffe näher vertraut zu machen.

Tab. 1: Nichtmetallische Untergründe

Untergründe	mineralisch	organisch
porös	Beton, Putz, Estrich, Stein	Holz, Schaumstoffe
nicht porös	Glas	Kunststoffe

Porosität

Die wichtigsten Daten der Porosität sind:
- die Gesamtmenge der Poren [Gesamtporosität, in Volumenprozent (Vol.-%) bezogen auf das Baustoffvolumen],
- die Größenverteilung der Poren [Porenradienverteilung, wird in speziellen Diagrammen erfasst].

In der Praxis ist die maximale Wasseraufnahme eines porösen Stoffes wichtig, die in Massenprozent angibt, wie viel Wasser in die Poren eindringen kann, bis alle dem Wasser zugänglichen Poren gefüllt sind.
Die Größe der Poren spielt eine Rolle, wenn Flüssigkeiten aufgesaugt werden können, z. B. das Grundwasser im Mauerwerk oder auch ein dünnflüssiger Anstrichstoff (z. B. eine Grundierung).
Kleine Poren mit Durchmessern etwa < 1 µm (1 µm = 1/1000 mm) saugen langsam und wenig Flüssigkeit, können sie aber in große Höhen steigen lassen.
Große Poren mit Durchmessern etwa > 1 µm saugen schnell viel Flüssigkeit, können diese aber nicht hoch transportieren.
Das Saugen in einem keilförmigen Spalt (Bild) zeigt den Zusammenhang zwischen Porengröße (hier: Abstand der beiden Glasplatten) und der Steighöhe der Flüssigkeit.

1 Steighöhe zwischen zwei gewinkelt angeordneten Glasplatten

2.1.2 Feuchtegehalt

Poröse Baustoffe enthalten Feuchte.
Die Feuchte gelangt durch Aufnahme von feuchter Luft oder von flüssigem Wasser in die Poren. Da Luft immer einen gewissen Feuchteanteil enthält, sind poröse Baustoffe auch immer feucht – lediglich die Menge der Feuchte entscheidet darüber, ob sie für den Anstrich oder die Lackierung ein Problem darstellt oder nicht.

Wenn poröse Baustoffe im Kontakt mit Wasser stehen, können sie das Wasser kapillar aufsaugen. In diesem Fall ist die Feuchte fast immer zu hoch für Beschichtungsmaßnahmen. Saugt der Baustoff nämlich Wasser auf, sind die Poren schnell vollständig mit Wasser gefüllt. Eine kapillare Wasseraufnahme muss also verhindert werden. Der Baustoff muss vom Wasser oder das Wasser vom Baustoff ferngehalten werden. Daher werden zu beschichtende Wände vor Regen geschützt oder hinterfeuchtete Bauteile vom Wasser isoliert.

Doch die Luftfeuchte führt zu wechselnden Wassergehalten im porösen Baustoff. Bei geringen Luftfeuchten nimmt der poröse Baustoff nur wenig Feuchte auf. Steigt die Luftfeuchte, steigt auch der Feuchtegehalt des Baustoffs. Wird der Baustoff längere Zeit sehr feuchter Luft ausgesetzt, können sich auch dadurch die Poren vollständig mit Wasser füllen. Viele Beschichtungsstoffhersteller geben daher obere Grenzen der Luftfeuchte für die Verwendung ihrer Materialien an. Die Messung der Luftfeuchte sollte also für den Maler und Lackierer zu den routinemäßigen Vorarbeiten gehören. Die Feuchteaufnahme aus feuchter Luft wird auch Sorption genannt. Sorptionskurven geben den Zusammenhang zwischen Luftfeuchte und Baustofffeuchte wieder.

2.1.3 Quellen und Schwinden

Bei vielen porösen Baustoffen führt die Aufnahme von Feuchte dazu, dass der Baustoff seine Dimensionen ändert, das heißt, dass Länge, Breite und Dicke größer werden. Diesen Vorgang bezeichnet man als Quellen. Umgekehrt schwinden die meisten porösen Materialien bei Feuchteentzug, das heißt, dass die Dimensionen kleiner werden. Den Wechsel zwischen „größer und kleiner werden" bei feuchteren oder trockeneren Bedingungen nennt man daher Quellen und Schwinden.

Das Maß, in dem poröse Stoffe quellen und schwinden, ist sehr unterschiedlich.

Einige Stoffe, z. B. manche Hölzer dehnen sich bei Feuchteeinfluss so stark, dass der Unterschied mit dem Auge wahrnehmbar ist. Bei anderen Stoffen, z. B. bei Beton, braucht man sehr feine Messinstrumente, um die Unterschiede in den Abmessungen wahrnehmen zu können.

2 Wassertropfen auf einer hydrophobierten Putzoberfläche

2.1.4
Hydrophob und hydrophil

Mineralische Baustoffe, Metalle und Holz lassen sich mit Wasser benetzen. Das heißt, dass sich Wasser vollständig auf der Oberfläche ausbreitet. Daher kann das Wasser bei Holz und Putz auch durch die Kapillaren aufgenommen werden. Derartige Stoffe bezeichnet man als hydrophil.

Physikalische Umgebungsbedingungen

Als physikalische Umgebungsbedingungen bezeichnet man die Vorbedingungen für eine Beschichtung, die durch Temperatur, Feuchte, Sonneneinstrahlung und ähnliche Kennwerte hervorgerufen werden. Die Unterschiede können der folgenden Tabelle entnommen werden.

Klima	oder Umgebungsklima: Temperatur (in Grad Celsius; °C) und relative Luftfeuchte (in Prozent; %) der umgebenden Luft
Relative Luftfeuchte	Die Luft kann bei jeder Temperatur unterschiedlich viel Wasser aufnehmen. Je wärmer die Luft, desto mehr Wasser kann sie aufnehmen, so z. B. • maximal 9,4 g in einem Kubikmeter (m^3) bei 10 °C oder • maximal 17,3 g in einem m^3 bei 20 °C. Diese Maximalwerte entsprechen 100 % relativer Luftfeuchte (r. F.) bei diesen Temperaturen. Ist nur die Hälfte dieser Menge in der Luft, also z. B. 4,7 g bei 10 °C, so spricht man von 50 % r. F. bei 10 °C. 4,3 g Wasser in einem m^3 Luft bei 20 °C entsprechen 25 % r. F.
Taupunkt	Es ist die Temperatur in °C, ab der die Luft zusätzliche Feuchte nicht mehr aufnehmen kann. Kühlt feuchte Luft, z. B. Luft mit 15 g Wasser pro Kubikmeter, abends von 20 °C auf 10 °C ab, kann die Luft nur noch 9,4 g pro m^3 aufnehmen. 5,6 g fallen als flüssiges Wasser (Tau) aus der Luft. Das gleiche kann mit warmer, feuchter Luft an kalten Oberflächen passieren. Nimmt man z. B. an einem warmen Tag eine kalte Getränkeflasche aus dem Kühlschrank, beschlägt sie mit Tauwasser. An der Oberfläche wurde der Taupunkt unterschritten.
Oberflächentemperatur	Darunter versteht man die Temperatur der zu beschichtenden Oberfläche. Liegt diese deutlich unter der Lufttemperatur, kann der Taupunkt unterschritten werden. Die Oberfläche wird dann mit Tauwasser befeuchtet und kann nicht beschichtet werden.
Sonneneinstrahlung	Direkte Sonneneinstrahlung kann Oberflächen sehr stark erwärmen. Dunkle Fassaden erreichen im Sommer dadurch eine Oberflächentemperatur von bis zu 80 °C. Die Oberfläche kann zu warm für eine Beschichtungsmaßnahme werden.
Wind	Wind führt zu schnellem Austausch der umgebenden Luft. Starker Wind führt durch den Luftaustausch dazu, dass Beschichtungsstoffe schneller, unter Umständen zu schnell, abtrocknen.

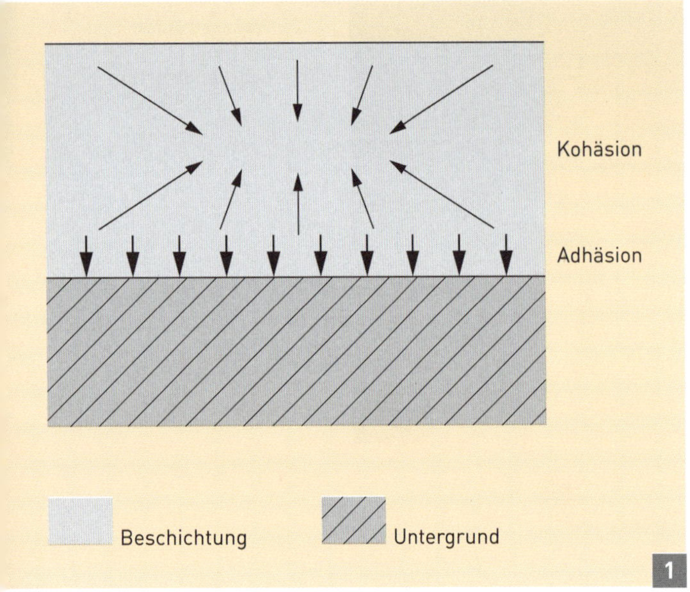

1

2

1 Adhäsion und Kohäsion

2 Adhäsion und Kohäsion waren nicht hoch genug

Stoffe, auf deren Oberfläche das Wasser abperlt wie auf einer Wachsjacke und deren Kapillaren das Wasser nicht aufnehmen, werden als hydrophob bezeichnet.

Hydrophile, kapillare Stoffe können durch Imprägnieren mit geeigneten Stoffen wasserabstoßend gemacht (hydrophobiert) werden. Beispiele sind imprägnierte Textilien (Regenjacken) genauso wie hydrophobiertes Mauerwerk. Die kapillare Wasseraufnahme von Mauerwerk kann durch Hydrophobieren bis nahe null reduziert werden.

2.1.5 Oberflächenspannung

Ursache für das hydrophobe und hydrophile Verhalten sind die Oberflächenenergien der festen Oberflächen und die Oberflächenspannung des Wassers. Die Oberflächenspannung ist eine Eigenschaft der Oberfläche zwischen einer Flüssigkeit, z. B. Wasser und eines Gases, z. B. der Luft. Die Oberfläche der Flüssigkeit verhält sich wie eine gespannte, elastische Folie. Dieser Effekt ist z. B. die Ursache dafür, dass Wasser Tropfen bildet. Er trägt dazu bei, dass einige Insekten über das Wasser laufen können oder dass ein Wassertropfen auf einer hydrophoben Oberfläche in Kugelform bleibt (Abb. 2, S. 47).

2.1.6 Adhäsion und Kohäsion

Als Adhäsion (= Anhangskraft), wird das Haften zweier Stoffe oder Körper aneinander bezeichnet. Das Haften einer Beschichtung auf dem Untergrund beruht auf der Adhäsion.

Kohäsion wird die Zusammenhangskraft in einem Körper genannt. Ein Körper mit hoher Kohäsion ist schwer in zwei Teile zu reißen.

Bezogen auf eine Beschichtung, die auf einem Untergrund haften soll, ist eine gute Kohäsion wichtig, um die Beschichtung zusammenzuhalten und vor Beschädigungen wie Rissen oder Kreiden zu schützen. Eine gute Adhäsion sorgt dafür, dass die Beschichtung gut am Untergrund haftet und sicht nicht ablöst oder Blasen wirft. Abb. 2 zeigt die typischen Schäden, die durch geringe Adhäsion und Kohäsion hervorgerufen werden.

2.2 Beton und Putz

2.2.1 Beton

Beton und Putzuntergründe gehören zu den künstlich hergestellten Steinen. Man unterscheidet hier grundsätzlich Betone und Mörtel, wobei die zugegebenen Steine oder Sande, die Zuschläge, ausschlaggebend für die Bezeichnung sind. Betone (S. 50, Abb. 1) haben Zuschläge mit Steinen größer als 4 mm Durchmesser, Mörtel entsprechend Sande und Grobsande mit Körnern kleiner als 4 mm Durchmesser.

Beton besteht aus Zement, Wasser und Zuschlägen. Diese Mischung wird bei der Herstellung meist noch mit Zusatzmitteln und Zusatzstoffen versetzt. Der Zement dient als Bindemittel, das die anderen Bestandteile zusammenhält. Der Zement macht meist um 10–15 % der Betonmasse aus. Zement wird als trockenes Pulver mit dem Anmachwasser und dem Zuschlag vermischt. Dabei werden große Mengen basische Stoffe wie Löschkalk frei, was einen hohen pH-Wert (pH = 12,5–13,5) verursacht. Die Festigkeit des Betons entsteht durch Auskristallisierung der Mineralien des Zements. Dabei bilden sich durch Wasseraufnahme kleine Kristallnadeln, die fest verfilzen (Abb. 4). Beton verfestigt sich zunächst schnell, oft kann man schon nach wenigen Stunden darüber gehen. Die endgültige Festigkeit wird aber erst nach Wochen und Monaten erreicht.

Während dieser Zeit reagiert der Zement immer weiter mit dem Anmachwasser. Beton kann hohe Druckkräfte aufnehmen, versagt aber schon bei niedrigen Zugbeanspruchungen. Daher wird Beton meist mit Stahl verstärkt. Der Beton nimmt dann die Druckkräfte auf. Die Zugkräfte übernimmt der vom Beton umhüllte Stahl. Wichtig ist die Dicke des Betons über dem Stahl, die man auch Betondeckung nennt: Der Beton schützt aufgrund seines hohen pH-Wertes den Stahl vor dem Rosten. Dies kann nur dann für lange Zeit geschehen, wenn der Beton dick genug ist.

Beton kann je nach Herstellungsart, Rezeptur und Alter sehr unterschiedlichen Einfluss auf Beschichtungen und Beschichtungsstoffe haben. Für die Beurteilung, wie der Untergrund vorzubereiten ist oder welcher Anstrichstoff verwendet werden kann, ist es daher wichtig, Beton zu unterscheiden nach:

- Trockenrohdichte (Leichtbeton, Normalbeton, Schwerbeton),
- Druckfestigkeit (z. B. hochfester Beton),
- Ort der Herstellung (Transportbeton, Baustellenbeton, Fertigteilbeton),
- Erhärtungszustand (Frischbeton, junger Beton = „grüner" Beton, Festbeton, Altbeton),
- Oberfläche (Sichtbeton, „Wasch"beton, Schalungsfläche, Gussfläche).

3 Betonierarbeiten

4 Wachsende Zementkristalle in stark vergrößerter Ansicht

1 Kalkkreislauf

2 Gipskreislauf

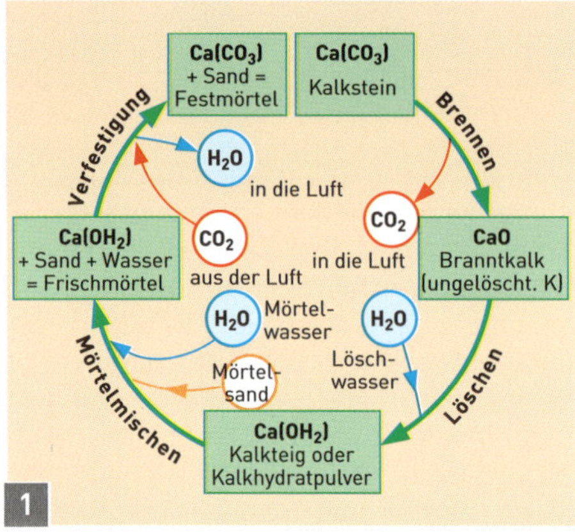

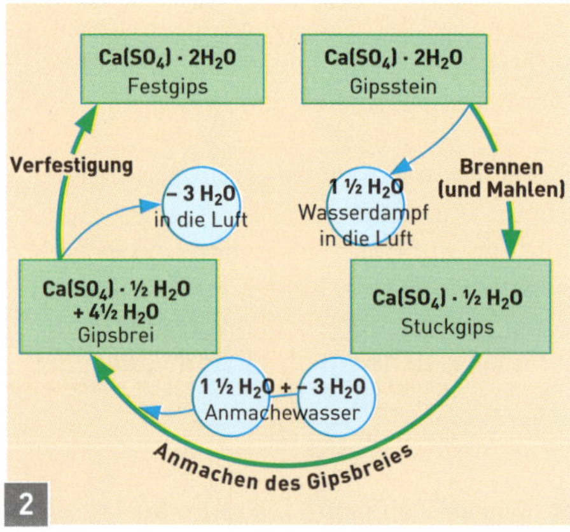

2.2.2 Mörtel, Putzmörtel

Mörtel wird, wie Beton, aus Wasser, Bindemittel und Zuschlägen hergestellt. Ebenso wie bei Beton werden Zusatzmittel zugesetzt. Im Gegensatz zu Beton unterscheidet man jedoch nach Bindemitteln: Gipsmörtel, Kalkmörtel und Zementmörtel und nach der Verwendung: Mauermörtel, Putzmörtel und Estrichmörtel. Neuerdings wird auch zunehmend Lehm, ein natürlicher Mörtel aus Ton, als Bindemittel und Sand als Zuschlag wieder verwendet. Lehm findet seinen Einsatz vor allen Dingen als Lehmputz. Lehm wird durch Trocknen des enthaltenen Wassers fest und ist nicht wasserbeständig.

Zementmörtel besteht aus Zement, Sand und Wasser. Er erhärtet genauso wie Beton, nimmt also Wasser zur Erhärtung auf und bildet Zementkristalle. Diese verfilzen bei der Erhärtung und binden den Sand ein.

Kalkmörtel besteht aus gelöschtem Kalk, auch Kalkteig genannt und Sand. Gelöschter Kalk entsteht aus gebranntem Kalkstein, zu dem Wasser gegeben wird.

Normen, Richtlinien und Merkblätter

Das Bauwesen und damit auch das Beschichten wird durch eine Vielzahl von Bestimmungen geregelt. Neben deutschen **Normen** (DIN), gibt es europäische Normen (EN) und internationale Normen (ISO). Manche Normen haben nur in Deutschland Gültigkeit (DIN), andere auch in Europa (DIN EN), einige sind in Deutschland, Europa und international gültig (DIN EN ISO). Normen gelten als „anerkannte Regeln der Technik“, nach denen jeder zu arbeiten hat. In den Normen sind auch viele Baustoffe definiert und die Begriffe für die Baustoffe festgelegt. Beispiele sind:

DIN 55993:	Beschichtungsstoffe – Beurteilung von applikationsbedingten Eigenschaften von Beschichtungssystemen
DIN EN 206:	Beton – Teil 1: Festlegung, Eigenschaften, Herstellung und Konformität
DIN EN ISO 6504:	Beschichtungsstoffe – Bestimmung des Deckvermögens

Um die vielen Normen überschaubarer zu machen, geben Handwerksverbände oder andere Organisationen **Merkblätter** heraus, die auf diesen Normen beruhen, sie in Details ergänzen oder vereinfachen. Diese Merkblätter beschreiben in praktischer Form, was zu tun ist, geben also Ausführungshinweise. Ein bekanntes Beispiel sind die Merkblätter des Bundesverbandes für Sachwerteschutz, die BfS-Merkblätter.

Die **V**ergabe- und Vertrags**o**rdnung für **B**auleistungen (**VOB**) ist ein in Deutschland gültiges, dreiteiliges Werk, das Regelungen für den Inhalt von Bauverträgen und für die Vergabe von Bauaufträgen durch öffentliche Auftraggeber enthält. Besonders wichtig ist hier der VOB Teil C, der gleichzeitig als DIN herausgegeben wird. Für Maler und Lackierer ist hier die DIN 18363: VOB Vergabe- und Vertragsordnung für Bauleistungen – Teil C: Allgemeine Technische Vertragsbedingungen für Bauleistungen (ATV) – Maler- und Lackiererarbeiten – Beschichtungen maßgebend.

Der Kalkteig benötigt zum Erhärten Kohlendioxid aus der Luft und gibt Wasser an die Luft ab. Kalkmörtel wird daher auch „Luftmörtel" genannt.

Gips wird durch Brennen aus Gipsstein hergestellt. Man unterscheidet weniger stark gebrannten Gips, Stuckgips und völlig wasserfrei gebrannten Gips, den Anhydrit. Mischt man das Anhydrit oder den Stuckgips mit Wasser, bilden sie durch Wiederaufnahme von Wasser Kristalle, die ähnlich wie die Zementkristalle erhärten, aber nicht wasserfest sind (Abb. 2).

Die Mörtel werden in Mörtelgruppen gegliedert. Je nach Verwendungszweck gibt es die Gruppen für Mauermörtel nach DIN 1053 und die Gruppen für Putzmörtel nach DIN 18550. Als Putz bezeichnet man eine Beschichtung aus Mörtel, die an Außenwänden, Innenwänden und Decken aufgebracht wird. Putz selbst wird in der Regel durch Anstriche geschützt.

3 Putzfassade

2.2.3 Putze, Unterteilung

Da Putz als Beschichtungsuntergrund in der Praxis wichtiger als Fugenmörtel ist, werden hier die Putzmörtelgruppen aufgeführt:

P I:	Kalkmörtelgruppe (Mörtel aus Sand und gebranntem Kalk) Verwendung als Innenputz
P II:	Kalk-Zement-Mörtelgruppe (Mörtel aus Sand, gebranntem Kalk und Zement) Verwendung als Außenputz
P III:	Zementmörtelgruppe (Mörtel aus Sand und Zement) Verwendung als Außenputz und Unterputz
P IV:	Gipsmörtelgruppe (Mörtel aus Gips und Sand) Verwendung als Innenputz (trockene Räume)

Neben der Unterteilung der Putze nach den enthaltenen Bindemitteln, wie zuvor aufgeführt, werden Putze weiterhin oft nach dem Bearbeitungsverfahren unterschieden.

Man differenziert zum Beispiel:
- Scheibenputz – mit der Glättscheibe verrieben, glatt.
- Kellenstrichputz – mit der Kelle verdichteter Putz, leicht strukturiert.
- Kratzputz – mit einem Nagelbrett aufgerauter Putz, rau.
- Maschinenputz – maschinell verarbeitet und in der Regel glatt gezogen, glatt.
- Kellenwurfputz – angeworfener, nicht geglätteter Putz, sehr rau.

Daneben gibt es noch weitere Bezeichnungen wie Leichtputz für Putze mit Schaumstoffzuschlägen für Wärmedämmzwecke oder Edelputz für Deckputze mit besonderer Oberflächengüte, die in der Regel nicht beschichtet werden.

1 Putzoberflächen: Glatter Putz, Kratzputz, Strukturputz (von links nach rechts)

2.2.4 Putzschäden

Ein auf das Bauwerk aufgebrachter, neuer Putz ist grundsätzlich ein unproblematischer Untergrund für darauf abgestimmte Beschichtungen. Aber wie alte Putze können auch neue Putze Schäden aufweisen, die vor einer Beschichtung erkannt werden müssen. Fehler in neuem Putz sind meist auf Verarbeitungsfehler zurückzuführen, die im Putz selbst oder im Untergrund liegen können.

Putz kann Risse aufweisen. Je nach Form und Breite der Risse unterscheidet man sie in Haarrisse, Netzrisse, Fugenrisse und bauwerksbedingte Risse. Bauwerksbedingte Risse sind breite Trennrisse, die auf Risse im Mauerwerk durch Setzung des Bauwerkes oder Schäden in der Konstruktion entstehen. Im Vorfeld einer Beschichtungsmaßnahme müssen derartige Bauschäden von Grund auf beseitigt werden, ehe der Maler seine Arbeit aufnehmen kann.

Fugenrisse sind Risse, die das Fugenbild des Mauerwerks erkennen lassen, indem sie je Fuge einen durch den Putz gehenden Riss abbilden. Die Ursache können sich in der Form verändernde Mauersteine oder ein zu dünner Putzauftrag sein.

Netzrisse sind schale, den ganzen Putz durchdringende, Risse mit einem zusammenhängenden, netzartigen Rissbild. Sie haben ihre Ursache meist in Zusammensetzungsfehlern des Putzes.

Haarrisse sind Oberflächenrisse, durchdringen die Putzschicht also nicht. Meist bilden sie ein nicht zusammenhängendes Rissbild mit höchstens 1 bis 2 mm tiefen, sehr feinen Rissen. Haarrisse können oft nur durch Anfeuchten sichtbar gemacht werden. Sie bilden sich dann als dünne, dunkle Linien ab.

Neben Rissen können bei neuem Putz Absandungen auftreten. Diese sind auf einen Unterschuss an Bindemittel, z. B. Zement oder Kalk, im Vergleich zum Sandzuschlag zurückzuführen.

Geringfügige Absandungen können mit einem verfestigenden Tiefgrund behandelt werden. Sandet der Putz sehr stark, muss er saniert werden.

2.2.5 Einfache Untergrundprüfungen

Einige einfache Prüfungen können Fehler an einem Putz schnell aufdecken.

- Die **Wassertropfenprobe**/Benetzungsprobe besteht darin, einen Tropfen Wasser auf die Putzoberfläche aufzubringen. Wird der Tropfen schnell aufgesaugt, ist der Putz sehr porös und saugt sehr stark. Unter Umständen ist er dann auch nicht fest genug für eine Beschichtung. Mit einem Tiefgrund können die Poren verengt werden, damit wird das Saugen vermindert und die Oberfläche gefestigt.

- Durch **Reiben mit der Handfläche** oder Scheuern mit Tuch oder Schwamm kann festgestellt werden, ob der Putz absandet.
- Das **Ritzen des Putzes** mit einem Messer gibt Auskunft über seine Festigkeit und Kohäsion. Bröckelt der Putz beim Ritzen stark aus, ist der Zusammenhalt nicht gut genug. Bietet der Putz dem Ritzen Widerstand und zeigt nur eine messerbreite Vertiefung, kann von einem guten Zusammenhalt ausgegangen werden.

2.3 Holz

2.3.1 Holzarten

Holz ist ein natürlicher Baustoff. Als Holz bezeichnet man die feste Substanz des Stammes und der Äste von Bäumen und Sträuchern. Da es sehr viele Baum- und Straucharten gibt, gibt es auch rund 20 000 Holzarten, von denen aber nur wenige als Baustoff genutzt werden. Um die Übersicht über die immer noch recht vielen benutzten Holzsorten zu vereinfachen, werden ähnliche Holzsorten zu Gruppen zusammengefasst, die man Handelssortimente nennt. Das Handelssortiment „Eiche" umfasst z. B. viele unterschiedliche Eichenarten.

Selbst diese wenigen, zu Sortimenten vereinfachten Holzarten reichen aber noch aus für eine Vielfalt von möglichen Beschichtungsuntergründen. Dazu kommen noch die unterschiedlichsten Holzwerkstoffe. Holzwerkstoffe werden aus Bindemitteln und Holzspänen, Holzstreifen oder Holzfasern unterschiedlichster Hölzer hergestellt.

Beispiele sind mitteldichte Faserplatten (MDF), Spanplatten oder Oriented Strand Boards (OSB). Aufgrund dieser Vielfalt werden hier zunächst die wichtigsten allgemeinen Eigenschaften von Holz betrachtet.

2 **Putzrisse: Haarrisse, Netzrisse, Fugenrisse (schematisch)**

3 **Holz und Holzwerkstoffe**

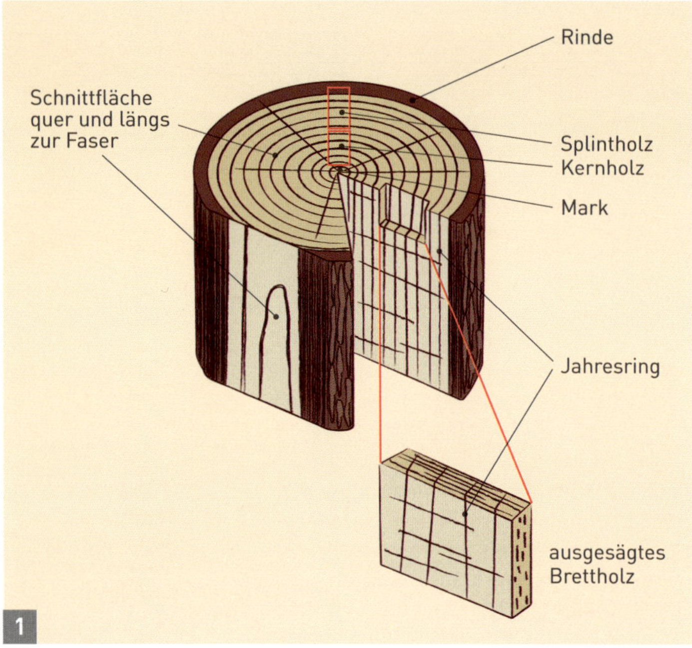

1 **Aufbau des Holzes (schematisch)**

2 **Mikroskopische Darstellung von Fichtenholz längs zur Faser (links) und quer zur Faser (rechts). Im Kreis: Jahresring**

2.3.2 Holzaufbau

Holz besteht aus Cellulosen, Lignin, mineralischen Stoffen und weiteren Inhaltsstoffen. Die Cellulosen und das Lignin machen mit zusammen über 90 % den größten Anteil aus.

Weitere Inhaltsstoffe sind Harze, Fette und ätherische Öle (z. B. Terpentinöl), Gerbstoffe, Kautschuk und Kampfer.

Diese sind in vielen Fällen für die Beschichtung von großer Bedeutung, da sie für Beschichtungsfehler wie Harzgallen, Ablösungen oder Verfärbungen verantwortlich sein können. Daher ist es von Bedeutung zu wissen, welches Holz beschichtet werden soll.

Während des Wachstums bildet der Baum Schicht um Schicht, Jahresring um Jahresring, um den Stamm herum neues Holz. Die äußersten Schichten dienen dem Transport von Wasser und Nährstoffen, der innere Teil des Stammes, das Kernholz, hat im Wesentlichen Tragfunktion. Bei manchen Hölzern, z. B. bei Kiefern und Lärchenholz, können Kernholz und Splintholz, also der innere und äußere Bereich, scharf unterschieden werden.

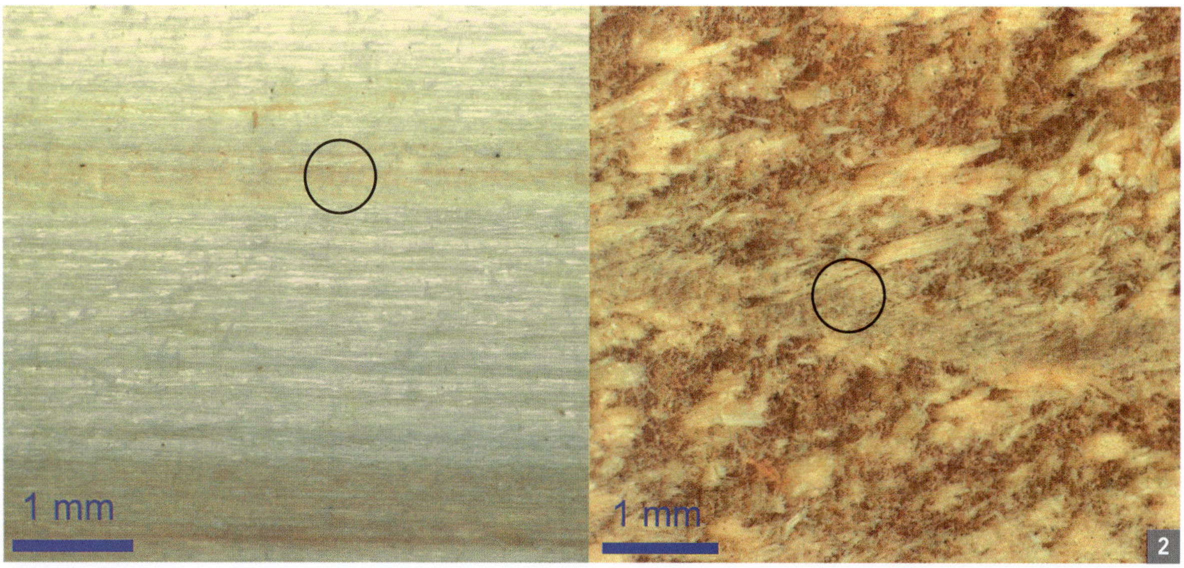

3

Durch diesen Aufbau bedingt ist Holz ein anisotropes Material. Das bedeutet, dass seine Eigenschaften nicht in alle Richtungen gleich sind. Man unterscheidet:

- die Richtung des Baumwuchses nach oben, aufgrund des Verlaufs der Holzfasern auch längs zur Faser genannt,
- die Richtung des Holzzuwachses (Verdickung des Stamms), aufgrund des Verlaufs der Holzfasern auch quer zur Faser genannt.

Während Tischler und andere holzverarbeitende Berufe zwischen drei Schnittarten unterscheiden, ist für die Beschichtung vor allem die Unterscheidung zwischen Stirn- oder Hirnholz und den beiden Seitenflächen wichtig. Da beim Stirnholz die wasserführenden Kapillaren des Holzes quer durchgeschnitten sind, saugt diese Seite um ein Vielfaches mehr Wasser oder Anstrichstoff auf. Daher benötigt diese Seite immer eine besondere Behandlung.

Die Abb. 2 zeigt Mikroskopbilder von Fichtenholz längs und quer zur Faser. Längs zur Faser sieht man eine dicht erscheinende Oberfläche. Die Holzfasern sind gut zu erkennen. Quer zur Faser sieht man im gleichen Massstab eine im Vergleich raue, offene Oberfläche. Die Poreneingänge sind gut zu sehen, die Möglichkeit hoher Wasseraufnahme lässt sich nachvollziehen. Auch der Jahresring ist sowohl längs als auch quer zur Faser zu erkennen.

2.3.3 Holzfeuchte

Als Holzfeuchte bezeichnet man den Wasseranteil im Holz bezogen auf die Trockenmasse des Holzes. Die Holzfeuchte wird in % angegeben. Sie ist ein wichtiges Maß des Werkstoffes Holz. Die Verarbeitungseigenschaften und die mechanischen Eigenschaften hängen von der Holzfeuchte ab. Man kann Holz beispielsweise bei bestimmten, hohen Holzfeuchten biegen, während das gleiche Holz bei geringerer Feuchte bei gleicher Belastung bricht. Wichtig ist die Holzfeuchte auch für Beschichtungsmaßnahmen. Bei zu hohen Holzfeuchten darf nicht beschichtet werden, da die Beschichtung dann nicht dauerhaft auf dem Holz haften kann.

Absolut trockenes Holz mit 0 % Holzfeuchte bezeichnet man als darrtrocken. Im Holz, das nicht direkt dem Wasser ausgesetzt ist (z. B. durch Regen oder Erd-

3 Laub- und Nadelhölzer: Buche, Eiche, Erle, Fichte (von links nach rechts)

4 Nadelhölzer und exotische Hölzer: Kiefer, Sapeli, Niangon, Palisander (von links nach rechts)

4

Tab. 1: Holzarten und Eigenschaften

	Holzname	Herkunft	Farbe		Verwendung
			Splintholz	Kernholz	
Nadelhölzer	Douglasie	Nordamerika	gelbweiß	gelbbraun	Konstruktionen, Täfelung, Parkett
	Fichte	Europa	gelbweiß	glänzend	Konstruktionen (innen), Parkett, Dielen
	Kiefer	Europa, Asien	hellgelb	rotbraun	Konstruktionen, Täfelung, Parkett, Rahmen
	Lärche	Europa	gelbweiß	rotbraun	Konstruktionen, Täfelung, Parkett, Rahmen
	Tanne	Europa, Amerika	gelblich – rötlich weiß		Konstruktionen (innen), Parkett, Dielen
	Western Red Cedar	Nordamerika	gelbweiß	rotbraun	Täfelung, Fassaden
Laubhölzer	Birke	Europa, Asien	weiß – bräunlich		Täfelung, Furniere
	Buche	Europa	gelb – rotbraun		Konstruktionen (innen), Parkett, Rahmen
	Esche	Europa, Asien	gelblich	hellbraun	Täfelung, Furniere
	Eiche	Europa	gelblich	hellbraun	Konstruktionen, Täfelung, Parkett, Rahmen
	Mahagoni	Afrika	rötlich	rotbraun	Konstruktionen, Täfelung, Parkett, Rahmen
	Meranti	Süd-Ost-Asien	gelbweiß	Rottöne	Fenster, Treppen
	Nussbaum	Amerika, Europa	graurot	graubraun	Täfelung, Parkett, Rahmen

feuchte), stellt sich, wie bei allen porösen Baustoffen, mit der Zeit eine bestimmte, von der relativen Luftfeuchte und der Temperatur abhängige Ausgleichsfeuchte ein. Diese Ausgleichsfeuchte des Holzes schwankt in Räumen zwischen 6 % und 10 %. Die Holzfeuchte schwankt im Freien ohne direkten Wassereinfluss zwischen etwa 8 % und etwa 16 % – allerdings sind auch Werte darüber und darunter möglich.

2.3.4 Quellen und Schwinden des Holzes

Gibt Holz unterhalb seines Fasersättigungsbereiches Feuchtigkeit an seine Umgebung ab, schwindet es. Umgekehrt quillt Holz, wenn es unterhalb seines Fasersättigungsbereiches Feuchtigkeit aus der Umgebung aufnimmt.

Die Quell- und Schwindmaße von Holz sind in den drei Richtungen, in Faserrichtung und quer dazu sehr unterschiedlich und verhalten sich etwa wie 1 : 10 : 17. Wie das Holz bei unterschiedlichem Jahrringverlauf im jeweiligen Querschnitt schwindet und sich verändert, zeigt die Abb. 1.

Das maximale Schwindmaß ist für den Maler und Lackierer bedeutungslos, da er in der Praxis nichts mit diesen maximalen Holzfeuchteänderungen zu tun hat. Wichtig ist dagegen, wie sich Holzfeuchteänderungen, die durch normale Klimaschwankungen entstehen, auf das Quell- und Schwindverhalten des Holzes auswirken. Das Maß hierfür ist das differenzielle Schwindmaß. Es gibt die Längenänderung des Holzes in % an, wenn sich die Holzfeuchte um 1 % ändert. Dieser Wert ist quer zur Faser deutlich höher als in Faserrichtung (Tab. 2).

Daraus folgt, dass der Messung der Holzfeuchte vor Beschichtungsmaßnahmen besondere Bedeutung zukommt.

Tab. 2: Differentielle Schwindmaße in % je 1 % Holzfeuchteänderung für unterschiedliche Holzarten (DIN 68 100, 2008)

Holzart	**Quer zur Faser**	**Längs zur Faser**
Fichte	0,15 – 0,36	0,01
Kiefer	0,15 – 0,36	0,01
Eiche	0,15 – 0,35	0,01
Buche	0,19 – 0,44	0,015
Holzwerkstoff	**Quer zur Platte**	**In Plattenebene**
Spanplatte P3	0,69	0,037
Mitteldichte Faserplatte (MDF)	0,84	0,021
Sperrholz	0,30	0,015

1 Schwinden des Holzes in Abhängigkeit von der Lage im Stamm

2 Holzfeuchtemessgerät

2.3.5 Messung der Holzfeuchte

Obwohl es eine Reihe von Messverfahren gibt, sind für die Praxis nur die elektrischen Messverfahren wichtig. Unter diesen ist die Messung des elektrischen Widerstands zwischen zwei Nägeln, die ins Holz eingedrückt oder eingeschlagen werde, die gebräuchlichste. Die Abb. 2 zeigt ein Holzfeuchtemessgerät.

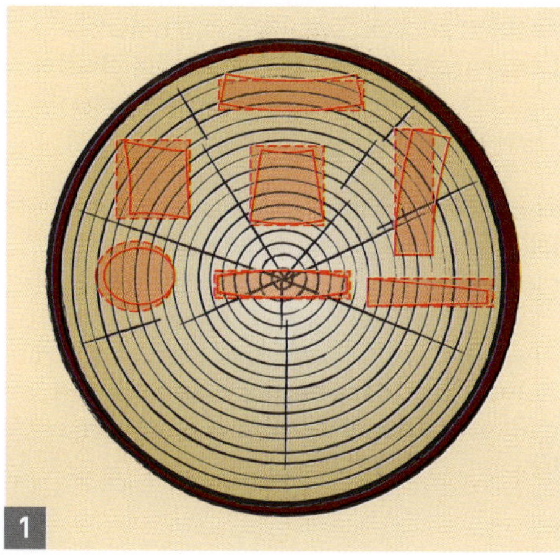

1

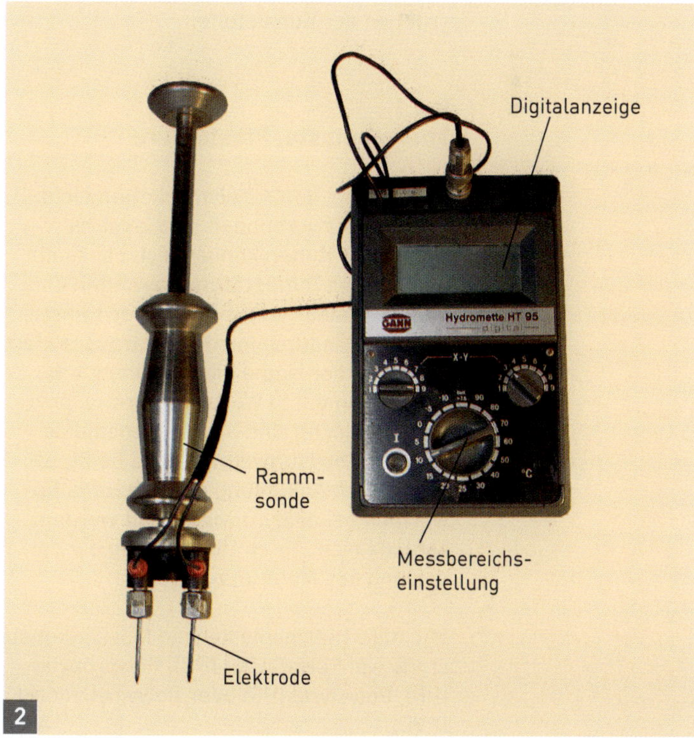

2

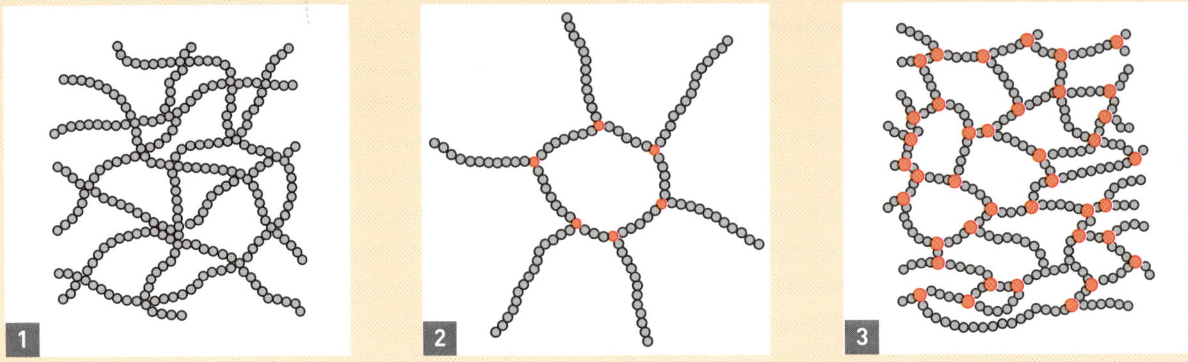

1 Thermoplaste

2 Elastomere

3 Duromere

2.4 Kunststoffe

Kunststoffe sind künstliche, durch chemische Synthese hergestellte organische Stoffe. Sie bestehen aus kettenförmigen Molekülen, die meistens aus Kohlenstoff, Wasserstoff und wenigen anderen Elementen aufgebaut sind. Die kettenförmigen, sehr langen Moleküle werden auch als Polymere bezeichnet. Je nachdem, ob die Polymere miteinander verknüpft sind oder nicht, unterscheidet man Untergruppen der Kunststoffe.

2.4.1 Thermoplaste, Plastomere

Kunststoffe, deren Polymerketten nicht miteinander verbunden sind zeigt die Abb. 1. Die Ketten können sich oberhalb bestimmter Temperaturen bewegen und gegeneinander verschieben. Der Kunststoff wird dadurch formbar. Daraus erklärt sich auch der Name dieser Kunststoffe: Sie werden durch Wärme (Thermo) formbar (plastisch), sind also Thermoplaste. Der Vorgang ist reversibel, das heißt, er kann durch Abkühlung und erneutes Erwärmen beliebig oft wiederholt werden, solange nicht durch Überhitzung die Zersetzung des Materials einsetzt.

Wichtige Thermoplaste sind Massenkunststoffe wie Polyethylen (PE), Polypropylen (PP), Polystyrol (PS) oder Polyvinylchlorid (PVC).

Anwendungsbeispiele sind Verpackungsfolien (PE), Joghurtbecher (PS), Kunststofffenster (PVC) oder Plexiglas (Polymethylmethacrylat, PMMA).

2.4.2 Elastomere

Die Polymerketten der Elastomere sind in unregelmäßigen Abständen chemisch miteinander verküpft. Dadurch entsteht eine netzartige Struktur, man spricht auch von vernetzten Polymeren. Die Verknüpfungspunkte liegen bei Elastomeren relativ weit auseinander, so dass die Ketten eine gewisse Beweglichkeit behalten. Dadurch sind die Elastomere gummielastisch (Abb. 2). Sie sind verformbar, gehen aber nach der Verformung in den Ausgangszustand zurück. Das Verformen durch Erwärmung ist jedoch nicht möglich. Bei zu starker Erwärmung zersetzen sich die Elastomere.

Wichtige Elastomere sind Naturkautschuk (NR) und Acrylnirilbutadienstyrolkunststoff (ABS).

Anwendungsbeispiele sind Stoßfänger von Autos (ABS), Kreppsohlen von Schuhen (NR) oder Taucheranzüge (Chloropren, CR).

2.4.3 Duromere

Die Polymerketten der Duromere sind in wesentlich kürzeren Abständen miteinander verknüpft als die der Elastomere. Auch hier spricht man von vernetzten Polymeren. Die Verknüpfungspunkte liegen bei Duromeren so eng zusammen, dass die Ketten unbeweglich gegeneinander sind (Abb. 3). Dadurch sind Duromere sehr starr, hart und kaum verformbar. Das Verformen durch Erwärmung ist auch hier nicht möglich. Bei zu starker Erwärmung zersetzen sich die Duromere.

Wichtige Duromere sind Epoxidharze (EP) und ungesättigte Polyesterharze (UP). Anwendungsbeispiele sind Fiberglas (Glas und UP) oder Epoxidharzkleber (EP).

2.4.4 Bauteile aus Kunststoff

Auf dem Bau werden viele Kunststoffteile eingesetzt. Die wichtigsten Bauteile aus Kunststoff, die bereits von außen zu sehen sind, sind Kunststofffenster und -türen, Regenrinnen und -fallrohre, Kunststofffassadenplatten oder Kunststoffgaragentore. Die außen sichtbaren Teile sind zwar in der Regel nicht beschichtet, können aber beschichtet werden. Bauteile wie Wasserrohre, Abdichtungsfolien, Bauschäume oder Fußbodenbeläge, die alle auch aus Kunststoffen bestehen können, spielen für den Maler und Lackierer keine große Rolle.

2.4.5 Autoteile aus Kunststoff

Im Automobilbau werden heute viele Kunststoffe eingesetzt (Abb. 4). Im Karosseriebau sorgen Kunststoffteile für eine Gewichtsverringerung des Fahrzeugs. Dadurch kann der Treibstoffverbrauch gesenkt werden. Gleichzeitig dienen speziell entwickelte Bauteile im Vergleich zu Metallen für eine verbesserte Crashsicherheit und verfügen über eine grundsätzlich höhere Lebensdauer, da sie nicht rosten können. Neben Dämmmatten, Teilen der Armaturen und Einbauteilen befinden sich auch Kunststoffteile am Fahrzeug, die lackiert werden müssen. Stoßfänger, Radzierblenden, Außenspiegelverkleidungen, Kotflügelverbreiterungen, Einstiegschweller, Tankdeckel, Front-/Heckspoiler sowie Grillleisten und – je nach Autotyp – auch ganze Karosserieteile (z. B. Motorhauben, Kofferraumdeckel) bestehen aus unterschiedlichen Kunststoffen. Im Vergleich zu den Metallteilen des Autos brauchen sie eine andere Behandlung.

4

4 **Kunststoffteile am Auto**

2.4.6 Untergrundvorbereitung

Kunststoffe sind als Beschichtungsuntergrund oft problematisch. Wenn eine Firma Teile lackieren soll, die vom Hersteller nicht vorgrundiert sind, muss der Beschichtungsuntergrung vor allem gründlich gereinigt und entfettet werden. Leichtes Anschleifen sorgt dafür, dass die Beschichtungsstoffe haften können. In speziellen Fällen ist auch das kurze Erhitzen der Oberfläche (Tempern) notwendig. In jedem Fall müssen die bei der Herstellung verwendeten, silikon- oder wachshaltigen Trennmittel aus dem Kunststoffteil entfernt werden. Verfügt das Kunststoffteil zusätzlich noch über Poren oder kleine Löcher (Lunker), müssen diese geschlossen werden. Bei Thermoplasten geschieht das mit einem speziellen Porenwischfüller oder mit einem Kunststoffspachtel. Bei Duromeren kann herkömmlicher 2K-Spachtel benutzt werden.

2.5 Leitern und Gerüste

Leitern sind für jedes Handwerk wichtige Arbeitshilfen. Der Einsatz von Leitern und Gerüsten erfolgt oft ohne Beachtung der Arbeitssicherheit.

Leitern und Gerüste unterliegen dem Gerätesicherheitsgesetz. Daher müssen sie mit dem **GS-Symbol** gekennzeichnet sein.

2.5.1 Leitern

Im Maler- und Lackiererhandwerk werden im Besonderen folgende Leiterarten eingesetzt:

- Anlegeleitern,
- Stehleitern,
- Mehrzweckleitern (LF 3).

Anlegeleitern
Anlegeleitern sind Leitern, die an Flächen oder Kanten angelegt werden.

Aufsichtsführende, die zu entscheiden haben, ob ein Einsatz von Anlegeleitern zweckmäßig ist, sollten sich bewusst sein, dass diese einen zweitrangigen Behelf darstellen, der eine erhöhte Unfallgefahr mit sich bringt. Sollen trotzdem Anlegeleitern als Verkehrsweg oder Arbeitsplatz genutzt werden, müssen die **Sicherheitsregeln** nach Abb. 1 beachtet werden:

1 Sicherheitsregeln

- Keine schadhaften Leitern und Tritte benutzen und diese standsicher aufstellen.
- Leitern nur auf rutschsicheren Böden aufstellen.

- Bei freistehenden Anlegeleitern dürfen die obersten vier Sprossen nicht bestiegen werden.

- Leitern im richtigen Winkel anlehnen. Die Anlegeleiter muss einen Anstellwinkel zwischen 65° und 75° aufweisen (Ellenbogenprobe).

- Auf gewachsenem, hartem Boden sind Erdspitzen zu verwenden.

- Anlegeleitern an Kanten müssen mindestens 1 m höher sein, als die Kante.

- Für glatte Fußböden müssen Gummifüße verwendet werden.

- Anlegeleitern nicht an unsicheren Gegenlagen anlehnen, z. B. Stangen, Drähte, Glasscheiben.

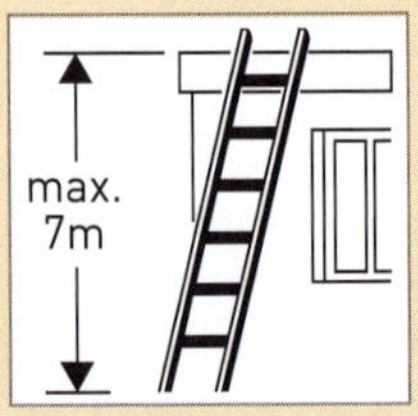

- Die maximale Arbeitshöhe einer Anlegeleiter beträgt 7 m.

1

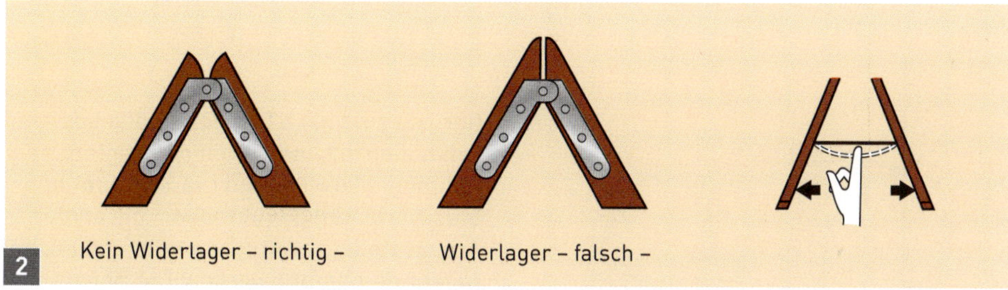

2

Auf Anlegeleitern dürfen nur geringfügige bzw. einfache Arbeiten ausgeführt werden. Dazu gehören Arbeiten, bei denen wenig Material oder Werkzeug benötigt wird. Der Arbeitende muss sich immer mit einer Hand gegen das Herabstürzen sichern können.

Stehleitern
Stehleitern sind freistehende Doppelleitern, die an den oberen Holmen mit einem Gelenkscharnier verbunden sind. Eine Spreizsicherung, z. B. Ketten oder Gurte, verhindern ein auseinanderrutschen der beiden Holme. Diese Spreizsicherung muss beim Aufstellen immer gespannt sein.
Die Enden der oberen Holme müssen abgerundet sein, um eine Klemmwirkung zu verhindern.

Die folgenden **Sicherheitsregeln** sind beim Umgang mit Stehleitern zu beachten:

- Wegen der Kippgefahr darf von Stehleitern nicht auf Gerüste oder andere Leitern umgestiegen werden.
- Stehleitern nicht als Anlegeleitern benutzen.
- Bei fehlender Haltevorrichtung dürfen die obersten Sprossen der Stehleiter nicht betreten werden (Abb. 1).
- Auf gespannte Spreizsicherung achten.

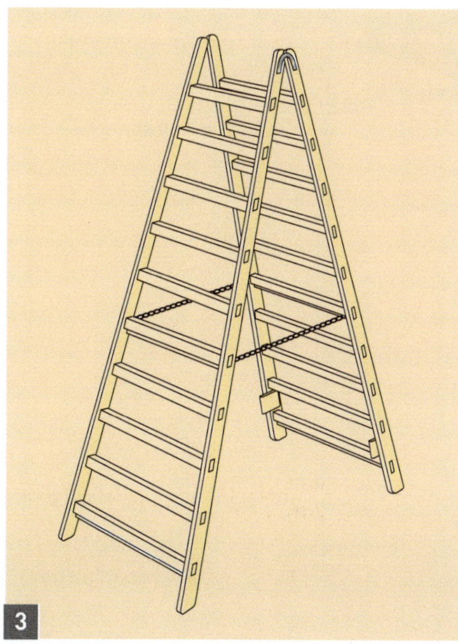
3

4

2 Widerlager und Spreizsicherung

3 Stehleiter

4 Stehleiter mit Haltevorrichtung

1 Verankerung in der Wand

2 Aufbau eines Rahmengerüsts

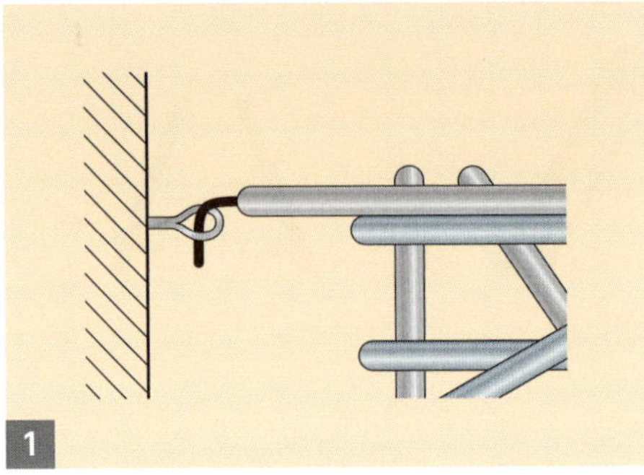

2.5.2 Gerüste

Gerüste sind nach DIN 4420 Hilfskonstruktionen aus industriell gefertigten Rahmenteilen. Sie sind mit Schraub- und Steckverbindungen versehen, die an der Arbeitsstelle zusammengefügt und auch wieder demontiert werden. Die Belagsflächen besitzen unveränderliche Längen und Breiten.

Gerüste müssen nach Montageanleitung errichtet werden.

Im Maler- und Lackiererhandwerk wird auf folgenden Gerüstarten gearbeitet:
- Rahmengerüste,
- Fahrgerüste (→ LF 3),
- Kleingerüste (→ LF 3).

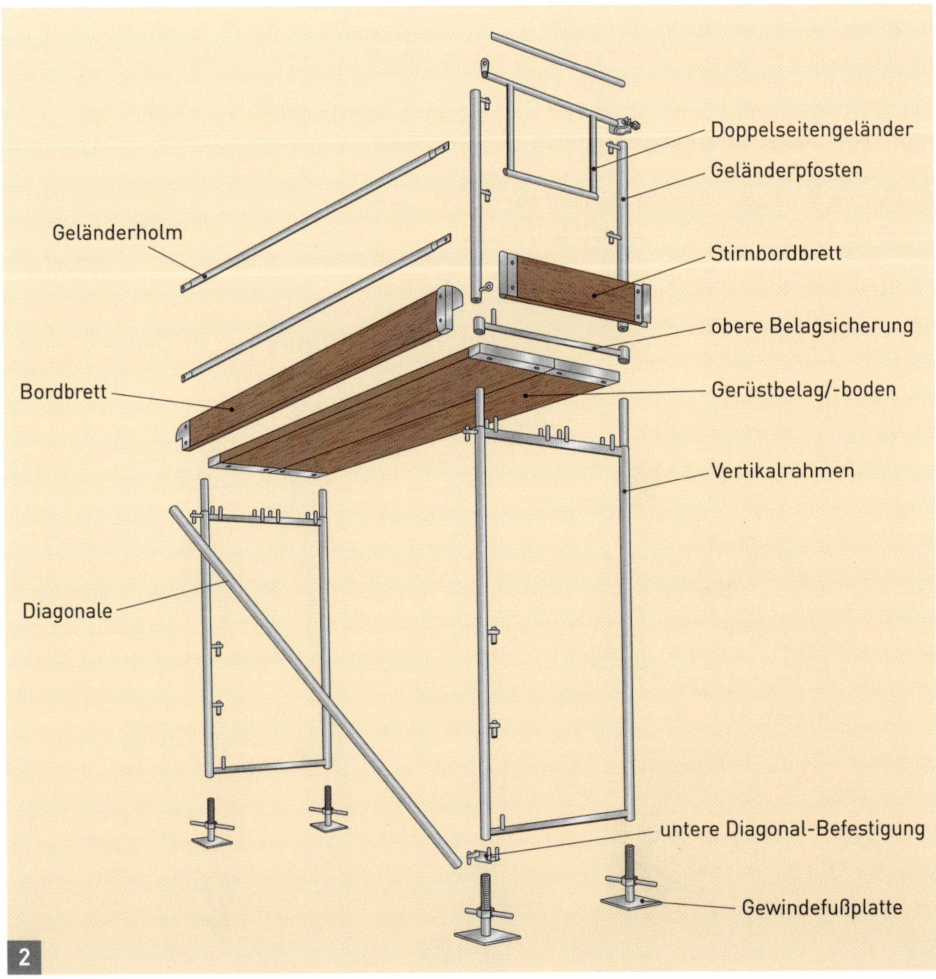

Sicherheitsregeln nach BGV (Berufsgenossenschaftliche Vorschriften)

- Gerüstbauarbeiten sind nur durch Fachkundige auszuführen.
- Am Gerüst dürfen keine Veränderungen, z. B. Entfernen von Verankerungen oder Ausbau von Seitenschutzbauteilen, durchgeführt werden.
- Auf dem Gerüst darf nur so viel Material gelagert werden, wie nach der jeweiligen Lastenklasse zulässig ist (Gefahr des Gerüstzusammenbruchs).
- Das Material so ablegen, dass ein ausreichend breiter Durchgang erhalten bleibt.
- Vermeiden, dass Personen gleichzeitig auf mehreren Gerüstlagen übereinander arbeiten: Unfallgefahr durch herabfallende Gegenstände.
- Nicht auf Belagflächen abspringen.
- Ab mehr als 1,00 m Belaghöhe muss ein Aufstieg vorhanden sein.
- Gerüstbelagsbreite muss mindestens 50 cm betragen.
- Es müssen konstruktiv festgelegte Innenaufstiege vorhanden sein.
  Senkrechte Steigleitern von mehr als 4,00 m Höhe sind unzulässig.
  Ausnahme: Maximal alle 4,00 m ist eine Zwischenbelagsbühne mit Druchtrittsklappe vorhanden.
- Stellt ein Benutzer einen sicherheitstechnischen Mangel am Gerüst fest, so muss er diesen sofort beheben bzw. unverzüglich seinem Vorgesetzten melden.
- Bei Schäden haftet nicht der Gerüstbauer, sondern der Benutzer.
- Beim Auf- und Abbau sind stets Schutzhelm und Sicherheitsschuhe zu tragen.

Aufgaben

1. Weshalb müssen poröse Untergründe anders vorbehandelt werden als nicht poröse?
2. Warum müssen an bestimmten Untergründen Feuchtemessungen durchgeführt werden?
3. Welche physikalischen Umgebungsbedingungen müssen Sie vor Beginn von Beschichtungsarbeiten berücksichtigen?
4. In welche drei Untergruppen lassen sich Kunststoffe grob einteilen und wie unterscheiden sie sich?
5. Welche Sicherheitsregeln sind in den Abb. 3 und 4 nicht beachtet worden?
6. Welche Teile fehlen an dem Gerüst in Abb. 4?

3

4

3 Lernfeld 3

Oberflächen und Objekte herstellen

3.1 Beschichtungen
3.2 Wasserverdünnbare Beschichtungsstoffe
3.3 Lacke und Öle
3.4 Gesundheitsschutz
3.5 Umweltschutz
3.6 Wandbekleidungen und Wandbeläge
3.7 Raufasertapete
3.8 Vliestapete
3.9 Glasfasergewebe
3.10 Tapezierwerkzeuge
3.11 Tapetenkleister und -kleber
3.12 Berechnung des Tapetenbedarfs
3.13 Verarbeitung von Raufasertapeten
3.14 Verarbeitung von Glasfasergewebe
3.15 Leitern und Gerüste

Kundenauftrag

▶ Ausführen von Maler- und Lackierarbeiten im Büro

Arbeitsauftrag

Im Innenbereich eines Bürogebäudes sind Maler- und Lackiererarbeiten auszuführen.
Es handelt sich um die Chefetage einer Werbeagentur.

Auszuführende Arbeiten

1. Die Decken sind zu beschichten.
2. Die Wandflächen des Chefbüros sind mit Raufasertapete zu bekleben und zu beschichten.
3. Die Wandflächen der Konferenzräume sind mit Glasfasergewebe zu bekleben und zu beschichten.
4. Die Innentüren sollen mit Lack beschichtet werden.
5. Die umlaufenden Fußbodenleisten sind zu beschichten.
6. Das Firmenlogo soll auf die Flurwand übertragen werden.

Objektbeschreibung

Decken
Die Decken sind verputzt mit Kalkputz der Mörtelgruppe P II.

Wandflächen
Die Wandflächen sind verputzt mit Kalkputz der Mörtelgruppe P II.

Zwischenwände
Die Zwischenwände sind aus Gipskartonplatten in Trockenbauweise gefertigt worden.

Innentürzargen
Die Glastüren besitzen einen zu beschichtenden Holzrahmen.

Fußbodenleisten
Die Fußbodenleisten bestehen aus einem neuwertigen Holzwerkstoff.

Flurwand
Die Flurwand weist eine Dispersionsfarbenbeschichtung auf.

Grundriss in 3-D-Darstellung

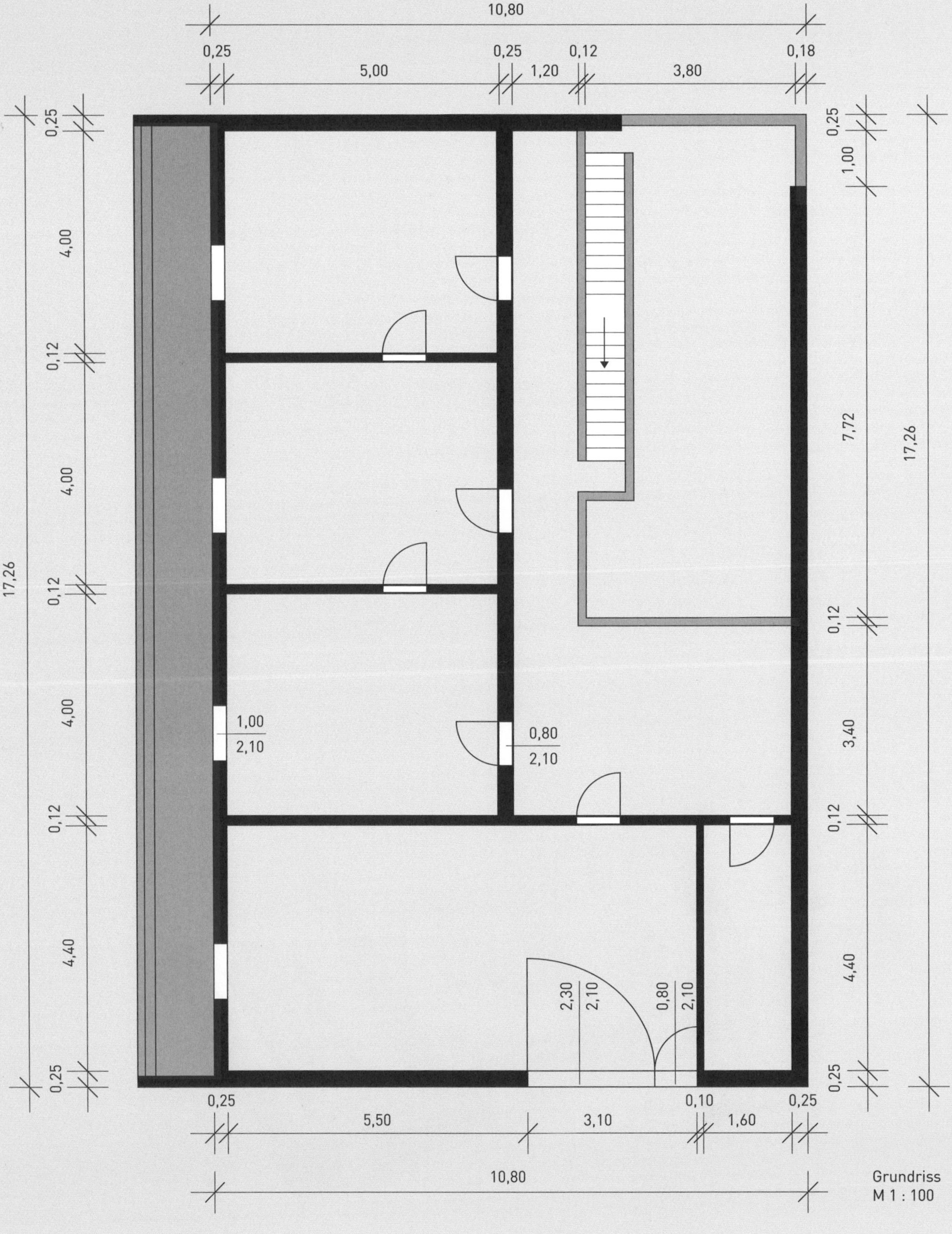

Grundriss
M 1 : 100

Leistungsbeschreibung

Deckenflächen der Büroräume beschichten

Die Flächen sind vorzubehandeln und mit Dispersionsfarbe weiß zu beschichten.

Wandflächen der Chefzimmer mit Raufasertapete bekleben

Die Flächen sind vorzubehandeln.
Eine Grundbeschichtung mit wasserverdünnbarem Grundbeschichtungsstoff ist durchzuführen. Die Wandflächen sind mit Raufaser, mittlere Struktur, zu bekleben. Die Tapete ist mit Dispersionsfarbe zu beschichten.

Wandflächen der Konferenzräume mit Glasfasergewebe bekleben und beschichten

Die Wandflächen sind vorzubehandeln und mit vorbeschichtetem Glasfasergewebe zu bekleben. Eine Schlussbeschichtung mit Latexfarbe soll durchgeführt werden.

Fußbodenleisten beschichten

Die Leisten aus Holzwerkstoff sind vorzubereiten und seidenmatt zu beschichten.

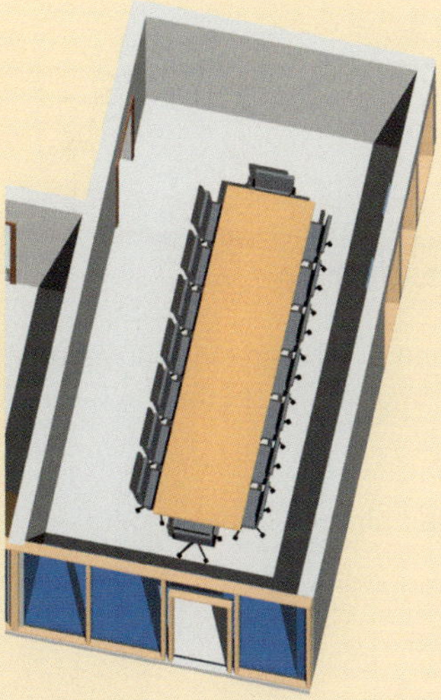

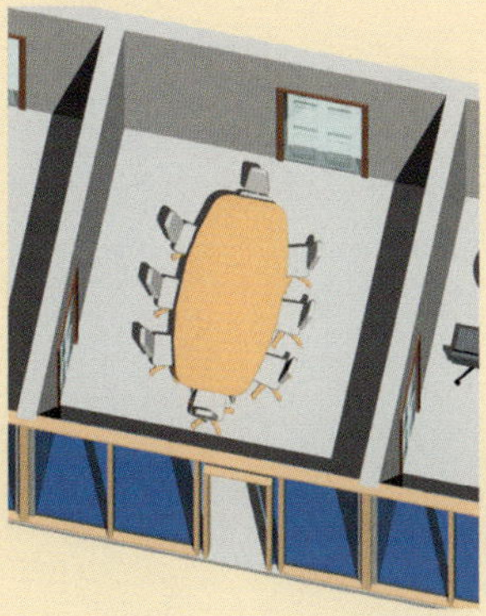

Logo übertragen und farbig gestalten

Das Firmen-Logo soll auf die Flurwand gezeichnet und mit wasserverdünnbarem Beschichtungsstoff ausgelegt werden.

Innentüren beschichten

Die Holzrahmen der Türen sind für eine Neubeschichtung mit Hochglanzlack vorzubereiten.

Die Glasflächen bleiben unbehandelt.

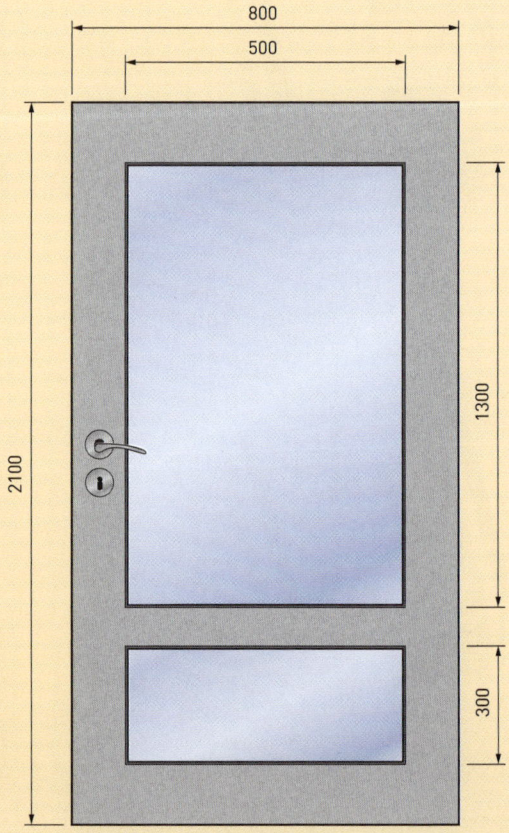

3.1 Beschichtungen und Beschichtungsstoffe

Der Begriff Beschichtung wird sowohl für eine aus flüssigen Stoffen hergestellte Schicht auf einem Untergrund als auch für die Tätigkeit des Auftragens der Flüssigkeit verwendet.

Grundsätzlich können die einzelnen Schichten unterschieden werden in z. B.
- Imprägnierungen,
- Versiegelungen,
- Lasuren oder
- deckende Anstriche (Abb. 1).

Beschichtungen dienen dem Schutz des Untergrundes, der Gestaltung und der Herstellung bestimmter Oberflächeneigenschaften.

Beschichtungsstoffe sind nach DIN EN 971-1 die Bezeichnungen für Stoffe, die Beschichtungen ergeben. Beschichtungsstoffe können flüssig, pulverförmig oder pastenförmig sein.

Sie bestehen aus:
- Bindemittel,
- Lösemittel,
- Farbmittel,
- Füllstoff,
- Zusatzmittel (Additiv).

Sie finden Verwendung für Anstriche, Lackierungen, Putzbeschichtungen und als Spachtelmassen.

3.2 Wasserverdünnbare Beschichtungsstoffe

Wasserverdünnbare Beschichtungsstoffe können unterteilt werden in
- Kunststoffdispersionsfarben und -lacke,
- Leimfarben,
- Kalkfarben,
- Silikatfarben.

3.2.1 Kunststoffdispersion

Kunststoffdispersionen sind heute die am meisten verwendeten Bindemittel für Anstrichstoffe, Spachtelmassen und Kunstharzputze. Dies liegt an der Vielzahl von Einsatzmöglichkeiten, die sich durch verschiedenste Eigenschaften dieser Materialien ergeben.

Sie sind gesundheitlich weniger bedenklich als lösemittelhaltige Stoffe, enthalten nur geringe Anteile brennbarer Lösemittel und tragen somit zum Schutz der Menschen und der Umwelt bei.

Kunststoffdispersionen sind einfach zu verarbeiten und eignen sich als Beschichtungsstoff auf einer Vielzahl von mineralischen Untergründen.

In der Regel werden sie auch zur Beschichtung von Raufasertapeten und Glasgewebe verwendet.

1 Beschichtungen

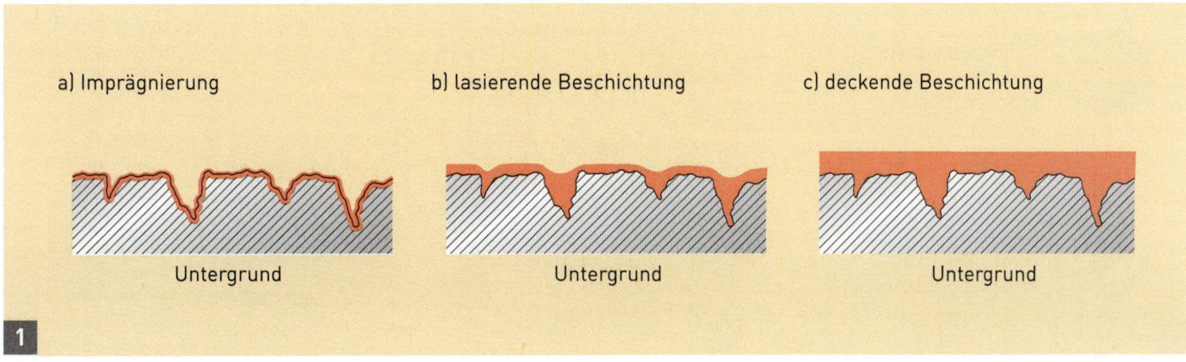

Dispersion ist die feine Verteilung eines Stoffes in einem anderen Stoff.

Sind Feststoffe in einer Flüssigkeit verteilt, so bezeichnet man dies als **Suspension**.

Ist eine Flüssigkeit in einer nicht mischbaren anderen Flüssigkeit verteilt, so bezeichnet man dies als **Emulsionen**.

Die Eigenschaften von Kunststoffdispersionen sind:
- vergilbungsfrei,
- verseifungsbeständig auf alkalischen Untergründen,
- gute Haftung,
- hohe Elastizität,
- witterungsbeständig,
- UV-beständig,
- guter Verlauf.

Zusammensetzung

Kunststoffdispersionen sind Gemische aus Polymerisatharzen, Lösemitteln und Pigmenten, die mit Tensiden in Wasser fein verteilt (dispergiert) werden. Hierbei handelt es sich um Emulsionen.

Je nach Eigenschaft werden sie mit folgenden Zusatzstoffen (Additiven) versehen:
- Antischaummittel,
- Weichmacher,
- Konservierungsmittel,
- Filmbildungshilfen,
- Verdickungsmittel.

Um ein Entmischen der verschiedenen Stoffe zu vermeiden, müssen zur Stabilisierung Stabilisatoren und Emulgatoren (Tenside) als Zusatzstoffe beigefügt werden.

Stabilisatoren sorgen für eine gleichmäßige Feinverteilung der Kunststoffteilchen. Emulgatoren bewirken, dass die Kunststoffteilchen in der Flüssigkeit nicht bereits zusammenfließen (koagulieren).

Bei den sich in der Dispersion befindenden Kunststoffteilchen kann es sich um folgende thermoplastische Harze handeln:
- Polyvinylacetat (PVAc),
- Polyvinylpropinat (PVP),
- Polystyrolbutadien (PSB),
- Polymethylmethacrylat (PMMA).

Die Teilchengröße bewegt sich zwischen $^1/_{100}$ mm für grobe Dispersionen und $^1/_{100000}$ mm für feine Dispersionen.

1 Dispersion

2 Emulsionsherstellung

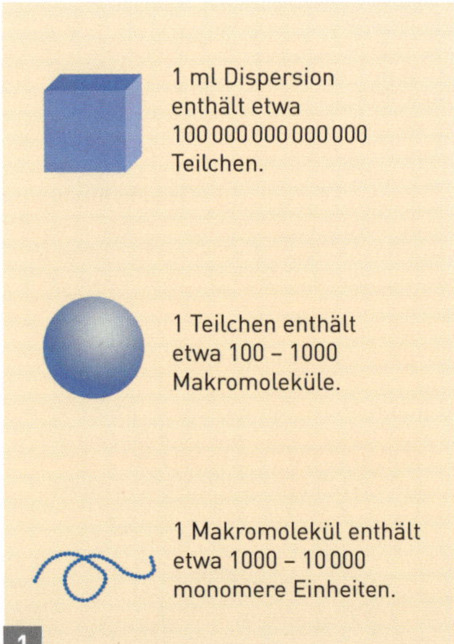

1

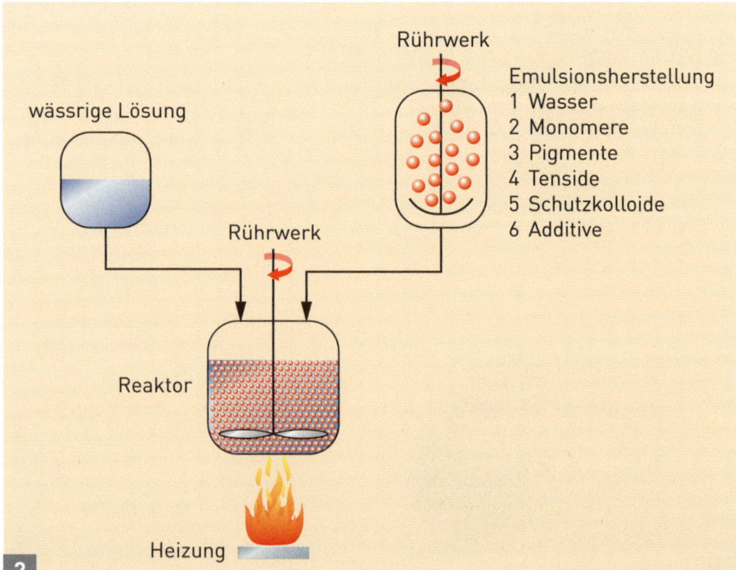

2

Trockenvorgang

Kunststoffdispersionen trocknen rein physikalisch. Zuerst verdunstet das Wasser. Dabei nähern sich die Kunststoffteile immer mehr, bis sie miteinander verkleben. Diesen Vorgang des Zusammenfließen und Verklebens bezeichnet man als **kalten Fluss**. Da dieser Verklebungsvorgang bei niedrigen Temperaturen nicht abläuft, muss die Mindestfilmbildungstemperatur (MFT), die oft bei etwa 5 °C liegt, eingehalten werden.

Außerdem sind die meisten Dispersionen frostempfindlich. Sie binden dann nicht mehr richtig ab und neigen zum Kreiden (Abfärben).

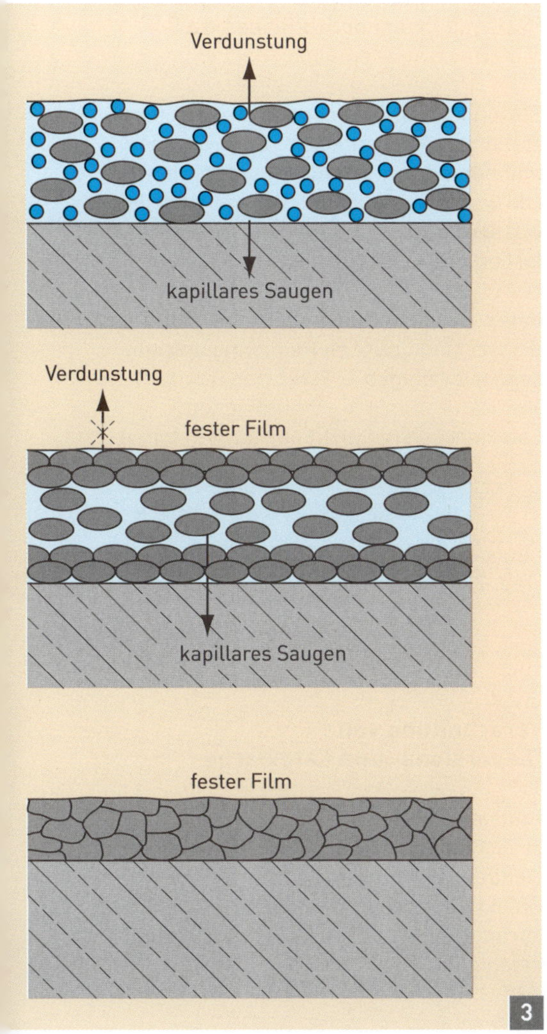

Mit der Abkürzung **ELF** gekennzeichnete Dispersionen sind **e**missionsarm, **l**ösemittel- und weichmacher**f**reie Dispersionsfarben.

3.2.2 Innendispersionsfarben

Innendispersionsfarben sind nach DIN EN 13300 geregelt. In dieser DIN werden sie eingeteilt nach:

- Nassabriebbeständigkeit,
- Deckvermögen/Kontrastverhältnis,
- Glanz und
- Korngröße.

Nassabriebbeständigkeit ist die Beständigkeit der Beschichtung gegen wiederholtes nasses Reinigen.

Durchgeführt wird die Prüfung mit einem Schleifvlies. Gemessen wird der Schichtdickenverlust bei einer bestimmten Anzahl von Hüben (Tab. 1).

Tab. 1: Nassabriebtabelle

DIN EN 13300		
Klasse	**Nassabrieb**	**Hübe**
1	< 5 µm	200
2	≥ 5 µm bis 20 µm	200
3	≥ 20 µm bis 70 µm	200
4	< 70 µm	40
5	≥ 70 µm	40

Das **Deckvermögen** bezeichnet die Fähigkeit des Anstriches, Kontraste des Untergrundes zu überdecken.

Zur Bestimmung des Deckvermögens wird eine definierte Schichtstärke auf einen Kontrastkarton aufgetragen. Mit einem Messgerät wird der Verlust am Schwarz-Weiß-Kontrast in % ermittelt.

3 Filmbildung einer Dispersion

1 Kontrastkarton

Tab. 1: Kontrastverhältnisse

Klasse	Wert	Bezeichnung
1	≥ 99,5 %	hoch deckend
2	≥ 98 % bis < 99,5 %	gut deckend
3	≥ 95 % bis < 98 %	
4	< 95 %	

Glanz
Der Glanz wird mit Hilfe eines Glanzgradmessgerätes (Reflektometer) ermittelt. Der Glanz wird in vier Glanzstufen unterteilt (Tab. 2).

Tab. 2: Glanzgrade

Bezeichnung
glänzend
mittlerer Glanz
matt
stumpfmatt

3.2.3 Latex-Farben

Echte, klassische Latexfarben sind Anstriche, welche als Bindemittel natürliches Latex (den Saft des Gummibaumes) haben. Diese Produkte sind allerdings sehr teuer. Ein weiteres Problem ist die Überstreichbarkeit solcher Anstriche.
Da sie nicht abgewaschen werden können, muss man sie mechanisch entfernen. Echte Latexfarben spielen in der heutigen Zeit kaum noch eine Rolle.

Latex ist ein Fachbegriff für Dispersionen, die nicht, wie die Dispersionsfarben Thermoplaste, sondern Elastomere als Bindemittel enthalten.

Es sind Dispersionen auf Styrol-Butadien-Basis mit einem hohen Bindemittel-Gehalt.

Sie sind gummiartig elastisch, sehr beständig gegen chemische Einwirkungen und nehmen wegen ihrer glatten Oberfläche wenig Schmutz an. Sie sind weniger wasserdampfdurchlässig als Dispersionsfarben und wetterbeständig.

Latex-Beschichtungen lassen sich mit Wasser und üblichen Reinigungsmitteln sehr gut reinigen.

Latexfarben sind nicht nur für den Innenbereich sondern auch für den Außenbereich geeignet.

Latexfarben kommen in allen Glanzgraden (Tab. 2) in den Handel.

3.2.4 Verarbeitung von Dispersions- und Latexfarbe

Kunststoffdispersionen lassen sich streichen spritzen und rollen. Häufig verwendet der Maler und Lackierer auf das Objekt abgestimmte Rollwerkzeuge. Diese garantieren ein rationelles Arbeiten und einen gleichmäßigen Farbauftrag.

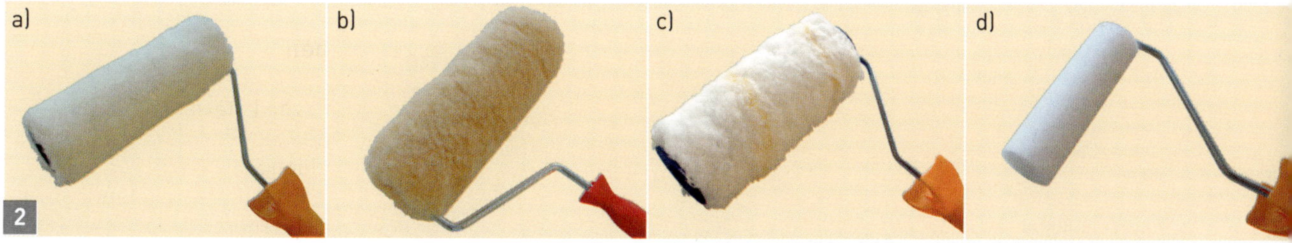

Für grobe, raue Untergründe sind langflorige Walzen zu verwenden.

Vor einer Verarbeitung muss gewährleistet sein, dass der Untergrund in einem einwandfreien Zustand ist. Dies ist nötig, da Kunststoffdispersionen sehr an der Oberfläche des Untergrundes haften und nur gering in den Anstrichgrund eindringen.

Grund- und Schlussanstrich
Putzgrund, Haftgrund oder Tiefgrund sind unpigmentierte, feindisperse Dispersionen. Je nach Saugfähigkeit wird das Material verdünnt oder unverdünnt aufgetragen.

Auf Gipskartonplatten kann als Grundanstrich verdünnte Dispersionsfarbe verwendet werden. Hierzu wird die Dispersionsfarbe mit 20–50 % Wasser vermischt.

Für den Schlussanstrich wird die Kunststoffdispersionsfarbe unverdünnt oder ggf. bis zu 10 % mit Wasser verdünnt aufgetragen.

Entsorgung

Überschüssiges Material eintrocknen lassen und als Hausmüll entsorgen. Kunststoffdispersionen lassen sich nicht recyceln.

3.3 Lacke und Öle

Lack ist nach DIN 55945 der Überbegriff von Beschichtungsstoffen, flüssig oder pulverförmig, auf Basis von organischen Bindemitteln. Er wird dünn auf Objekte aufgetragen und ergibt durch chemische oder physikalische Vorgänge einen durchgehenden Film.

Lacke werden unterschieden nach

- dem Bindemittel (Acryllack),
- dem Lösemittel (Spirituslack),
- der Beschaffenheit (High-Solid-Lack),
- dem Auftragsverfahren (Tauchlack),
- der Art der Filmbildung (Zwei-Komponenten-Lack),
- dem Glanzgrad (Seidenglanzlack),
- dem Oberflächeneffekt (Hammerschlaglack),
- dem Beschichtungsaufbau (Vorlack),
- dem Anwendungsbereich (Heizkörperlack).

Pigmentierte Lacke werden im Handwerk als **Lackfarbe** bezeichnet, unpigmentierte Lacke bezeichnet man als **Klarlack**.

Leinöl wird als Bindemittel verwendet (→ LF 12). Es wird aus Flachssamen gewonnen, die sowohl heiß als auch kalt gepresst werden können.

Leinöl erhärtet durch Sauerstoffaufnahme (Oxidation). Die oxidative Erhärtung von reinem Leinöl dauert sehr lange. Um diesen Prozess zu beschleunigen, werden dem Leinöl bei höheren Temperaturen Trockenstoffe (Sikkative) zugesetzt. Das entstandene Produkt wird als **Leinölfirnis** bezeichnet.

Standöl ist ein durch Hitze eingedicktes Leinöl, das dadurch seine Widerstandsfähigkeit und seinen Glanz verbessert.

Andere Öle werden als Rohstoffe für die Lackindustrie verwendet und haben daher für den Maler und Lackierer eine untergeordnete Bedeutung.

2 a) **Kurzflorwalze**
b) **Lammfellwalze**
c) **Langflorwalze**
d) **Schaumstoffrolle**

1 Lacke und Öle, schematische Aufteilung

2 Teegefäß aus China, Lack auf Holz

3 Lackschildlaus

4 Schelllack

1

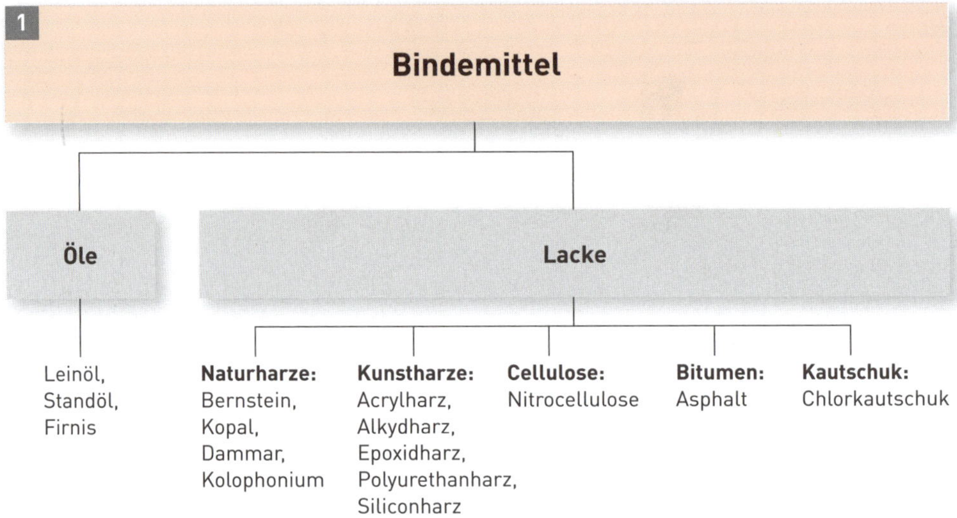

3.3.1 Lackgeschichte

Bereits 3000 vor Christus waren die Chinesen in der Lage aus dem Saft des Rhus-Baumes Lack zu gewinnen.

In Indien gewann man aus den Ausscheidungen der Lackschildlaus das Rohprodukt Schelllack. Aus diesem Bereich stammt auch das Wort „Lack". Abgeleitet ist es aus dem altindischen „laksha", welches soviel bedeutet wie „hunderttausend", weil eine Unmenge Schildläuse nötig waren, um eine ausreichende Menge Lack zu erhalten.

Bis in die Neuzeit lag die Herstellung der Lacke in der Hand von Handwerksmeistern und Künstlern. So beruhte die Herstellung auf deren persönlicher Erfahrung und überliefertem Wissen.

Diese Lacke wurden aus Naturharzen gewonnen, die mit Ölen verkocht wurden.

Durch die Erfindung des Automobils und dessen stetiger Entwicklung nahm auch die industrielle Fertigung verschiedener Lacktypen ihren Lauf.

2

3

4

5

6

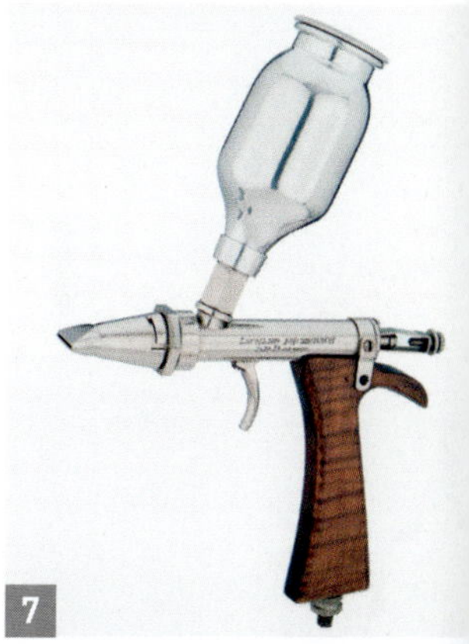

7

5 Fahrzeug um 1905

6 industrielle Lackierung um 1950

7 Spritzpistole um 1900

Die Geschichte des Autolackes

Die ersten aus der Kutsche entwickelten motorisierten Fahrzeuge wurden noch mit Schusterpech und Teer vor Korrosion geschützt.

Die ersten Karosserien im eigentlichem Sinne wurden jedoch bereits mit Naturharzlacken beschichtet. Diese Öllacke wurden mit Pinseln aufgetragen und benötigten sehr lange Trockenzeiten. Diese Art der Lackierung war bis ca. 1920 Standard. Mit der weiteren Industrialisierung der Fahrzeugproduktion waren die Trockenzeiten für Öllacke viel zu lang. Deshalb musste ein neues Lackmaterial entwickelt werden.

Um 1920 wurde das Bindemittel Nitrocellulose erfunden. Ein gleichmäßiger Auftrag dieser Lacke mit dem Pinsel war nur schwer möglich.

Aus diesem Grunde verbesserte Tom DeVilbiss die Erfindung seines Vaters, der als Zahnarzt ein Gerät zum Zerstäuben von Medikamenten erfand. Es entwickelten sich die ersten Spritzpistolen für die Fahrzeuglackierung.

Um die Qualität der Lackierungen zu steigern, wurde immer weiter in der Lackentwicklung geforscht.

Ab 1930 gelangten die ersten Alkydharzprodukte auf den Markt, die im Sprachgebrauch als Kunstharzlack bezeichnet wurden.

In den 50er und 60er Jahren wurde das Alkydharz mit Melaminharz kombiniert, daraus entstanden die ersten Einbrennlackierungen.

Bereits 1955 kamen erste Metallic-Lackierungen auf den Markt, jedoch mit mäßigem Erfolg. Sie waren nicht sehr beständig und wurden sehr schnell matt.

Erst in den 70er Jahren erfuhren die Metallic-Lackierungen ihren Siegeszug.

Zwischen 1972 und 1975 stellte die Fahrzeugindustrie auf ein neues noch schneller trocknendes Bindemittel um. Die 2K-Produkte auf Acryl-Polyurethan-Basis hielten Einzug in der Fahrzeuglackierung.

In den 80er Jahren des 20. Jahrhunderts kamen die ersten Wasserbasislacke auf den Markt, sie konnten sich jedoch erst in den 90er Jahren durchsetzen.

Parallel zu dieser Entwicklung wurden durch Reduzierung der Lösemittelmengen die lösemittelhaltigen MS- und HS-Produkte entwickelt (→ LF 1).

3.3.2 Alkydharzlack

Der Begriff Alkyd wurde bereits 1927 durch R. H. Kienle eingeführt und setzt sich aus den Worten Alkohol und Acid (Säure) zusammen.

1 Oxidative Erhärtung des Alkydharzlackes

Zusammensetzung des Alkydharzlackes
Als Alkohol dient meist Glyzerin, als Säuren werden Fettsäuren und Phthalsäure eingesetzt, alternativ werden auch pflanzliche und tierische Öle eingesetzt.

Durch Vermischen verschiedener Mengenbestandteile entstehen Lacke mit unterschiedlichen Eigenschaften. Sie werden je nach Ölgehalt in folgende Arten eingeteilt:
- Kurzölige: Ölgehalt unter 40 %,
- Mittelölige: Ölgehalt ca. 50 %,
- Langölige: Ölgehalt über 60 %.

Als Malerlacke werden meist mittel- und langölige Lacke verwendet. Die kurzöligen Typen lassen sich am Besten als Spritzlacke verarbeiten.

Als Löse- und Verdünnungsmittel eignen sich Terpentinöl, Testbenzin oder Lösemittelgemische. Aktuelle Entwicklungen sind wasserverdünnbare Alkydharzlacke.

Eigenschaften
Alkydharzlacke lassen sich leicht verarbeiten, geben einen guten Verlauf und sind nach ca. 5–6 Stunden grifffest.
Sie bilden nach der Erhärtung einen elastischen, irreversiblen (nicht wieder anlösbaren) Lackfilm, der sich gut überstreichen lässt.

Bei höheren Ölanteilen neigt der Lack zu leichtem Vergilben, ist jedoch auch wetterbeständiger.

Alkydharzlacke erhärten durch Verdunsten der Lösemittel bei gleichzeitiger Sauerstoffaufnahme. Diesen Vorgang nennt man oxidative Erhärtung.
Um diese Erhärtung zu beschleunigen werden dem Lack-Sikkative (= Trockenstoffe) zugesetzt.

Ein zu hoher Zusatz von Sikkativen führt zu Störungen der Erhärtung und zu einer optisch unzureichenden Oberfläche.

Verwendung
Als Beschichtungsstoff haben Alkydharzlacke und -lackfarben nach wie vor einen großen Einsatzbereich.

Sie lassen sich verwenden als:
- Grundierungen,
- Vorlacke,
- Decklacke (matt bis glänzend auf Holz, Stahl, Aluminium, neutralen Putzen und teilweise auf Kunststoffen),
- Korrosionsschutzlacke,
- hitzebeständige Lacke,
- Holz- und Holzschutzlasuren,
- Flutlacke,
- Einbrennlacke.

Verarbeitung
Alle zu lackierenden Flächen müssen sauber, trocken und staubfrei sein. Risse und Unebenheiten sind gegebenenfalls mit geeignetem Spachtelmaterial zu spachteln und anschließend zu schleifen.

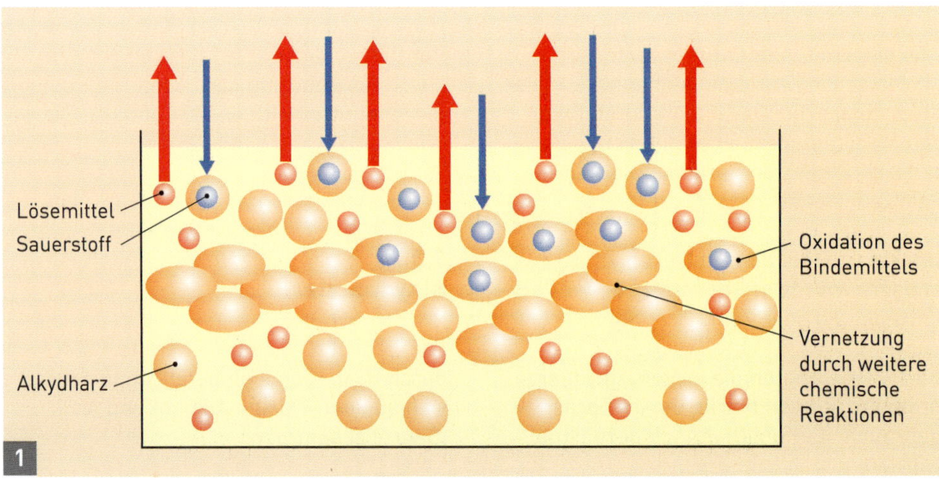

1

Pinselwerkzeuge
Neben Lackrollen spielen Pinsel immer noch eine große Rolle. Schwierig erreichbare Stellen können nur damit beschichtet werden. Die gebräuchlichsten Pinsel für das Streichen kleinerer Flächen sind Ringpinsel. Dabei sollten Pinsel mit Naturborsten verwendet werden.

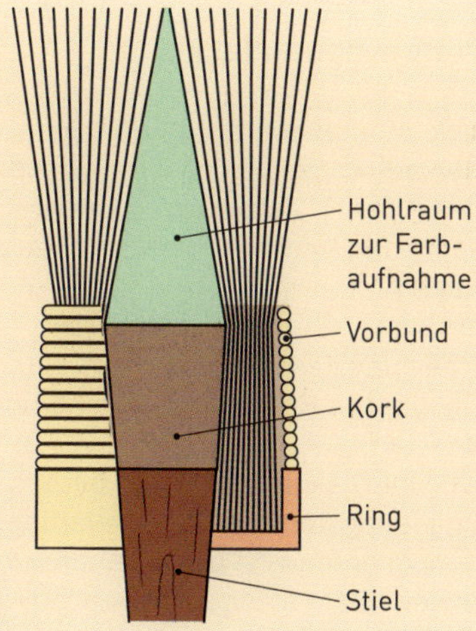

2

2 Querschnitt durch einen Ringpinsel

3 Unterschiedliche Pinsel

a) Flachpinsel mit Naturborsten

b) Flachpinsel mit synthetischen Borsten

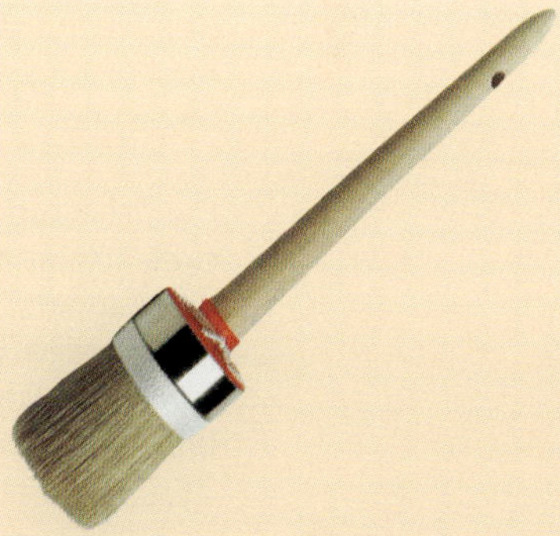

c) Ringpinsel

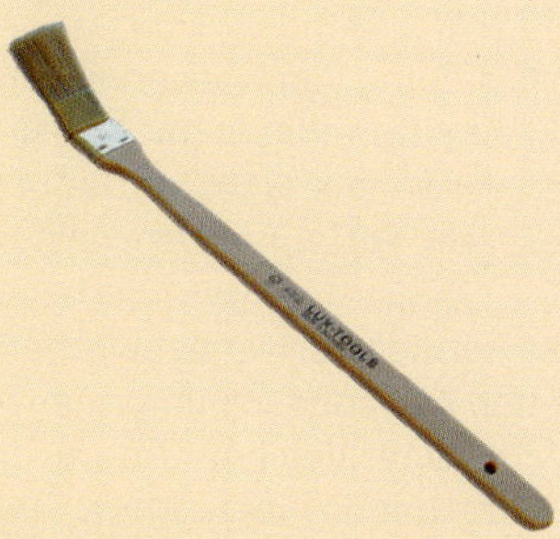

d) Heizkörperpinsel

e) Flächenstreicher

f) Quast-Deckenbürste

3

1 Mischen eines 2K-Lackes

3.3.3 Zweikomponentenlacke

Sind zwei Komponenten vor dem Verarbeiten des Lackes zu mischen, handelt es sich um einen Zweikomponentenlack (2K-Lack). Die Komponenten sind **Harz** und **Härter**.

Die Erhärtung des Lackes erfolgt durch eine chemische Reaktion dieser Komponenten.
Erfolgt die Erhärtungsreaktion bereits bei Umgebungstemperatur, so werden die Komponenten erst unmittelbar vor der Anwendung im angegebenen Verhältnis (z. B. 2 : 1) zusammengeführt und gemischt. Die exakte Mischung kann mit Hilfe eines Messstabes erfolgen.

Bei thermohärtenden Lacken setzt die Aushärtung erst bei höheren Temperaturen ein.

Die Erhärtung des Zweikomponentenlackes erfolgt durch chemische Reaktion und kann durch Wärmezufuhr beschleunigt werden. Zweikomponentenlacke zeichnen sich durch hohe physikalische und chemische Widerstandsfähigkeit aus.

3.3.4 Dispersions- oder Wasserlacke

Dispersions- oder Wasserlacke sind wasserverdünnbare Lacke auf Basis von Acrylharzen und werden daher auch Acryllacke genannt. Sie wurden erstmals um 1950 in den USA hergestellt. Aktuell werden wasserverdünnbare Lacke auch mit anderen Bindemitteln (z. B. Alkydharz) hergestellt.

Heute unterscheiden sich die wasserverdünnbaren Lacke kaum noch in Glanz, Fülle und Verlauf von den lösemittelhaltigen Lacken.

Die Eigenschaften sind allerdings sehr stark von den Umgebungsbedingungen abhängig. Bei ca. 65 % relativer Luftfeuchtigkeit und 20 °C Umgebungs- und Objekttemperatur ist der Trocknungsverlauf

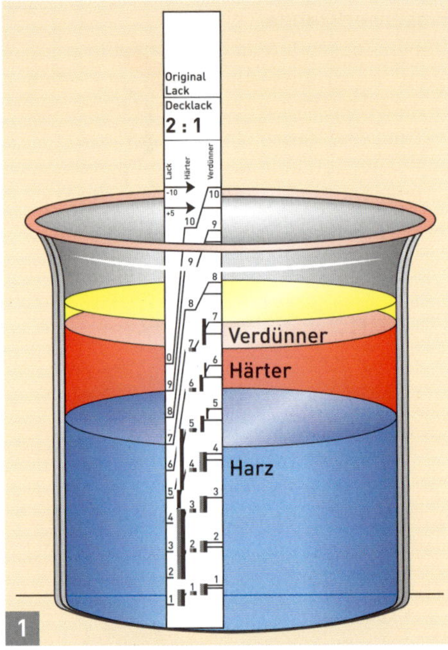

1

optimal. Ist die Luftfeuchtigkeit zu hoch, verdunstet das Wasser nur langsam und es dauert Stunden bis der Lack grifffest ist. Ist es zu warm und die Luftfeuchtigkeit niedrig, erhärtet der Lack so schnell, dass er keine glatte Oberfläche bilden kann.

Sie besitzen gegenüber den lösemittelhaltigen Lacken jedoch mehrere Vorteile, z. B.:

- einfache Werkzeugreinigung mit Wasser,
- wenig schädliche Luftemission,
- Verringerung der Brand- und Explosionsgefahr,
- Reduktion gesundheitlicher Gefahren.

Für die Verarbeitung von wasserverdünnbaren Lacken sollten Pinsel mit Kunststoffborsten verwendet werden. Dadurch wird ein besserer Verlauf gewährleistet.

Diese Lacke können verwendet werden auf Innen- und Außenbeschichtungen von Kalkstein, auf mineralischen Untergründen aller Putzgruppen, verzinktem Stahl, Holz und Wandbekleidungen verschiedener Art.

Sie trocknen rein physikalisch durch den „kalten Fluss" wie Kunststoffdispersionen.

2 a + b) offenes Feuer verboten
c) Rauchen verboten
d) Atemschutzmaske tragen
e) Explosionsgefahr

3.4 Gesundheitsschutz

Lösemittelhaltige Lacke sind leicht entzündlich. Daher von Zündquellen fernhalten und nicht rauchen!

Beim Verarbeiten ist für ausreichend Belüftung zu sorgen. Sollte dies nicht möglich sein, ist eine Atemschutzmaske zu tragen.

Reinigungstücher mit Alkydharzresten dürfen nie mit Nitrocelluloselappen in einen Abfallbehälter geworfen werden. Dieses Gemisch kann zur Selbstentzündung oder Verpuffung führen.

Auch bei der Verarbeitung dürfen Alkydharz- und Nitrocelluloselack nicht wechselweise gespritzt werden. Es können dabei explosive Gemische entstehen.

3.5 Umweltschutz

Aufgrund des täglichen Umgangs mit Beschichtungsstoffen und Lösemitteln spielt der Umweltschutz im Maler- und Lackiererhandwerk eine wichtige Rolle.

Der Gesetzgeber hat mit der VOC-Verordnung die Reduzierung des Verbrauchs von Lösemitteln in Betrieben veranlasst. Die Decopaint-Richtlinie, genauer: Lösemittelhaltige Farben- und Lack-Verordnung (ChemVOC FarbV), stellt Anforderungen an die Reduzierung des Lösemittelgehaltes in Anstrichstoffen für Maler (Tab. 1).

Über die Gefährdungspotenziale von Beschichtungsstoffen kann man sich bei der zuständigen Berufsgenossenschaft informieren.

Wenn möglich, sollte der Maler und Lackierer auf wasserverdünnbare, nahezu lösemittelfreie Materialien oder auf konventionelle Beschichtungsstoffe mit einem hohen oder sehr hohen Festkörperanteil bzw. VHS zurückgreifen. Lösemittel fördern nicht nur die Bildung bodennahen Ozons, sondern können auch das Nervensystem, die inneren Organe, die Schleimhäute und die Haut der Anwender erheblich schädigen.

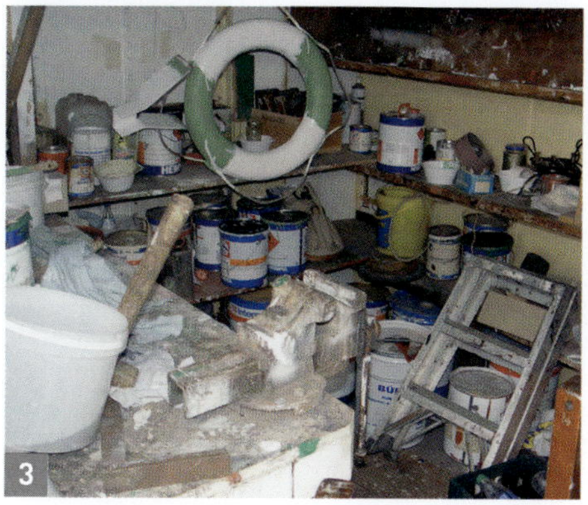

3 Chaotischer Arbeitsplatz

Tab. 1: Lösemittelgehalte nach Decopaint-Richtlinie

Produktkategorie	Typ	VOC in g/l im gebrauchsfertigen Produkt	
		Stufe I 1.1.2007	Stufe II 1.1.2010
Beschichtungsstoffe für Holz-, Metall- oder Kunststoffe für Bauwerke, ihre Bauteile und dekorativen Bauelemente (innen und außen)	Wasserbasis	150	130
	Lösemittelbasis	400	300
Klarlacke und Lasuren für Bauwerke, ihre Bauteile und dekorativen Bauelemente (innen und außen) einschließlich sog. deckender Lasuren	Wasserbasis	150	130
	Lösemittelbasis	500	400

1 Besprechung vor einer Lackierkabine

2 Reinigung einer Airless-Pistole

Bereits beim Einkauf der Materialien beginnt der Umweltschutz. Nicht nur der weitgehende Verzicht auf Schadstoffe, sondern auch die hohe Nutzungsdauer einer Beschichtung sind ökologisch wichtig.

Wenn ein Bauteil seltener beschichtet wird, werden weniger Abfälle und Emissionen (Abgabe zumeist gefährlicher Substanzen an die Umwelt) erzeugt. Man muss stets abwägen, ob der Einsatz eines lösemittelhaltigen Systems nicht umweltfreundlicher ist als der mehrmalige Anstrich mit lösemittelfreien Produkten.

Zur Abfallvermeidung sind die benötigten Materialmengen abzuschätzen. Große Restbestände blockieren Lagerraum und sind nicht unbegrenzt halt- bzw. verarbeitbar. Sie müssen daher nach einiger Zeit aufwändig und z. T. kostenintensiv entsorgt werden.

Die Anwendung lösemittelreduzierter Systeme erfordert eine daran angepasste Verarbeitung, da deren Verlauf und Deckkraft nicht immer denen konventioneller Systeme entsprechen.

Um sicher zu arbeiten, ist eine geeignete Betriebsstätte notwendig. Das Lager für lösemittelhaltige Produkte muss z. B. über eine Lüftung und eine auslaufsichere Bodenwanne verfügen. Außerdem dürfen nur bestimmte Mengen derartiger Materialien in den Vorratsräumen bzw. am Werkstatt-Arbeitsplatz lagern. Auskunft darüber geben die Betriebssicherheitsverordnung (BetrSichV) sowie die Gewerbeaufsichtsämter.

Autolackierereien verfügen über spezielle Lackierkabinen. In diesen werden die Lösemittel sowie die Materialien, die das Lackierobjekt verfehlt haben (Overspray) nach unten abgesaugt und die gefilterte Luft wird wieder nach außen abgegeben. Erwärmte Frischluft wird der Kabine von der Decke zugeführt.

Im Idealfall sollten alle Beschichtungsarbeiten mit lösemittelhaltigen Inhaltsstoffen in einer solchen Kabine stattfinden, was in der Praxis jedoch nicht immer möglich ist. Hier kann man sich mit mobilen Absaugeinrichtungen behelfen.

Nicht nur beim Beschichten, sondern auch bei der Werkzeugreinigung können Umweltbelastungen entstehen. Die Pinselreinigung sollte nicht auf der Baustelle, sondern erst in der Werkstatt stattfinden, um Geruchsbelästigungen vor Ort zu vermeiden.

Airless-Spritzgeräte sind ohne Düse durchzuspülen (Abb. 2). Dabei ist das gleiche Lösemittel längere Zeit verwendbar.

Zerstäubende Geräte dürfen nur vor einer Absaugeinrichtung oder in einer Lackierkabine mit Lösemitteln im Spritzverfahren durchgespült werden.

Nicht nur Lacke, sondern auch Entschichter, Abbeizer, Entfettungsmittel, Reiniger, Siliconentferner usw. sind meistens umweltschädlich. Diese Materialien dürfen nicht in die Kanalisation oder in das Grundwasser gelangen. Auf Baustellen sind die Böden daher mit Folien abzudecken, während in Werkstätten im

Abfluss ein Ölabscheider vorhanden sein muss.

Wenn möglich ist hier auf Verfahren zurückzugreifen, bei denen Mensch und Umwelt weniger belastet werden, z. B. beim Reinigen mit Wasser (Hochdruckreiniger) oder beim Entschichten von Holzteilen mit Heißluftpistolen.

Betriebe, die Bodenbeschichtungen an Anlagen für wassergefährdende Flüssigkeiten (z. B. Tanklager, chemische Industrie) ausführen wollen, müssen ihre Sachkenntnis nachweisen. Dies geschieht durch spezielle Lehrgänge, die den Anforderungen von § 19 des Wasserhaushaltsgesetzes (WHG) entsprechen.

Das Produzieren von Abfällen ist bei allen Arbeiten grundsätzlich zu vermeiden oder zu vermindern. Wenn das nicht möglich ist, sollen die Abfälle verwertet oder – als letzte Möglichkeit – entsorgt werden. Den Umgang und die Entsorgung von Abfällen regelt das Kreislaufwirtschafts- und Abfallgesetz (KrW-/AbfG).

Die Abfälle, die beim Umgang mit Beschichtungsstoffen entstehen, sind häufig besonders überwachungsbedürftig.

Dazu zählen verschmutzte Verdünnungen, nicht durchgehärtete Altlacke mit halogenierten Lösemitteln, Lackschlamm, weiche Spachtelabfälle usw.

Maler- und Lackierbetriebe können sich über die Entsorgung von Abfällen bei den Herstellern der jeweiligen Materialien, aber auch bei der zuständigen Kommunalverwaltung oder den Umweltbehörden informieren.

Entsorgung

Trotz des vermehrten Einsatzes lösemittelarmer und wasserverdünnbarer Produkte muss dem Handwerker stets bewusst sein, dass er mit Gefahrstoffen arbeitet. Bei unsachgemäßem Umgang mit flüssigen Beschichtungsstoffen können Umweltschäden entstehen. Daher kommt der richtigen Handhabung, Lagerung und Entsorgung der Stoffe große Bedeutung zu.

Insbesondere der Entsorgung von Abfällen ist große Aufmerksamkeit zu widmen. Abfälle sind flüssige bis feste Beschichtungsreste aus dem Arbeitsprozess, die nicht sinnvoll verwertet wurden. Abfälle mit hohem Schadstoffanteil werden als Sonderabfall bezeichnet. Die Entsorgung von Sonderabfällen geschieht durch zugelassene Entsorgungsunternehmen unter Berücksichtigung der einschlägigen Gesetze und Verordnungen. Zu den Sonderabfällen zählen z. B. Altsäuren, Altlaugen, Alt-Emulsionen, verunreinigte Lösemittel und Lackrückstände.

Vor der Entsorgung durch Fachunternehmen sind technische Regeln zu beachten. So sind nach TRGS 201 (Technische Regeln für Gefahrstoffe; „Einstufung und Kennzeichnung von Abfällen zur Beseitigung beim Umgang") alle Abfälle sorgfältig zu beschriften und mit Gefahrenkennzeichnungen zu versehen. Oft ist es das Beste, die Abfälle im Originalgebinde zu belassen, da diese bereits entsprechend etikettiert sind. Auf keinen Fall sollten Farbreste in unbeschrifteten Behältern gelagert werden, da sonst die Gefahr besteht, dass sie nach einiger Zeit nicht mehr identifiziert werden können. Die Entsorgung nicht identifizierbarer Sonderabfälle kann sehr aufwendig und kostspielig werden.

1 Prägetapete

2 Prägetapete in stark vergrößerter Ansicht

3 Glatte, bedruckte Papiertapete

4 Glatte, bedruckte Tapete in stark vergrößerter Ansicht

5 Vinyltapete

6 Vinyltapete in stark vergrößerter Ansicht

7 Naturwerkstofftapete (Textiltapete)

8 Textiltapete in stark vergrößerter Ansicht

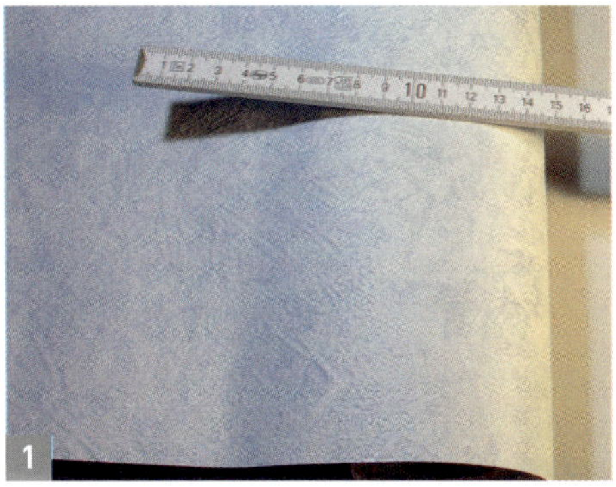
1

2

3

4

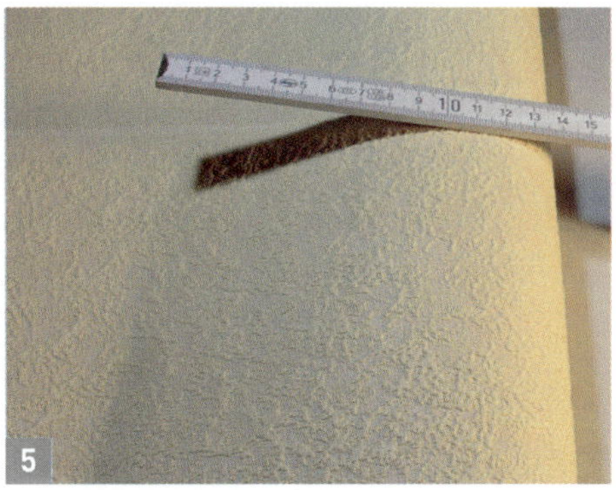
5

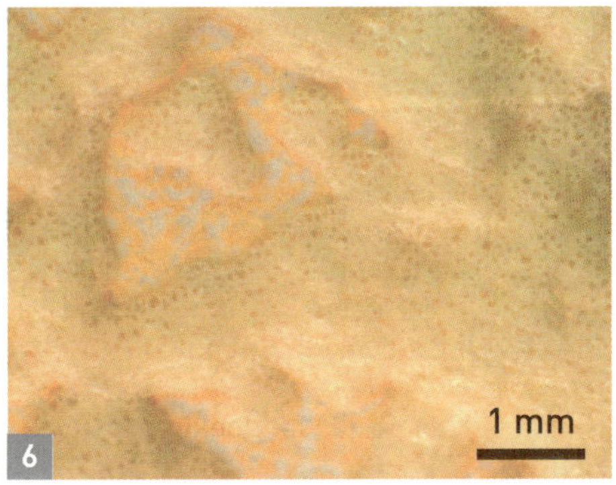

6

7

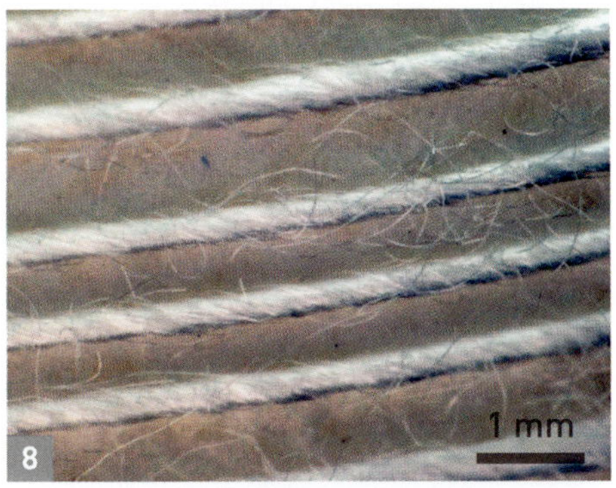

8

3.6 Wandbekleidungen und Wandbeläge

Wandbekleidung ist der Oberbegriff für Werkstoffe, die an Decken und Wänden verklebt oder verspannt werden.

Wandbekleidungen unterteilen sich nach DIN EN 235 in drei Untergruppen:
- fertige Wandbekleidungen,
- Wandbekleidungen für die nachträgliche Behandlung und
- Unterlagsstoffe.

Man unterscheidet innerhalb der ersten beiden Gruppen der Wandbekleidungen zusätzlich zwischen Tapeten und Belägen:
- Tapeten sind Wandbekleidungen mit einem Papierträger,
- Beläge umfassen Wand-, Decken- und Bodenbeschichtungen, die keine Papierunterlage aufweisen.

Wandbekleidungen werden in Rollen oder Bahnen geliefert, Beläge in Bahnen oder Platten unterschiedlicher Breiten. Sie werden verarbeitet, indem sie vollflächig an Wände und Decken geklebt werden.

3.6.1 Fertige Wandbekleidungen

Fertige Wandbekleidungen sind Tapeten und Beläge, die keine nachträgliche Behandlung, z. B. eine Beschichtung erhalten.

Beispiele für fertige Wandbekleidungen sind:
- Strukturtapeten,
- Relief- und Prägetapeten,
- Glatte, bedruckte Tapeten,
- Vliestapeten,
- Vinyltapeten,
- Naturwerkstofftapeten.

3.6.2 Wandbekleidungen für die nachträgliche Behandlung

Wandbekleidungen für die nachträgliche Behandlung, die nach dem Tapezieren z. B. durch Beschichtung nachbehandelt werden, sind unter anderem:
- Raufasertapeten,
- unbedruckte Prägetapeten,
- Vliestapeten,
- Glasfasergewebe (Abb. 1–8).

3.6.3 Unterlagsstoffe für Tapeten und Wandbeläge

Unterlagsstoffe werden eingesetzt, um gleichmäßig saugende Untergründe zu erhalten, um den Untergrund zu glätten oder ihn gegen Feuchte abzusperren.

Man unterscheidet flüssige und feste Unterlagsstoffe.

Flüssige Unterlagsstoffe sind:
- Feinmakulatur,
- Putzgrundierung,
- Dispersionsspachtelmasse,
- hydraulisch abbindende Spachtelmasse.

Lassen sich Untergrundmängel nicht durch flüssige Unterlagsstoffe beheben oder werden sehr hochwertige Tapeten verklebt, muss der Untergrund mit festen Unterlagsstoffen vorbehandelt werden.

Beispiele hierfür sind:
- Makulaturpapier,
- Metallfolien,
- Wollfilzpappe,
- Polystyrol-Hartschaum,
- Polyurethan-Weichschaum,
- Gewebe,
- Vlies.

3.7 Raufasertapete

Eine der am meisten verwendeten Wandbekleidungen Europas ist die Raufasertapete. Sie wurde 1864 von Apotheker Hugo Erfurt als Schaufensterdekoration entwickelt. Erst später wurde sie als Tapete eingesetzt.

Zur Auswahl stehen verschiedene Oberflächenstrukturen, die für unterschiedliche Räume den passenden Rahmen geben.

1 Raufasertapete

2 Raufasertapete in stark vergrößerter Ansicht

3 Gütezeichen RAL

4 Gewebestrukturen von Glasfasergewebe

Gütezeichen RAL

TAPETEN

3

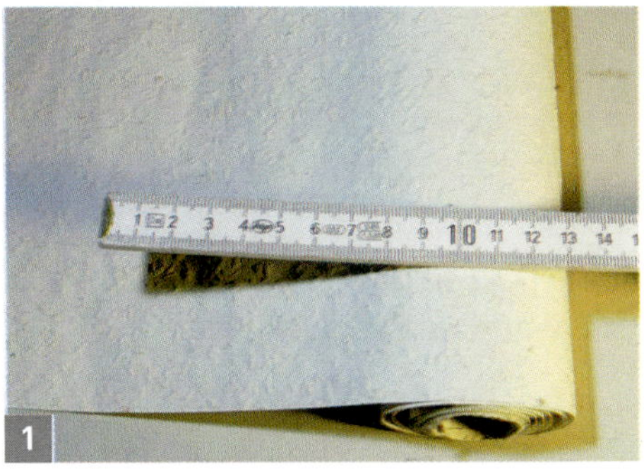

1

2

Die Raufasertapete besteht aus mindestens zwei Schichten Papier, zwischen denen Holzfasern unterschiedlicher Größe eingearbeitet sind. Sie enthalten einen Anteil Recycling-Papier und Holz-Reststoffen.

Raufasertapeten lassen sich vergleichsweise leicht verarbeiten und ansatzfrei kleben. Sie gleichen dabei leichte Unebenheiten und kleine Risse aus.

Raufasertapeten sind Wandbekleidungen für die nachträgliche Behandlung und müssen daher nach dem Verkleben beschichtet werden. Sie können mehrere Male mit Dispersionsfarbe in den gewünschten Farbtönen gestrichen werden.

Geeignete mineralische Untergründe sind Putze der Mörtelgruppen P I – P IV. Weitere geeignete Untergründe sind z. B. Gipskartonplatten, mitteldichte Faserplatten (MDF) oder andere Holzwerkstoffe. Raufasertapeten werden als Rolle in unterschiedlichen Größen angeboten, z. B.:

4

- 33,50 m × 0,53 m oder
- 17,00 m × 0,53 m.

3.8 Vliestapete

Vliestapeten sind Wandbekleidungen aus Kunststoff- und Zellulosefasern. Sie zeichnen sich durch Formstabilität aus. Das heißt, dass sie sich weder beim Einkleistern ausdehnen, noch beim Trocknen zusammenziehen. Vliestapeten verfügen über eine hohe Reißfestigkeit und sind rissüberbrückend bei feinen Rissen (Haarrissen). Im nassen Zustand können sie problemlos geschnitten werden. Die Verarbeitung von Vliestapeten kann ohne Weich- und Wartezeiten durchgeführt werden.

3.9 Glasfasergewebe

Glasfasergewebe gehören zu den Wandbekleidungen für die nachträgliche Behandlung. Sie bestehen aus fein verwobenen Glasfäden.
Glasgewebe ist dimensionsstabil, verrottungsfest und gesundheitlich unbedenklich.
Durch die Struktur des Glasgewebes werden kleinere Unebenheiten ausgeglichen. Seine Reißfestigkeit sorgt für rissüberbrückende Eigenschaften.
Glasgewebe gibt es in verschiedenen Strukturen, die mit Beschichtungsstoffen vielfältig gestaltet werden können.
Geeignete mineralische Untergründe sind Putze der Mörtelgruppen P II, P III und P IV.
Glasfasergewebe sind als Rollenware mit Breiten von 50 cm oder 100 cm erhältlich.

3.10 Tapezierwerkzeuge

5 Tapezierwerkzeuge

Um gute Ergebnisse beim Tapezieren zu erhalten, ist es erforderlich, die richtigen Werkzeuge und Geräte zu verwenden.

Um Alttapeten von Wänden und Decken zu entfernen können Dampftapetenablöser, Igelwalze und Schaber eingesetzt werden.

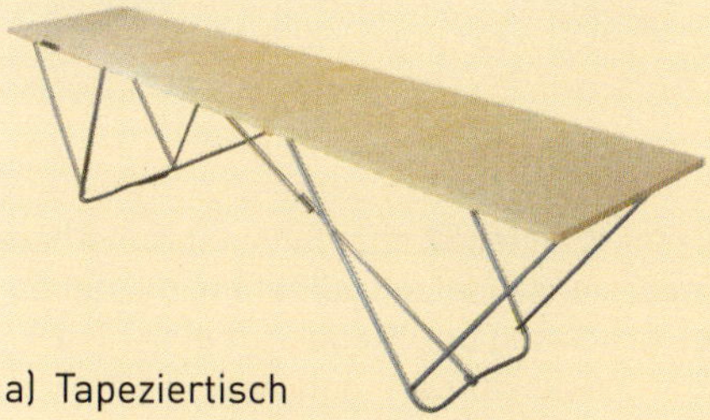

a) Tapeziertisch

b) Kleistermaschine

c) Tapetenabreißer

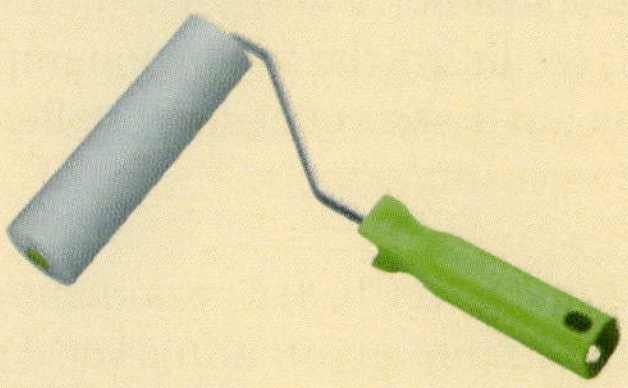

d) Andruckrolle

e) Nahtroller

f) Bürste

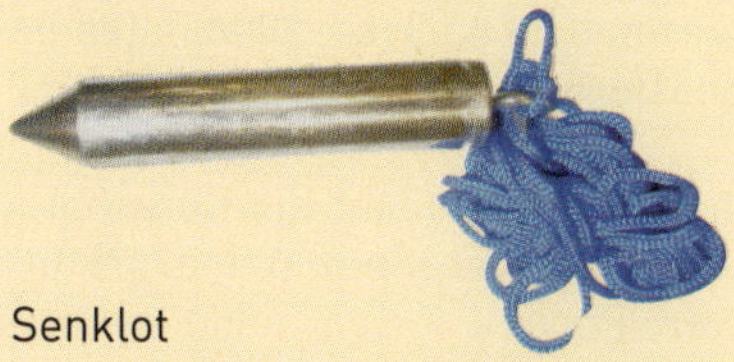

g) Senklot

h) Tapetenmesser

i) Dampf-tapetenablöser

j) Igelwalze

k) Wand- und Deckenschaber

5

1 Kleister-Packungen

3.11 Tapetenkleister und -kleber

Tapetenkleister und -kleber sind in folgenden Sorten im Handel erhältlich: Methylcellulosekleister (MC) für leichte bis mittelschwere Papiertapeten mit einem Ansatzverhältnis Kleister zu Wasser:

- Vorkleistern 1 : 80
- Tapezieren 1 : 50

Der Kleister wird in kaltem Wasser angerührt und ist nach ca. 20 Minuten gebrauchsfertig.

Methylcellulosekleister mit Kunstharzdispersionspulver (Spezialkleister) für schwere Papier-, Präge- und Vinyltapeten, Ansatzverhältnis:

- Vorkleistern 1 : 40
- Tapezieren 1 : 20

Es besteht kein Unterschied beim Anmischen von Spezialkleister gegenüber dem Mischen von MC-Kleister. Die enthaltenen Kunststoffdispersionszusätze erhöhen die Klebekraft dieses Kleisters.

Tapeziergeräte-Kleister für Raufasertapeten und trockenabziehbare Wandbekleidungen sind mit einem Ansatzverhältnis von:

- Vorkleistern 1 : 70
- Tapezieren 1 : 35

zu mischen.

Tab. 1: Ansatz und Ergiebigkeit

	Ansatz	Packungsinhalt 250 g in Liter Wasser	Reichweite für ca. m^2	Reichweite für ca. Rollen
Vorkleistern	1:40	8	80	-
Tapeten	1:20	4	26	5
Rauhfaser	1:20	4	26	1,5

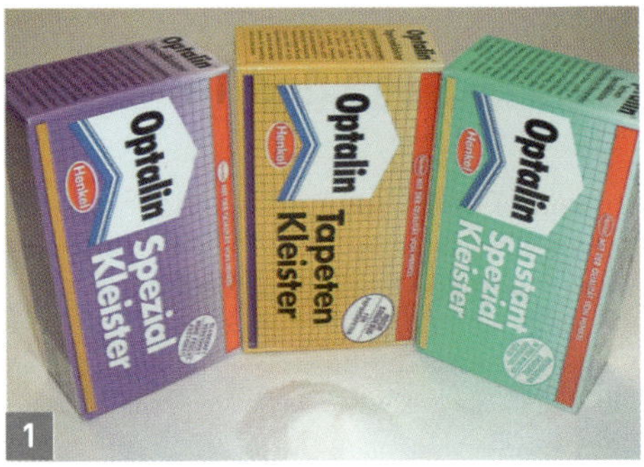

1

Dieser Kleister ist ebenfalls mit Kunstharzdispersionszusätzen versehen, die neben der Erhöhung der Klebekraft eine niedrigere Viskosität ermöglichen.

Tapetenkleister in Pulverform sollen trocken und kühl gelagert werden, um ein vorzeitiges Verklumpen zu vermeiden.

Ansatz und Ergiebigkeit am Beispiel eines Spezialkleisters, entnommen aus dem technischen Merkblatt eines Herstellers, zeigt die Tab. 1.

Kleisterflecken auf der Tapetenoberseite sollten noch im feuchten Zustand entfernt werden, um eine Fleckenbildung zu vermeiden. Kleister sind nach der Trocknung reversibel. Diese Eigenschaft wird durch die Kunstharzdispersionszusätze jedoch abgeschwächt.

Zum Verkleben von Glasfaserbahnen verwendet man einen dafür vorgesehenen Dispersionskleber. Sie ergeben dauerhafte und wasserunlösliche Verklebungen und basieren auf PVAc- oder Acrylat-Styrol-Copolymerisatharzbasis.

Durch Zugabe von 10 % Spezialkleister in einem Mischungsverhältnis von 1:20 kann die Trocknung der Dispersionskleber verzögert werden. Dispersionskleber sind bereits gebrauchsfertig in verschiedenen Gebindegrößen erhältlich.

3.12
Berechnung des Tapetenbedarfs

Für die Berechnung des Tapetenbedarfs gibt es unterschiedliche Methoden. Welche Methode verwendet wird, hängt davon ab, wie genau das Ergebnis der Berechnung sein muss. Für eine preiswerte Raufasertapete, die von der Großrolle verarbeitet wird, ist ein ungefähres Ergebnis ausreichend. Wird eine sehr hochwertige Tapete bestellt, muss die berechnete Anzahl der Rollen möglichst genau stimmen.

1. Methode: Berechnung über die Fläche
Diese Berechnung ist relativ einfach und kann auch überschlägig im Kopf gerechnet werden. Man kann hier allerdings nicht erkennen, wie groß der Verschnitt aus jeder Rolle ist, sodass unter Umständen mehr Rollen benötigt werden als berechnet.

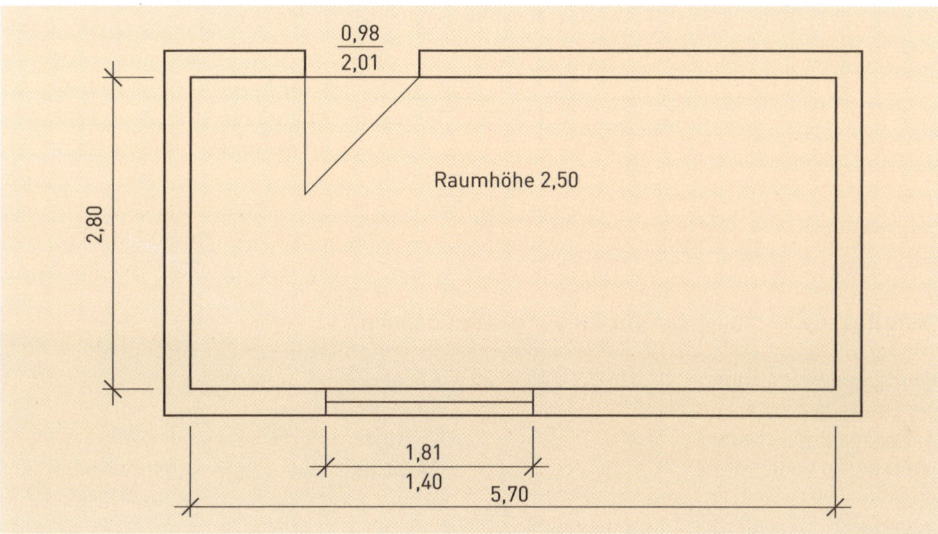

Schritt 1: Berechnung der zu tapezierenden Fläche

Umfang des Raumes · Wandhöhe:	A = (5,70 + 2,80) · 2 · 2,50	= 42,50 m²
– Türfläche:	A = 0,98 · 2,01	= 1,97 m²
– Fensterfläche:	A = 1,81 · 1,40	= 2,53 m²
zu tapezierende Fläche	A = 38,00 m²	

Schritt 2: Berechnung der Fläche einer Tapetenrolle
Eurorolle: A = 0,53 · 10,05 = **5,33 m²**

Schritt 3: Berechnung der Anzahl der Rollen
zu tapezierende Fläche : Tapetenfläche
39,00 : **5,33** = 7,32; aufgerundet **8 Rollen**

2. Methode:
Berechnung über die Anzahl der Bahnen
Bei dieser aufwändigeren Berechnungsmethode kann man erkennen, wie viel Reste aus jeder Rolle übrig bleiben. Man kann somit die benötigte Anzahl der Tapetenrollen sehr genau bestimmen.

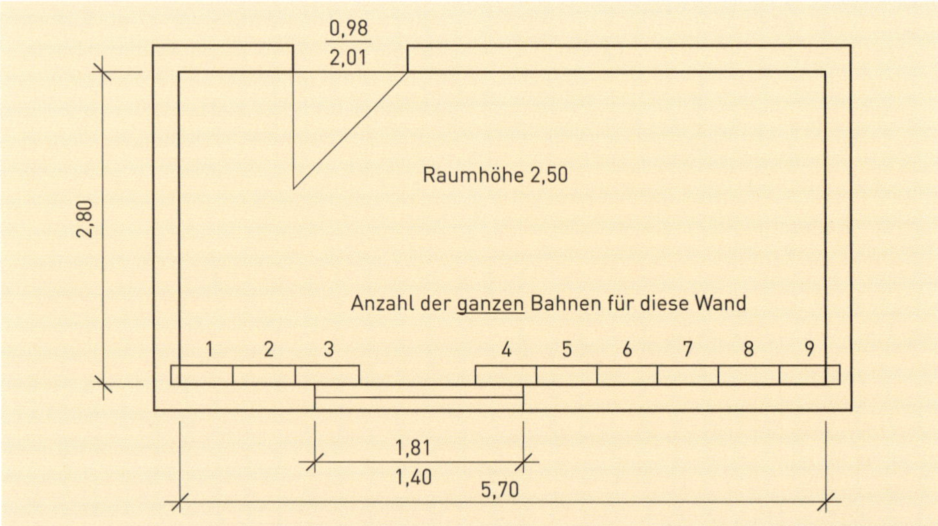

Schritt 1: Berechnung der Anzahl der ganzen Bahnen

Umfang des Raumes	L = (5,70 + 2,80) · 2 =	17,00 m
– Breite der Türe	L =	0,98 m
– Breite des Fensters	L =	1,81 m
zu tapezierende Länge	L =	**14,21 m**

zu tapezierende Länge : Tapetenbreite
14,21 : 0,53 = 26,81; aufgerundet **27 ganze Bahnen**

Schritt 2: Berechnung der Anzahl ganzer Bahnen aus einer Rolle

Länge einer Tapetenrolle : Länge einer Bahn (+ 10 cm Zugabe)
10,05 : (2,50 + 0,10) = 3,87; abgerundet **3 ganze Bahnen**
Es bleiben als Verschnitt 0,86 · 2,60 = 2,23 m pro Rolle übrig.

Schritt 3: Berechnung der Anzahl der Rollen

Anzahl ganze Bahnen : Bahnen pro Rolle
27 : 3 = **9 Rollen**

3.13 Verarbeitung von Raufasertapeten

1. **Der Zuschnitt der Bahnen**
   Nach dem Messen der Wände werden die Bahnen mit einer Zugabe von 10 cm geschnitten. Auf ein Muster oder einen Rapport muss dabei nicht geachtet werden.

2. **Einkleistern**
   Die Bahnen satt und gleichmäßig einkleistern. Dies geschieht von Hand oder mit einem Kleistergerät.

3. **Zusammenlegen**
   Die Bahnen 2/3 zu 1/3 zusammenlegen. Wichtig ist es, Kante auf Kante zu legen, um ein austrocknen der Ränder zu vermeiden.

4. **Weichzeit**
   Die angegebene Weichzeit ist einzuhalten.

5. **Verkleben**
   Die Raufasertapete Naht an Naht verkleben. Um Blasen und Falten zu entfernen, die Tapete mit der Tapetenbürste oder Andruckrolle andrücken.

6. **Beschnitt**
   Der überstehende Rest der Tapetenbahn wird mit dem Scherenrücken markiert und anschließend entlang dieser Linie abgeschnitten. Ebenso kann der Überstand mit Hilfe eines Spachtels abgerissen werden.

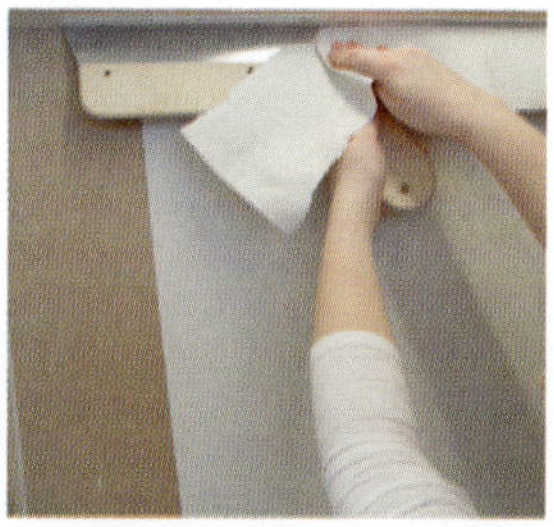

7. **Eckenbehandlung**
   Die Trennung in den Ecken wird mit der Schere ausgeführt. Profis reißen die Raufaser in den Ecken häufig mit einem Spachtel zu. An den Außenecken wird, je nach Aussehen der Ecke, entweder überlappend tapeziert oder die Trennung erfolgt direkt auf der Kante.

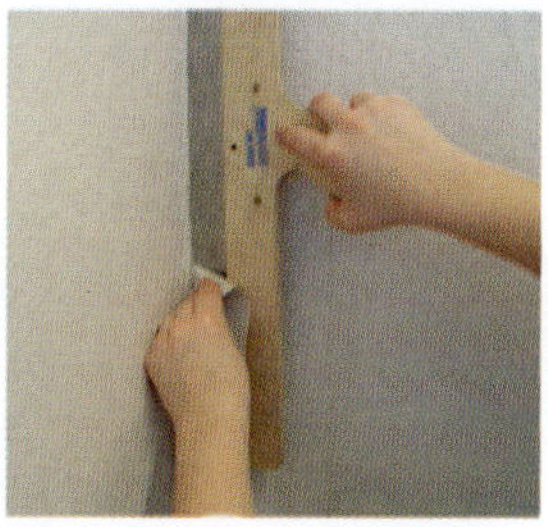

8. **Anstrich**
   Mit dem Anstrich ist bis zur Durchtrocknung der Raufasertapete zu warten.

1 Falten von Tapetenbahnen

2 Tapete an der Decke angesetzt

3 Kleber auftragen

4 Gewebe in den Kleber einlegen

3.13.1 Tapezieren von Decken

Die Tapetenbahnen werden wie eine Ziehharmonika zusammengefaltet, dürfen aber nicht geknickt werden.

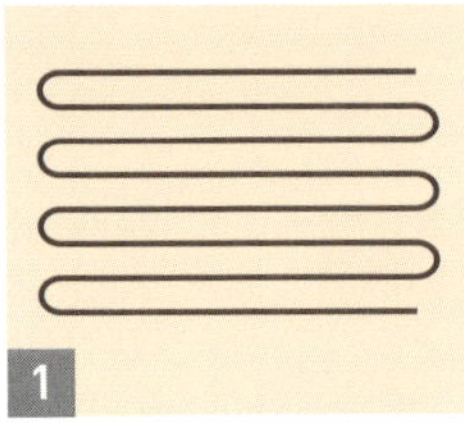
1

Nachdem so viele Bahnen eingekleistert wurden, wie für die Decke benötigt werden, muss an der Fensterwand mit dem Ankleben begonnen werden. Bei zwei Fenstern muss man dort beginnen, wo der Lichteinfall am stärksten ist.

Die oberste Falte der Tapetenbahn wird aufgeklappt und an der Decke angesetzt, dass sie 1,5–2 cm in die Wand reicht. Sie wird mit der Hand leicht in die Ecke gestrichen und erst, wenn sie richtig sitzt, behutsam mit der Tapetenbürste angedrückt. Danach werden die nächsten Falten aufgeklappt und mit der Bürste festgedrückt. Es muss immer sorgfältig darauf geachtet werden, dass der Tapetenrand entlang der Markierungslinie verläuft, die vorher am Deckenende oder and der vorhergehenden Bahn angebracht worden ist.

2

3.14 Verarbeitung von Glasfasergewebe

Die Verarbeitung von Glasfasergewebe kann in folgenden Schritten ausgeführt werden:

- Der Kleber wird mit einer Farbrolle auf die Wand aufgebracht (Abb. 3).
- Das Gewebe wird in den noch feuchten Kleber eingelegt (Abb. 4).
- Mit der Andruckwalze oder einem Gewebespachtel wird das Gewebe blasenfrei angerieben bzw. angedrückt (Abb. 5).
- Die Kanten an Decke und Boden werden mit Spachtel und Cutter beschnitten (Abb. 6).

3

4

- Alle folgenden Bahnen sind auf Stoß zu kleben (Abb. 7).
- Überlappende Nähte können mit einem Doppelschnitt auf Stoß geschnitten werden. Im Bereich der Überlappung (6–8 cm) wird eine Anlegeleiste oder ein Lineal angelegt. An diesem entlang werden mit einem Cutter oder einem Gleitfußmesser die beiden Bahnen sauber durchtrennt (Abb. 8).
- Die Verschnittstreifen werden entfernt (Abb. 9). Die Bahnen liegen nun direkt auf Stoß nebeneinander.

5 Anreiben/ Andrücken

6 Kanten- beschneidung

7 Auf Stoß kleben

8 Doppelschnitt

9 Entfernen der Streifen

5

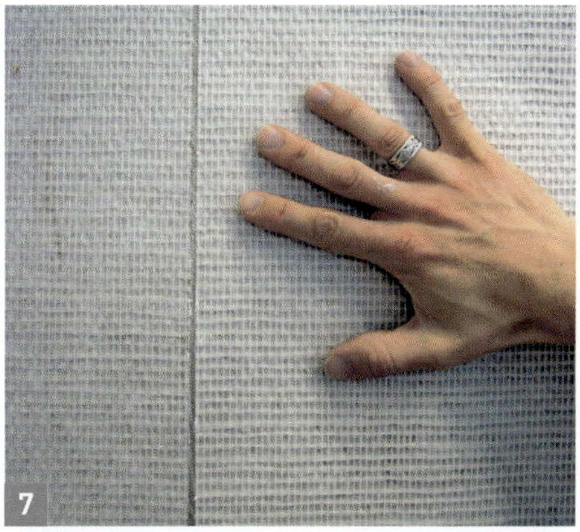
7

8

6

9

3.15 Leitern und Gerüste

Anlegeleitern, Stehleitern und Rahmengerüste siehe auch → Lernfeld 2.

3.15.1 Mehrzweckleitern

Mehrzweckleitern sind Kombinationsleitern, die vielseitig einsetzbar sind. Durch ihre Gelenkverbindungen lassen sie sich individuell anpassen und sowohl als Anlege-, Stehleitern oder als Kleingerüst verwenden.

3.15.2 Fahrgerüste

Fahrgerüste sind auf ebenen und glatten Untergründen einsetzbar. Sie werden für Arbeiten im Innen- und Außenraum verwendet, bei dem das Gerüst immer wieder verschoben werden muss.

Sie lassen sich in einer Art Bausatzsystem (Rohre und Kupplungen) schnell aufbauen und bieten bei geringem Patzbedarf optimale Arbeitsbedingungen.

Ein Gerüst ist immer nach Aufbau- bzw. Verwendungsanleitung des Herstellers zu errichten.

Die maximale Belaghöhe darf bei fahrbaren Arbeitsgerüsten in Gebäuden 12,00 m und außerhalb von Gebäuden bis 8,00 m Höhe betragen.

1

2

1 Leiterarten

2 Fahrgerüst

Sicherheitsregeln beim Arbeiten auf Fahrgerüsten

- Ab 2 m Belagshöhe muss ein dreiteiliger Seitenschutz vorhanden sein.
- Nur langsam verschieben.
- Fahrrollen müssen unverlierbar befestigt sein und nach dem Verfahren durch Bremshebel festgesetzt werden.
- Jegliches Anprallen vermeiden.
- Nur in Längsrichtung oder über Eck verschieben.
- Vor dem Verschieben lose Teile gegen Herabfallen sichern.
- Nicht auf Belagflächen abspringen.
- Ab mehr als 1,00 m Belaghöhe muss ein Aufstieg vorhanden sein.
- Gerüstbelagsbreite mindestens 50 cm.
- Ab mehr als 1,00 m Belaghöhe muss ein Aufstieg vorhanden sein.
- Die maximale Belagshöhe beträgt 2,00 m.
- Gerüstbelagsbreite mindestens 50 cm.
- Es müssen konstruktiv festgelegte Innenaufstiege vorhanden sein. Senkrechte Steigleitern von mehr als 4,00 m Höhe sind unzulässig. Ausnahme: Es ist maximal alle 4,00 m eine Zwischenbelagsbühne mit Druchtrittsklappe vorhanden.
- Aufenthalt von Personen auf fahrbaren Arbeitsbühnen während des Verschiebens ist nicht zulässig.
- Bei aufkommendem Sturm (ab Windstärke 6) und nach Beendigung der Arbeiten fahrbare Gerüste gegen Umsturz sichern.
- Überbrückungen zwischen fahrbaren Gerüsten und Gebäuden sind unzulässig.
- Bei größeren Höhen muss eine Basis-Verbreiterung angebracht werden, um vor Umstürzen zu schützen.

3.15.3 Kleingerüste

Für einfache Arbeiten in geringer Höhe braucht man kein aufwändiges Stand- oder komplettes Fahrgerüst. In solchen Fällen genügt ein Kleingerüst.

Es ist schnell und ohne großen Aufwand auf- und abzubauen. Ebenso ist ein leichter Transport von Vorteil.

Neben den Regeln für Fahrgerüste gelten noch zusätzliche Sicherheitsregeln.

3 Fahrbares Kleingerüst

Aufgaben

1. Die Außenwand eines Gebäudes soll im Winter bei einer Temperatur von 0 °C mit einer herkömmlichen Kunststoffdispersionsfarbe beschichtet werden. Erklären Sie dem Kunden, warum diese Ausführung nicht ratsam ist.

2. Nennen Sie die Vorteile von wasserverdünnbaren Lacken gegenüber lösemittelhaltigen Lacken.

3. Für die Reihenfolge einer Lackierung gilt in der Regel ein Arbeiten von der am schlechtesten zugänglichen Stelle zu der gut zugänglichen Stelle.

   Kennzeichnen Sie durch Nummerieren die Lackierreihenfolge der abgebildeten Kassettentüre mit tiefer liegenden Füllungen.

4. Worin besteht der Unterschied zwischen Wandbekleidung und Wandbelägen?

5. Benennen Sie die abgebildeten Tapezierwerkzeuge und geben Sie den Verwendungszweck an.

6. Beschreiben Sie den Unterschied bei der Verarbeitung von Raufaser und Glasgewebe.

7. Wer muss vor jeder Benutzung den Zustand der Leiter prüfen?

8. In welchem Winkel ist eine Anlegeleiter anzustellen und wie viel Überstand ist beim Umsteigen auf eine andere Ebene erforderlich?

9. Benennen Sie die Bestandteile eines Fahrgerüstes (→ LF 2).

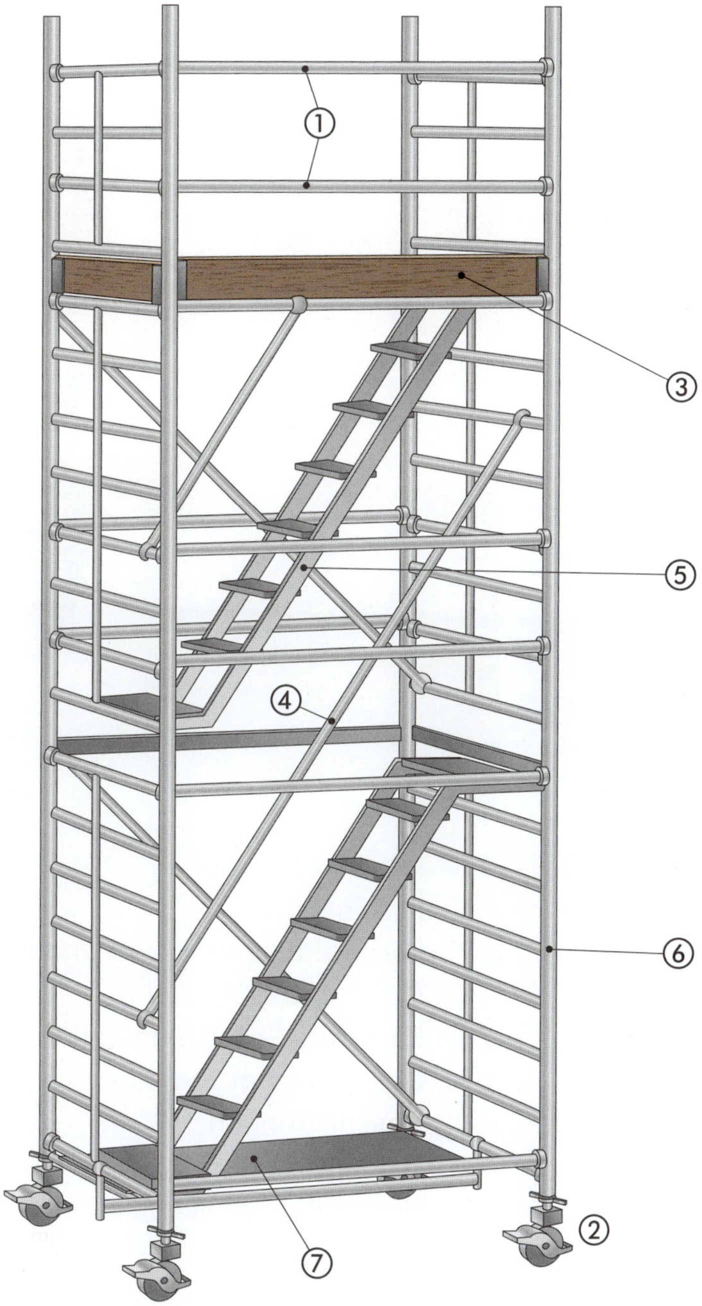

4 Lernfeld 4 Oberflächen gestalten

Kundenauftrag

▶ Farbliche Gestaltung und Beschriftung eines Messestandes

Arbeitsauftrag

Ein Malerbetrieb soll für eine regionale Ausstellung einen Messestand farblich gestalten und beschriften.
Auftraggeber ist „das Handwerkerteam", eine Kooperation verschiedener Handwerksbetriebe im Ort, die dem Kunden gemeinsam ihre handwerklichen Leistungen anbieten. Dazu gehören neben dem Malerbetrieb, ein Baugeschäft, ein Fliesenleger und ein Elektrikerbetrieb.

Ziel des Messeauftritts ist es, den Kunden einen Eindruck von der Qualität ihrer handwerklichen Arbeit zu vermitteln und neue Kunden für höherwertige Arbeiten zu gewinnen.
Es soll dabei die Zusammengehörigkeit der Gewerke betont werden, aber dennoch jeder Betrieb als eigener Bereich erkennbar sein.

Auszuführende Arbeiten:

Pos. 1: Farbige Gestaltung der Wände des Messestandes.
Jedem Betrieb wird eine Fläche entsprechend den Firmenfarben zugeordnet. Die verschiedenen Flächen sollen farblich harmonieren und den Eindruck des Hochwertigen unterstreichen.

Pos. 2: Anfertigen einer Bordüre
Es ist eine Bordüre aus einfachen geometrischen Formen als optische Verbindung der vier Handwerksbetriebe anzufertigen.

Pos. 3: Beschriftung von Schildern
Es sind zwei Schilder auf dem Messestand mit dem Schriftzug „Das Handwerkerteam, gemeinsam für Ihr Heim" anzufertigen.

Pos. 4: Beschriftung für Flächen
Es sind Beschriftungen für jede Fläche mit der Bezeichnung der einzelnen Betriebe und dem Firmenlogo anzufertigen:

- Maler Jahn,
- Hauser – Fliesen und Kachelöfen,
- Elektro Sauber,
- Haus und Bau GmbH Werner Groß.

Objektbeschreibung

Zu Pos. 1: Die Wände des Messestandes bestehen aus 15 mm dicken unbeschichteten OSB-Platten; Maße siehe Zeichnungen. Die Säulen sind mit RAL 7035 Lichtgrau beschichtet, der kurzflorige Teppichboden hat die Farbe NCS 40 30 – R 90 B. Der Stand kann mit acht Lichtstrahlern mit unterschiedlicher Farbtemperatur beleuchtet werden.

Zu Pos. 3: Die Schilder für die Beschriftung sind weiße, unbeschichtete PVC-Platten, 5 mm dick.

Leistungsbeschreibung

Pos. 1: Anfertigen eines Farbentwurfs, Vorbereiten des Untergrundes, Beschichten der Wände mit Innendispersion, Farben entsprechend dem Farbentwurf.
Pos. 2: Entwurf eines geometrischen Musters, Schneiden einer Schablone, Aufbringen der Bordüre auf die fertig beschichteten Wände.
Pos. 3: Vorbereiten des Untergrundes, Montage der Schriftzüge mit Selbsklebefolie.
Pos. 4: Übertragen der Firmenschriftzüge und Firmenlogos auf die Wände.

Farbige Darstellung

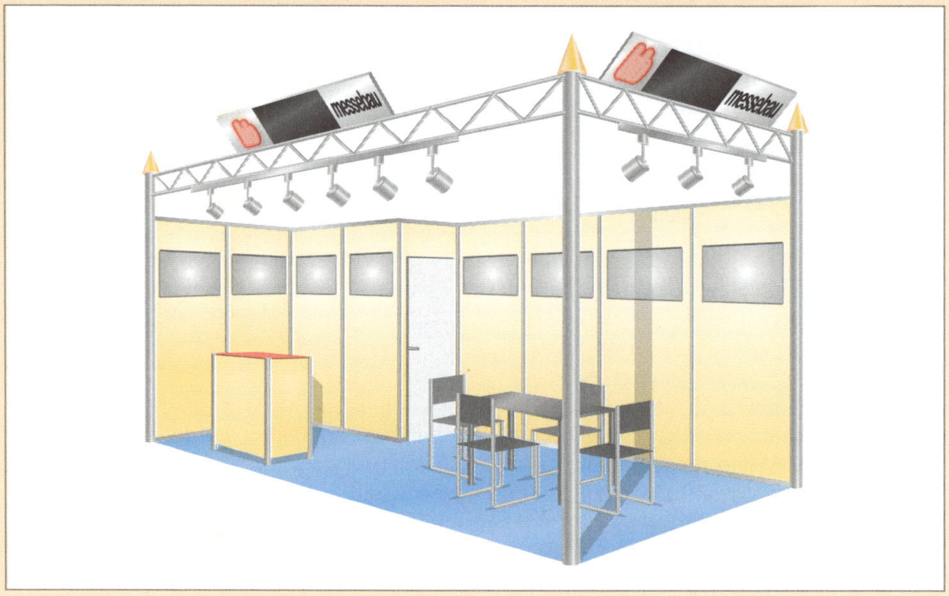

Abwicklung

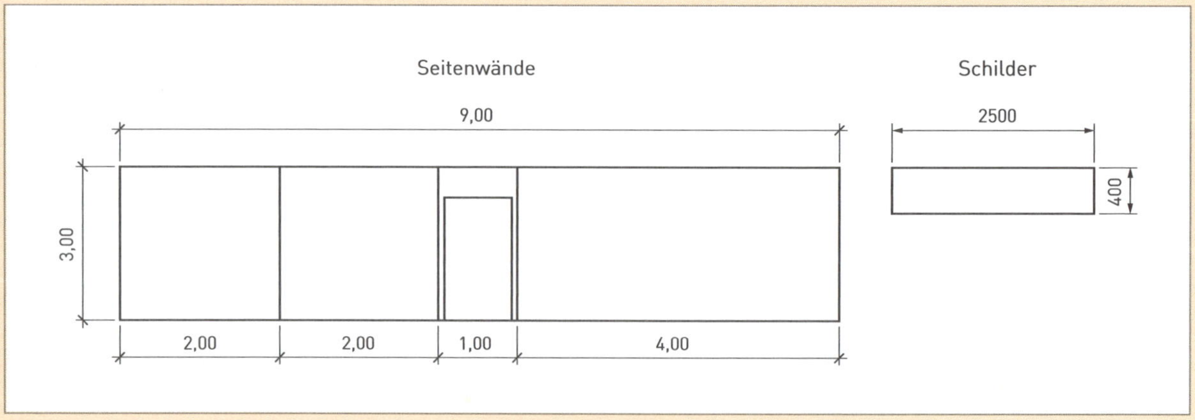

Logos der beteiligten Firmen

Werner Groß Haus und Bau GmbH

HAUSER Fliesen und Kachelöfen

Sauber Elektro-Meisterbetrieb

Malermeister Jahn

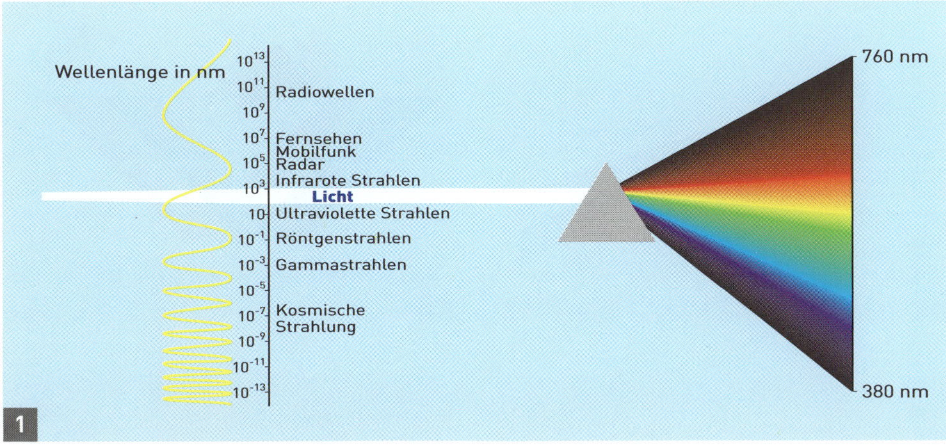

1 Arten elektromagnetischer Strahlung

4.1 Farbiges Sehen

Farbe ist lediglich eine Sinnesempfindung des menschlichen Gehirns, die entsteht, wenn Licht einer bestimmten Wellenlänge auf die Netzhaut des Auges gelangt.

Über elektromagnetische Strahlung (Abb. 1) kommt es zu einer Nervenerregung, die zum Gehirn geleitet und dort als Farbe wahrgenommen wird. Die Netzhaut enthält zwei unterschiedliche Arten von lichtempfindlichen Sehzellen: die helldunkel-empfindlichen Stäbchen, die nur für das Schwarz-Weiß-Sehen zuständig sind und die farbempfindlichen Zapfen, mit denen farbig gesehen werden kann. Die Zapfen wiederum werden in die Rezeptoren mit unterschiedlichen Spektralbereichen unterteilt. Je nach spektraler Empfindlichkeit der Rezeptoren wird jeweils eine der drei Grundfarben „Rot", „Grün" oder „Blau" vom Auge wahrgenommen.

Das für das menschliche Auge sichtbare Licht im Spektrum der elektromagnetischen Strahlung liegt im Wellenlängenbereich von etwa 380 nm und 760 nm (nm = Nanometer, 1 nm = 10^{-9} m = 1 Millionstel Millimeter). Die verschiedenen spektralen Frequenzen innerhalb dieses Bereiches entsprechen den unterschiedlichen Farben von Violett über Blau, Grün, Gelb und Orange zu Rot (Abb. 2).

2 Spektralfarben des weißen Lichts

1 Prisma, Zerlegung des Lichts

2 Zerlegung und Bündelung des weißen Lichts

3 Reflexion

4 Absorption

5 Teilweise Reflexion

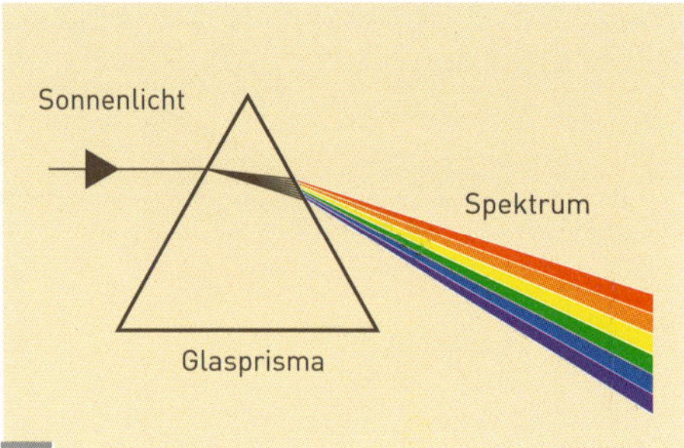

1

3

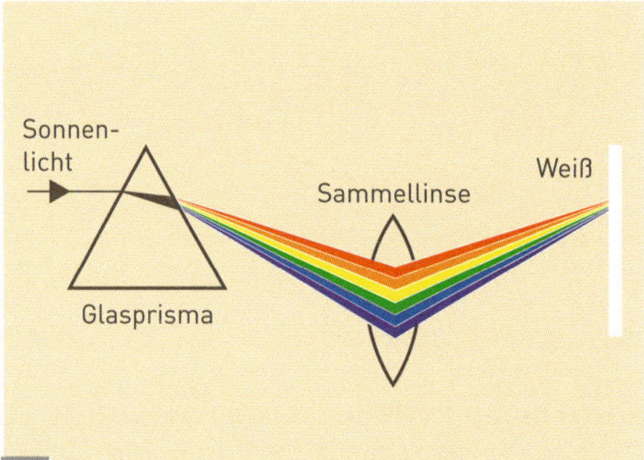

2

4

5

4.1.1 Sichtbare Strahlung, Spektralfarben

Licht ist die für das menschliche Auge sichtbare elektromagnetische Strahlung des Lichtspektrums mit dem Wellenlängenbereich von 380 nm bis 760 nm. Fällt das weiße Licht (z. B. Sonnenlicht) gebündelt auf ein Glasprisma, so wird es in die Regenbogenfarben, die Spektralfarben, zerlegt (Abb. 1).

Wird dieses Licht wieder gebündelt, so lässt es sich erneut zu weißem Licht addieren (zusammenfügen, Abb. 2).

Trifft das Licht auf einen glatten Gegenstand und wird vollständig zurückgeworfen (reflektiert), so erscheint der Gegenstand weiß (Abb. 3).

Wird das einfallende Licht von einem Körper vollständig verschluckt (absorbiert), sieht man den Körper schwarz (Abb. 4).

Werden unterschiedliche Anteile des Spektrums absorbiert, erscheint der Gegenstand in der zurückgestrahlten (reflektierten) Farbe des Spektrums (Abb. 5).

Ein blauer Körper verschluckt (absorbiert) also alle Farben des Spektrums mit der Ausnahme von Blau, es wird zurückgeworfen (reflektiert), woraufhin der Körper als blau wahrgenommen wird. Die Wahrnehmung der farbigen Umwelt beruht auf Reflexion (zurückwerfen) und Absorption (verschlucken) von Licht.

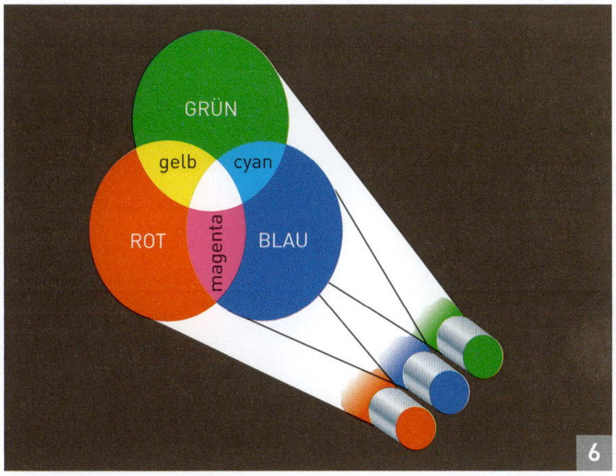

6

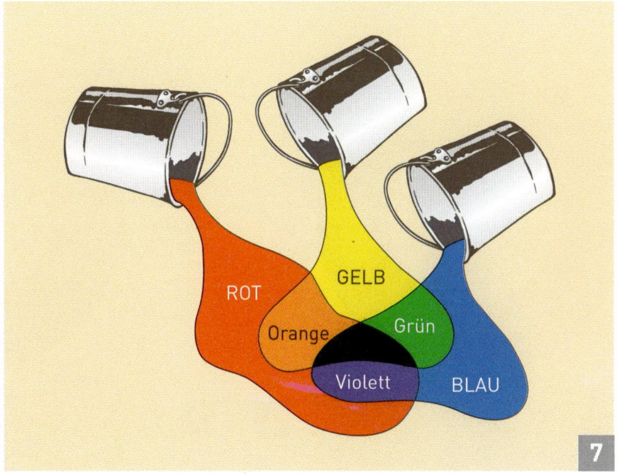

7

6 Additive Farbmischung mit farbigen Lichtern

7 Subtraktive Farbmischung von Primär- zu Sekundärfarben

4.1.2 Farbmischungen

Die Farbenlehre unterscheidet zwei Arten der Farbmischung, die additive Farbmischung und die subtraktive Farbmischung.

Additive Farbmischung

Die additive Farbmischung bezieht sich auf das Mischen von farbigen Lichtern (Lichtfarben). So wie mit dem Prisma weißes Licht in seine Spektralfarben zerlegt werden kann, entsteht mit Hilfe von drei Scheinwerfern, in den Grundfarben (Primärfarben) RGB: Rot (Rotorange), Grün, Blau (Blauviolett), in deren Summe wiederum weißes Licht. Hierbei werden die drei Grundfarben (Primärfarben) zu gleichen Teilen gemischt (→ Kap. 4.1.1, Spektralfarben). Fügt (addiert) man lediglich zwei primäre farbige Lichter zusammen, erhält man aus rotem und grünem Licht das Gelb. Rot und Blau addieren sich zu Magenta, blaues und grünes Licht wird zu Cyan (Abb. 6).

Die Farben, die sich beim Mischen der Primärfarben ergeben, nennt man Sekundärfarben (Zweitfarben). Beim Addieren von Lichtfarben nehmen die Helligkeiten der Farben zu.

Das additive Mischverfahren wird z.B. am Computer angewendet. Hierbei sind auf dem Monitor unterschiedliche Farben zu sehen, da sich verschiedene Leuchtstoffe mischen. Jeder Bildpunkt (Pixel) auf dem Bildschirm besteht aus drei unterschiedlichen Leuchtstoffen, die den drei RGB-Farben entsprechen und aus denen durch unterschiedliche Mischung alle Farben in diesem Pixel gemischt werden können.

Subtraktive Farbmischung

Die subtraktive Farbmischung beschäftigt sich mit dem Mischen von Körperfarben (Absorptionsfarben). Körperfarben entstehen beim Mischen von real vorhandenen Farben (aus dem Farbeimer, Farbkasten etc.). Die Farbigkeit eines Körpers hängt hierbei davon ab, welche Farbe des Lichtspektrums beim Auftreffen auf den Gegenstand reflektiert und welche absorbiert wird (Abb. 3–5). Gearbeitet wird mit Farbmitteln (Anstrichstoffen) in den Grundfarben (Primärfarben) CMY: Blau (Cyan), Rot (Magenta), Gelb (Yellow), die in ihrer Summe theoretisch Schwarz ergeben. Ein Schwarz entsteht allerdings lediglich beim Mischen von „idealen" Farben, in der Praxis ergibt die Mischung der Primärfarben ein dunkles Grau.

Werden die Primärfarben (Grundfarben) untereinander gemischt, erhält man die so genannten Sekundärfarben (Abb. 7). Dabei ergeben Gelb und Rot das Orange, Rot und Blau das Violett, Blau und Gelb das Grün. Da Teile des Lichts bei der Farbmischung vom Gegenstand absorbiert werden, nehmen die Helligkeiten der Farben bei der subtraktiven Farbmischung, im Gegensatz zur additiven Farbmischung, ab.

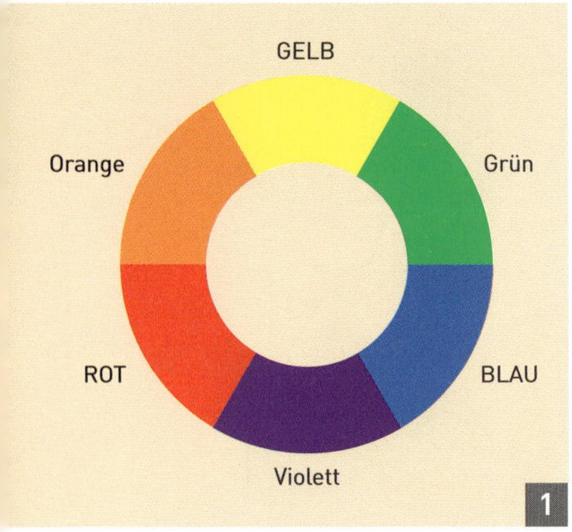

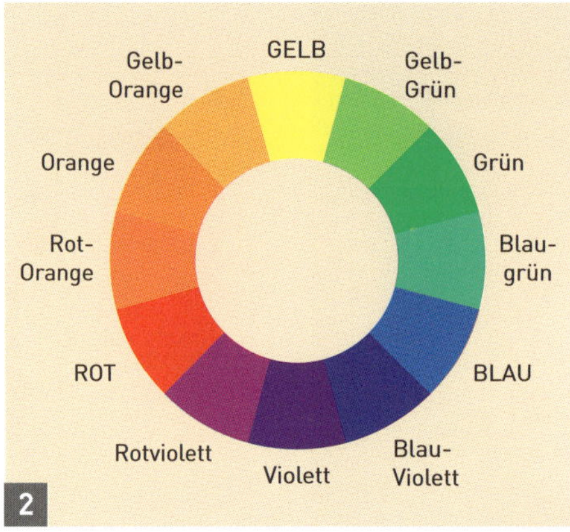

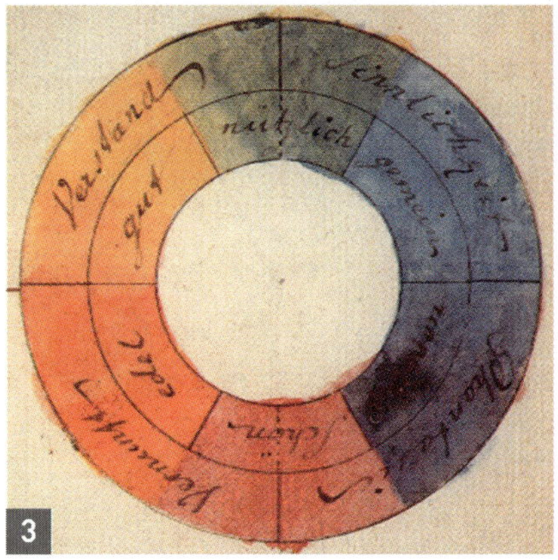

1 **6-teiliger Farbkreis**

2 **12-teiliger Farbkreis**

3 **Farbkreis von Goethe**

Werden alle drei Primärfarben miteinander gemischt, so entstehen Tertiärfarben (Drittfarben). Auch wenn die Mengenanteile der jeweiligen zugemischten Farbtöne unterschiedlich sein können, müssen hierbei immer alle drei Primärfarben beteiligt sein. Dadurch entsteht eine große Fülle an Brauntönen.

Der Farbkreis
Die subtraktive Farbmischung von jeweils zwei Primärfarben ergibt die entsprechende Sekundärfarbe. Aus diesen insgesamt sechs Farben kann der 6-teilige Farbkreis erstellt werden (Abb. 1). In diesem Farbkreis liegen sich jeweils die komplementären Farben gegenüber. Komplementärfarben oder Gegenfarben ergänzen sich und ergeben in ihrer subtraktiven Mischung immer ein neutrales Grauschwarz.

Der 12-teilige Farbkreis ergibt sich, indem mit Tertiärfarben nach Johannes Itten (s. Kap. 4.2.1) gearbeitet wird. Die Tertiärfarben nach Itten entstehen durch ein Mischverfahren, bei dem eine Primärfarbe mit der benachbarten Sekundärfarbe gemischt wird. Z. B. entsteht durch Mischung von Gelb und Orange das Gelborange, Gelb und Grün ergibt Gelbgrün.

Auch im 12-teiligen Farbkreis liegen die Komplementärfarben gegenüber (Abb. 2).

4.2 Farbordnungen, Farbordnungssysteme

Der Mensch ist in der Lage, ca. 10 Millionen verschiedene Farbtöne zu sehen. Um diese Farbtöne zu ordnen, wurde eine Vielzahl an Farbordnungssystemen entwickelt. Die Wichtigsten und Gebräuchlichsten werden nachfolgend aufgezeigt. Farbordnungssysteme dienen erstens der genauen Bestimmung von Farbtönen, zweitens beschreiben sie die Beziehungen zwischen den einzelnen Farbtönen (Buntfarben) und deren Ausmischungen zu Schwarz und Weiß, (Unbuntfarben).

Zur Erklärung der Farbordnungssysteme müssen einige Fachbegriffe erläutert werden.

Der **Farbton** (Buntton [hue]) bezeichnet den Namen der Farbe, z.B. Rot, Orange, Blau.

Die **Sättigung** (Intensität, [chroma or saturation]) gibt den Grad der Buntheit, also die Reinheit der Farbe an.

Die **Helligkeit** (Hellbezugswert [lightness] Schwarz/Weißanteil [value or propotion of black/white]) bezieht sich auf die Menge des Lichts, die vom Farbton reflektiert wird.

Mit den Begriffen Farbton, Sättigung, Helligkeit kann jede Farbe in ihrer Nuance genau beschrieben werden.

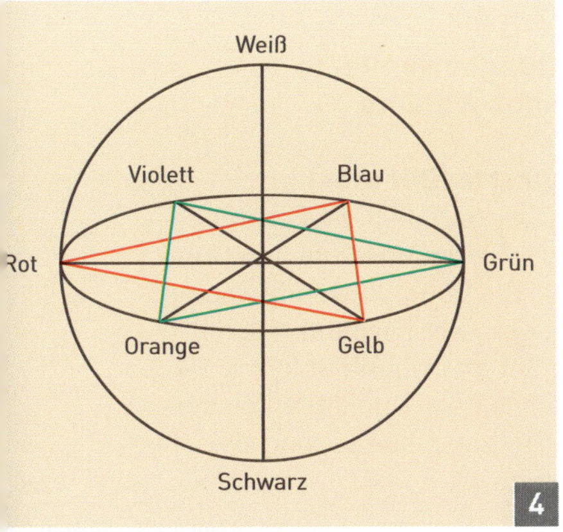

4

5

6

4.2.1 Konstruierte Farbordnungssysteme

Im Farbkreis von Johann Wolfgang von Goethe (1749–1832) werden die Farben Gelb und Blau nicht gegensätzlich angeordnet, sondern ergeben mit Rot ein Dreieck (Abb. 3). Zwischen die drei Primärfarben setzt er die entsprechend ausgemischten Sekundärfarben: Grün, Violett und Orange.

Auf der Farbenkugel von Philipp Otto Runge (1777–1810), die gleich einer Erdkugel mit Äquator und Polen angeordnet ist, sind entlang der Mittellinie (des Äquators) die reinen Farben in Form von 2 Dreiecken angeordnet. Diese überlagern sich und ergeben dadurch ein Sechseck. Die Primärfarben bilden das eine Dreieck, die Sekundärfarben das zweite (Abb. 4).

Die Pole der Kugel sind Schwarz und Weiß. Die reinen Farben werden zum einen untereinander und zum anderen mit Schwarz und Weiß ausgemischt. So entsteht in der Mitte der Kugel ein Grau, da sowohl die Mischung der reinen Farben (gebrochenen Farben), als auch Schwarz und Weiß in ihrer Mischung Grau ergeben (Abb. 5).

Johannes Itten (1888–1967) entwickelte aus den Farben 1. Ordnung (Primärfarben) den 12-teiligen Farbkreis. In der Mitte des Kreises befindet sich ein gleichseitiges Dreieck, in dem Gelb in der oberen Ecke, Blau unten links und Rot unten rechts angeordnet wird. Über das Dreieck konstruierte Itten drei weitere Dreiecke, jeweils mit den ausgemischten Farben 2. Ordnung (Sekundärfarben). Auf diese Art und Weise steht über Rot und Blau das Violett, über Blau und Gelb das Grün und über Gelb und Rot das Orange. So entsteht ein konstruiertes Sechseck innerhalb des Kreises. Diese sechs Farben werden in den 12-teiligen Farbkreis übertragen, die freien Felder werden mit den ausgemischten Farben 3. Ordnung (Tertiärfarben) gefüllt (Abb. 6).

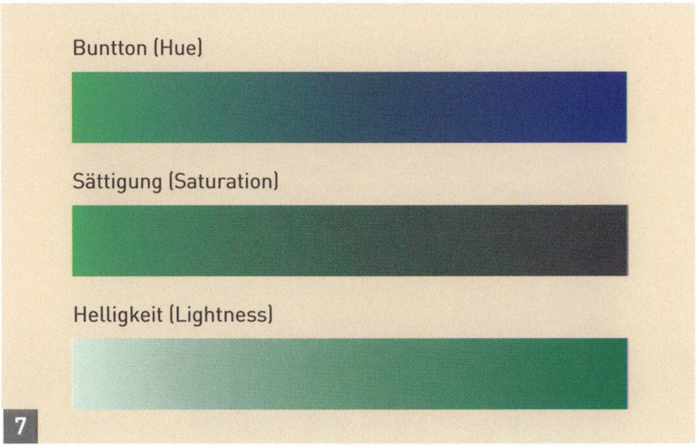

7

4 Farbdreiecke innerhalb der Farbkugel von Runge

5 Farbkugel von Runge

6 12-teiliger Farbkreis nach Itten

7 Beispiele für Buntton Sättigung Helligkeit

1 DIN-Farbtonkarte

2 Farbfächer für Maler

4.2.2 Wahrnehmungsorientierte Farbordnungssysteme

DIN-Farbtonkarte (DIN 6164)
Das DIN-Farbsystem legt die Farbtöne nach Buntton, Sättigungsstufe und Dunkelstufe fest. Die Sättigungsstufe beginnt beim 24-teiligen DIN-Farbtonkreis mit S = 6 und endet im Unbuntpunkt mit S = 0. Die Besonderheit der Dunkelstufe ist ein Maß für die Helligkeitsbeziehung zwischen den Farbtönen.

RAL-Classic
Das Deutsche Institut für Gütesicherung und Kennzeichnung e.V. (RAL, ehemals Reichsausschuss für Lieferbedingungen) hat ca. 210 Bunttöne in neun Farbreihen genormt. Im Farbregister RAL-840 HR für matte Farbtöne (Tab. 1) und im Farbregister RAL 841-GL für glänzende gibt die vierstellige Nummer den genauen Farbton an (Tab. 1).
Das RAL Register beinhaltet Kennzeichnungs,- Sicherheits- und Signalfarben (Tab. 2).

RAL-Design
Das RAL Design System ist ein Farbatlas mit ca. 1700 genormten Farben innerhalb von 39 Bunttonbereichen. Die Farben werden, im Gegensatz zu RAL Classic, nicht mit willkürlich festgelegten Farbnummern versehen, sondern mit Buntton, Sättigung und Helligkeit beschrieben.

Tab. 1: Farbregister RAL 840 HR

1000 er Reihe	23 gelbe Farbtöne
2000 er Reihe	8 orange Farbtöne
3000 er Reihe	19 rote Farbtöne
4000 er Reihe	6 violette Farbtöne
5000 er Reihe	19 blaue Farbtöne
6000 er Reihe	28 grüne Farbtöne
7000 er Reihe	29 graue Farbtöne
8000 er Reihe	17 braune Farbtöne
9000 er Reihe	8 weiße und schwarze Farbtöne, Aluminiumfarbtöne

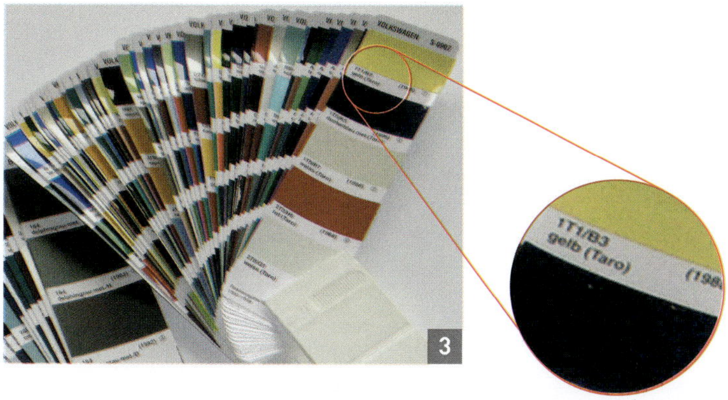

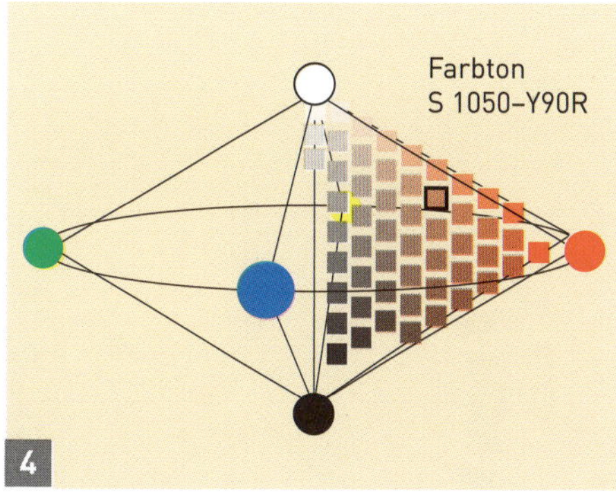

3 Farbfächer für Fahrzeuglackierer mit Farbcode des Herstellers

4 NCS-Farbraum

Farbauswahlsysteme
Farbfächer bzw. Farbtabellen sind Farbauswahlsysteme, die aus den jeweiligen Farbtönen der Farbenhersteller bestehen. Die Auswahl der Farben ist nicht durch Normen festgelegt. Die Farbtöne werden häufig mit zusammengesetzten Fantasienamen bezeichnet z. B. Zitronengelb, Chilirot, Schlammgrau (Abb. 2 und 3).

NCS (Natural Color System [natürliches Farbsystem])
Das NCS-System beschreibt die Farben auf natürliche Weise, so wie der Mensch sie sieht. Das Farbsystem geht von sechs Farben aus: Gelb (Y), Rot (R), Blau (B), Grün (G), Schwarz (S = Schwarzanteil) und Weiß (W = Weißanteil). Die Farben befinden sich an den sechs Ecken eines sogenannten Farbraumes, der in der Form eines Doppelkegels dargestellt wird (Abb. 4 und Abb. 2, Seite 106). Die vier Bunttonfarben bilden als Volltonfarben in Rot, Gelb, Blau und Grün auf dem Äquator des Doppelkegels einen Farbkreis (Abb. 1, Seite 106).

In den beiden Spitzen des Doppelkegels befinden sich Weiß (oben) und Schwarz (unten), wobei die Verbindung zwischen jeder der vier Grundfarben und den beiden unbunten Spitzen ein gleichseitiges Dreieck ergibt, in dem jede Farbe des NCS-Systems zu finden ist.

Tab. 2: Kennzeichnungsfarben aus dem Farbfächer RAL-F 14 nach DIN 6146

Kennzeichnungsfarbe	RAL-Nummer	Sicherheitshinweise
Signalrot	RAL 3001	Verbote, unmittelbare Gefahr, Notschalter, Feuerlöscheinrichtungen ...
Signalgelb	RAL 1003	Warnung vor Gefahrenstellen mit beweglichen Teilen, Explosionsgefahr, Radioaktivität
Signalblau	RAL 5005	Sicherheitsgebote, Verhaltensregeln, Veraltensmaßnahmen
Signalgrün	RAL 6032	Notausgänge, Rettungswege, Erste Hilfe Einrichtungen
Signalweiß	RAL 9003	In Kombination mit den Signalfarben wird die Wahrnehmungsfähigkeit der Zeichen erhöht.
Signalschwarz	RAL 9004	In Kombination mit den Signalfarben wird die Wahrnehmungsfähigkeit der Zeichen erhöht.

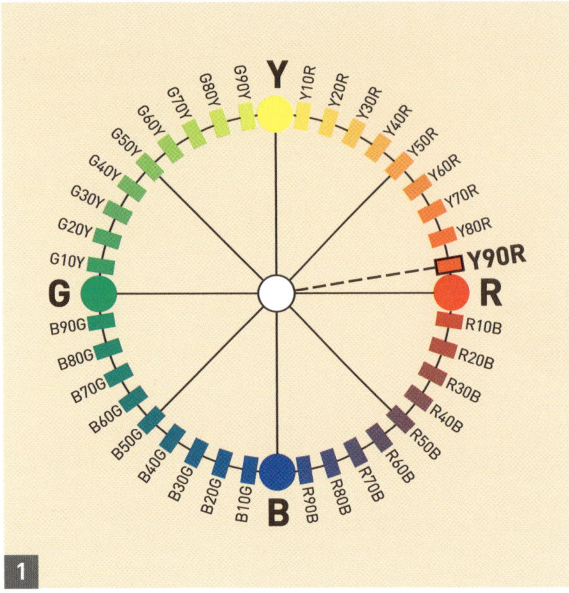

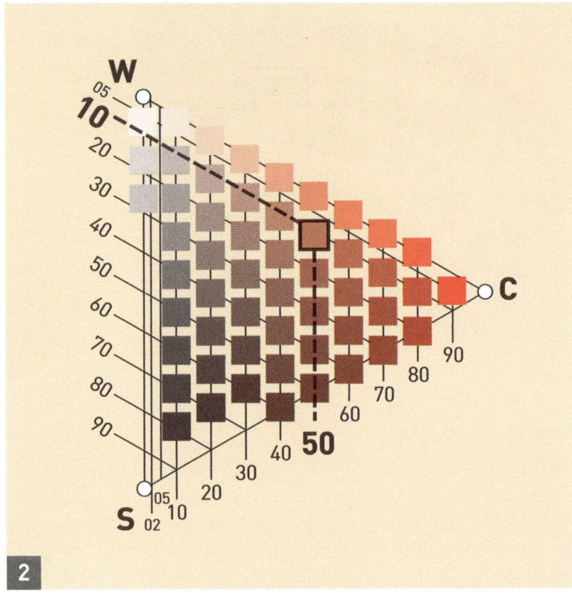

1 **NCS-Farbkreis**

2 **NCS-Farbdreieck**

In vertikaler Richtung enthält das Farbdreieck Farben, deren Weißanteil nach oben und deren Schwarzanteil nach unten zunimmt. Die horizontale Richtung gibt die Farbanteile, die Intensität einer jeden Volltonfarbe an.

Innerhalb des Farbdreiecks kann die so genannte Farbnuance genau definiert werden. Angegeben werden die Weiß- , Schwarz- und Farbanteile durch eine Codierung. Die Codierung der Farbnuance ergibt sich aus der empfindungsgemäßen prozentualen Zusammensetzung des Weiß-, Schwarz- und Farbanteils, der in Summe immer 100 % ergibt.

Die Farben des Bunttonfarbkreises werden mit den jeweils benachbarten Farbtönen gemischt. Beispielsweise wird zum Blau immer mehr mit Grün hinzugemischt, bis über eine Vielzahl an blaugrünen Farbtönen letztlich ein reines Grün entstanden ist.

Die Codierung des Bunttons zeigt die prozentuale Zusammensetzung jeder Farbe. Aus dem NCS-Farbkreis ist ersichtlich, dass jeder Farbton höchstens aus zwei Buntfarben bestehen kann.

Beispiel einer NCS-Codierung

S 10 50 - Y 90 R bedeutet:

10 50 (Nuance)
10 = Schwarzanteil (S)
50 = Buntanteil (C)
S + C + W = 100 % daraus ergibt sich ein Weißanteil (W) von 40 %

Y 90 R (Buntton)
Ein Gelb (Y) mit einem Rotanteil (R) von 90 %

S drückt lediglich aus, dass es sich um die zweite (second), die aktuelle Ausgabe des NCS-Systems handelt.

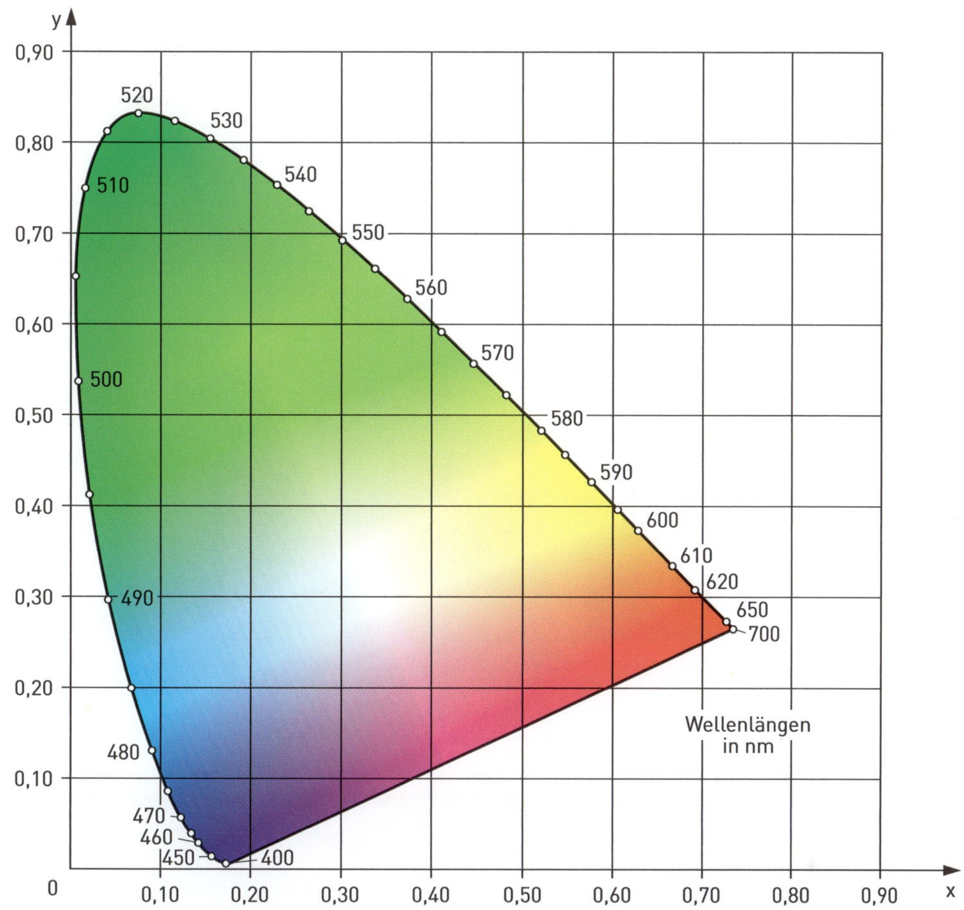

3

3 Normfarbtafel

4.2.3 Farbmaßsysteme

Farbmaßsysteme sind Farbordnungssysteme, die es ermöglichen, Farbtöne mit speziellen Geräten messbar zu machen. Die Bedingungen, unter denen Körperfarben mit diesen Geräten zu messen sind, wurden in der DIN 5033-Farbmessung festgelegt.

Normfarbtafel
Das bis heute am meisten verwendete Farbmaßsystem nach der DIN 5033 ist die CIE-Normfarbtafel von 1931 (CIE = Commission Internationale de l'Éclairage – Internationale Beleuchtungskommission). Gearbeitet wird nach dem Prinzip der additiven Farbmischung (→ 4.1.2), wobei die einzelnen Farbtöne in der Normfarbtafel festgelegt werden.

Der Farbtafel (Abb. 3) liegen Farbeinschätzungen sehr vieler, normalsichtiger Personen zugrunde. Deren Beobachtungen wurden zu einem „Normalbeobachter" durch Mittelwertbildung zusammengefasst. Um diesen vom „Normalbeobachter" wahrgenommenen dreidimensionalen Farbraum übersichtlicher (nach Farbart) darstellen zu können, wurde von der CIE ein Rechenverfahren entwickelt. Dies verteilt die Farben auf einer hufeisenförmigen Kurve. Die Gesamtheit möglicher Farben wird durch die das Hufeisen umgrenzende Spektralfarblinie (spektral reine Farben) sowie die untere Purpurlinie eingefasst.

Diese Fläche ist wiederum nur ein Schnitt durch einen Farbraum. Dieser erfasst zusätzlich die unbunten Anteile oberhalb und unterhalb der reinen Farbfläche.

1 Tageslicht mittags

2 Tageslicht bei Sonnenuntergang

3 Glühlampe

4 Leuchtstoffröhre

5 Raumbeleuchtung: Glühlampe

6 Raumbeleuchtung: Leuchtstofflampe

7 Raumbeleuchtung: Halogenlampe

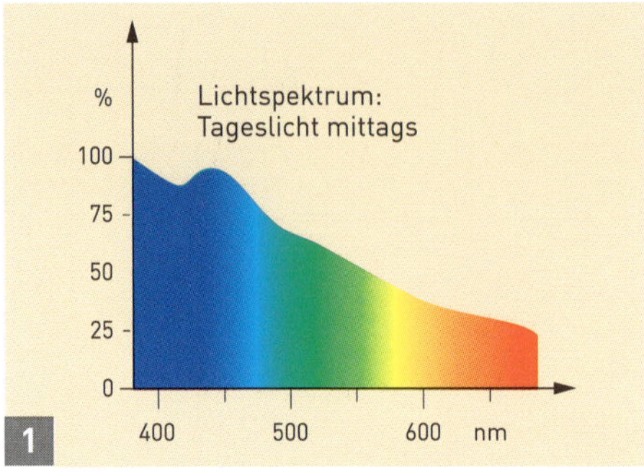

1

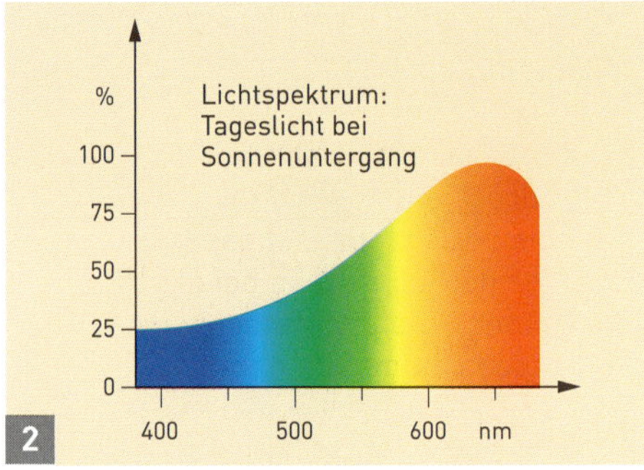

2

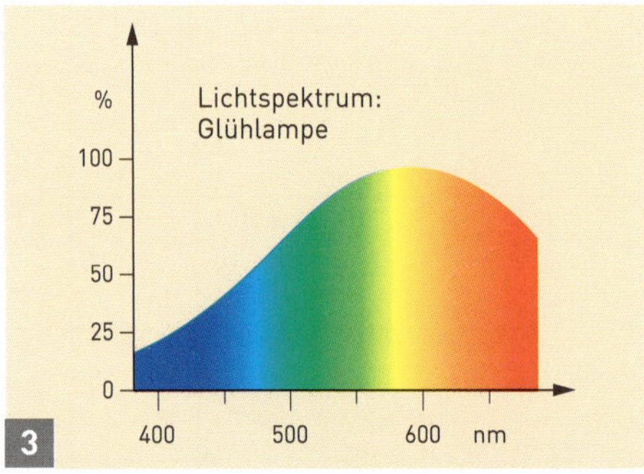

3

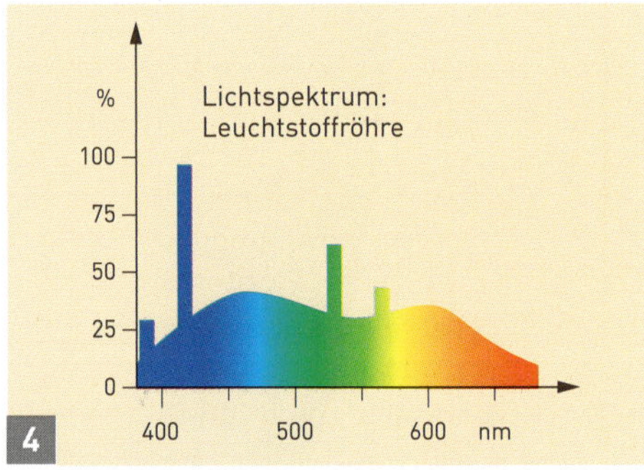

4

4.3 Farbe und Lichtquelle

Lichtquellen beeinflussen den Farbeindruck. Das Auge nimmt Bunttöne bei unterschiedlicher Beleuchtung unterschiedlich wahr, da die Abstrahlung (Emission) der Lichtquellen unterschiedlich ist (Abb. 1–4). So überwiegt z. B. beim Sonnenlicht am frühen Vormittag und am späten Nachmittag das angenehme, rötliche Lichtspektrum. Mittags hingegen ist ein hoher Blauanteil im Lichtspektrum enthalten.

Das unterschiedliche Aussehen gleicher Farbtöne, in Abhängigkeit von der spektralen Zusammensetzung der Lichtquelle wird **Metamerie** genannt. Aufgrund dieses Phänomens müssen die jeweiligen Lichtquellen mit den gewünschten Farbwirkungen bei jeder Farbplanung berücksichtigt werden (Abb. 5–7).

6

7

4.3.1 Lichtfarbe

Der unterschiedlich wahrgenommene Farbeindruck entsteht durch die Lichtfarbe. Sie bezieht sich auf das farbige Aussehen der Lichtquelle bei direkter Betrachtung. Die Lichtfarben werden in drei Gruppen aufgeteilt, denen entsprechende Farbtemperaturen in Kelvin (K) zugeordnet werden. Je höher dabei die Temperatur ist, desto weißer erscheint das Licht.

Das Licht mit der niedrigsten Farbtemperatur nennt man warmweißes Licht (ww), es erscheint gemütlich und behaglich. Darauf folgt das neutralweiße Licht (nw), das eine sachliche Stimmung erzeugt. Das Licht mit der höchsten Farbtemperatur ist das tageslichtweiße Licht (tw), das dem Tageslicht bei bewölktem Himmel entspricht und als sehr kalt empfunden wird (Tab. 1).

Tab. 1: Beispiele für Farbtemperaturen

Beispiele	Farbtemperatur (T_F)
Kerzenlicht	1500 K
Glühlampe (ww)	3000 K
Sonnenaufgang/ Sonnenuntergang	2000–3000 K
Halogenglühlampe	3400 K
Leuchtstofflampe (nw)	4000 K
Leuchtstofflampe (tw)	6000 K
Mittagssonne	5000 K
blauer Himmel	9000–18 000 K

Das kalte tageslichtweiße Licht besitzt eine sehr gute Farbwiedergabe und ist für den Einsatz in Lackierereien, technischen Bereichen und an Arbeitsplätzen, die zur Farbkontrolle und zum Farbtonabgleich genutzt werden, geeignet. Neutralweißes Licht mit guter Farbwiedergabe wird meist in Bad, Küche, Flur, Verkaufsraum oder Büro eingesetzt. In einem behaglich wirkenden Raum sollten trotz schlechter Farbwiedergabe Leuchtkörper mit warmweißem Licht eingesetzt werden, die einen hohen Rotanteil des Lichts zurückwerfen (Abb. 1–4, Emissionsspektren).

4.3.2 Farbwiedergabeindex

Die Farbwiedergabe beschreibt die Fähigkeit der Lampe, die Körperfarben korrekt und unverzerrt wiederzugeben. Die Farbwiedergabe wird durch die spektrale Verteilung des Lichtes, das Spektrum, beeinflusst. Der Farbwiedergabeindex (R_a) ist eine dimensionslose Zahl. Der höchste und damit beste zu erreichende Wert liegt bei $R_a = 100$. Das entspricht der ersten von vier Stufen. Die DIN 5035 unterteilt die Farbwiedergabe gemäß der Tabelle 2.

Tab. 2: Farbwiedergabestufen, DIN 5035 Teil 1, S. 8

Farbwiedergabestufe	Farbwiedergabeindex R_a	Farbwiedergabeeigenschaft
1A 1B	≥ 90 80 ... 89	sehr gut
2A 2B	70 ... 79 60 ... 69	gut
3	40 ... 59	genügend
4	20 ... 39	ungenügend

Die korrekte Farbwiedergabe bei künstlichem Licht ist bei der Betrachtung von Gegenständen sehr wichtig. Die unterschiedlichen Farbwiedergabeeigenschaften von Lampen führen auch bei gleicher Lichtfarbe zu unterschiedlich wahrgenommenen Farbtönen. Befindet sich z. B. in dem Spektrum einer Lichtquelle wenig Rot, so können die roten Körperfarben auch nur verfälscht wiedergegeben werden (Abb. 1, S. 110).

1 Unterschiedliche Farbwiedergabeeigenschaft, auf der rechten Seite des Fahrzeugs ist nur wenig Rot im Spektrum der Lichtquelle vorhanden

4.3.3 Direkt- und Reflexblendung

Zusätzlich zur Lichtfarbe und zur Farbwiedergabe sollte auf eine auf blendfreie Farbgestaltung geachtet werden.

Die **Direktblendung** ist eine Blendung, die unmittelbar durch Leuchten oder leuchtende Flächen hervorgerufen wird. Um eine Blendung zu umgehen, müssen Lampen abgeschirmt werden.

Eine **Reflexblendung** wird verursacht, wenn das Licht von z. B. Lampen, Leuchten oder Fenstern an spiegelnden oder glänzenden Oberflächen reflektiert wird.

Zur Vermeidung von Reflexblendung sollten helle Oberflächen, in denen sich das Licht spiegeln kann, matt oder entspiegelt gestaltet werden.

4.4 Farbe als Gestaltungsmittel

Bei der Farbgestaltung von Innen- und Außenräumen ist es für den Handwerker von großer Bedeutung, den richtigen Farbton für den entsprechenden Einsatz zu wählen. Farben bestimmen in hohem Maße die Wirkung von Räumen und deren Einrichtungsgegenständen. Mit Hilfe von Farben werden die Stimmung und der Charakter eines Raums beeinflusst. Ein Raum kann z. B. eine ruhige, anregende oder heitere Wirkung ausüben. Farben üben derart starke Reize auf den Menschen aus, dass Körperfunktionen, z. B. Blutdruck und Puls, beeinflusst werden können. Damit die Bewohner sich in ihrer Umgebung wohl fühlen, ist es notwendig, die Farbwirkungen im Einzelnen und in der Kombination mehrerer Farben zu kennen.

4.4.1 Farbpsychologie

Die Farbpsychologie beschäftigt sich mit den Gefühlen und Stimmungen, die bestimmte Farben hervorrufen. Obwohl die Farbwirkungen auf den Einzelnen je nach Geschlecht, Alter und sozialem Umfeld unterschiedlich sein können, ergeben sich für unseren Kulturkreis allgemeingültige Farbbevorzugungen.
Farben besitzen zum Einen symbolische Bedeutungen. So kann Rot mit Blut, Feuer und Leidenschaft in Verbindung gebracht werden. Zum Anderen werden mit bestimmten Farben spezielle Gefühle verbunden (assoziiert). Blau z. B. ruft die Assoziation von Himmel, Meer und Weite hervor. Des weitern beeinflussen Farben die Stimmungen des Menschen. Die Farbe Gelb wirkt jugendlich und strahlend und ruft dadurch eine fröhliche Stimmung hervor. In Tabelle 1 werden die wichtigsten Farben, deren symbolische Bedeutung in unserem Kulturkreis und deren Einfluss auf das Gemüt, beispielhaft aufgeführt.

Tab. 1: Farbwirkungen, Beispiele

Farbtonbereiche	Symbolik, Assoziation	Einfluss auf die Stimmung
Rot	Liebe, Feuer, Aktivität, Leidenschaft, Blut	aktivierend, erregend, mächtig, kraftvoll, erotisch, laut
Gelb	Sonne, Sommer, frisches Licht, Neid, Eifersucht, Krankheit	lebhaft, heiter, jung, anregend, strahlend, oberflächlich
Blau	Himmel, Meer, Ruhe, Kälte, Ferne, Treue, Vertrauen, Friede	ernst, fest, beruhigend, frisch, sauber
Blaugrün	Eis, Wasser, Kälte, Starre, Sachlichkeit, Distanz	kühl, frisch, technisch, zurückhaltend
Orange	Energie, Wärme, Freude, Sonnenglut	lebendig, mitteilsam, belebend, wärmend
Grün	Natur, Frühling, Fruchtbarkeit, Hoffnung, Sicherheit, Normalität	natürlich, beruhigend, frisch, friedlich, schlicht
Violett	Glaube, Mystik, Alter, Schatten, Depression	magisch, feierlich, zwiespältig, melancholisch
Rotviolett (Purpur)	Würde, Reichtum, Königlichkeit, Reife, Alter	festlich, feierlich, würdevoll, prachtvoll
Braun	Erde, Bequemlichkeit, Anpassung, Schwere	behäbig, passiv, robust, beständig
Weiß	Schnee, Kälte, Reinheit, Unschuld, Vollkommenheit, Friede, Verletzlichkeit	unnahbar, steril, zeitlos, schwebend, feierlich
Grau	Intelligenz, Neutralität, Würde, Sachlichkeit, Langeweile, Verfall	vornehm, unauffällig, seriös, gedämpft, zeitlos
Schwarz	Unheil, Trauer, Tod, Angst, Nacht, Böses, Stabilität	ernst, traurig, negativ, finster, schwer, seriös

1 Farbe-an-sich-Kontrast

2 Hell-Dunkel-Kontrast

3 Kalt-Warm-Kontrast

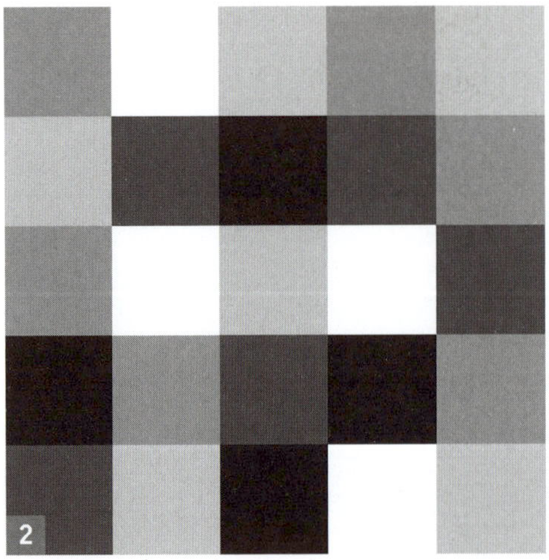

4.4.2 Farbkontraste

Bei der Erstellung eines Farbplanes wird in der Regel mit mehr als einem Farbton gearbeitet. Das Zusammenwirken von mindestens zwei Farbflächen lässt sich durch die in Tabelle 1 aufgeführten Farbkontraste von Johannes Itten beschreiben.

Tab. 1: Farbkontraste nach J. Itten

Farbe-an-sich-Kontrast
Hell-Dunkel-Kontrast
Kalt-Warm-Kontrast
Komplementärkontrast
Qualitäts- oder Sättigungskontrast
Quantitätskontrast (Proportionskontrast)
Simultan- und Sukzessivkontrast

Man spricht von einem Farbkontrast, wenn zwischen zwei nebeneinander liegenden Farbflächen deutliche Unterschiede zu erkennen sind. Die fünf wichtigsten Kontraste für das Malerhandwerk werden nachfolgend beschrieben.

- **Farbe-an-sich-Kontrast**
  Der Farbe-an-sich-Kontrast ist der einfachste Kontrast, es wirken lediglich nebeneinander gestellte reine Farben. Der stärkste Farbe-an-sich-Kontrast entsteht bei der Gestaltung mit Primärfarben. Die Wirkung des Kontrastes ist sehr auffällig, kraftvoll und bunt. Durch Verwendung von Sekundär- und Tertiärfarben verringert sich die Wirkung.

- **Hell-Dunkel-Kontrast**
  Der Hell-Dunkel-Kontrast ist der wichtigste Kontrast für die Gestaltung, da die Verwendung des Kontrasts immer eine harmonische Wirkung erzielt. Schwarz und Weiß bilden den stärksten Kontrast bei den unbunten Farben, die Komplementärfarben Gelb und Violett bei den bunten.

Je näher die Farben im Farbkreis zusammen liegen, desto abgeschwächter wird die Wirkung des Hell-Dunkel-Kontrastes. Durch den Einsatz von hellen, strahlenden, in Kombination mit dunklen, in den Hintergrund tretenden Farbtönen entsteht eine verstärkte räumliche Wirkung. Werden kleine, enge Räume mit hellen Wandfarben gestrichen, so wirken die Zimmer größer.

- **Kalt-Warm-Kontrast**
  Eine Farbgestaltung mit dem Kalt-Warm-Kontrast ruft starke, meist entgegengesetzte, Eindrücke hervor (z. B. Sommer und Winter, Licht und Schatten, Ruhe und Erregung). Wird ein Raum in warmen Farbtönen gestrichen, so wird er bis zu 3 Grad wärmer empfunden, als derselbe Raum in kalten Farbtönen. Obwohl die Farbempfindungen beim Menschen unterschiedlich sind, sind die Ansichten über warme und kalte Farben gleich. Blaugrün wird als die kälteste Farbe im Farbkreis angesehen, die komplementäre Farbe Rotorange als wärmste. Je enger zwei Farben im Farbkreis beieinander liegen, desto geringer fällt der Kalt-Warm-Kontrast aus. Da warme Farben sich in den Vordergrund drängen, während kalte in den Hintergrund treten, wird bei einer Gestaltung mit kalten und warmen Farben die räumliche Wirkung vertieft. Ein kalter Deckenfarbton lässt selbst einen niedrigen Raum höher erscheinen.

- **Komplementärkontrast**
  Einen Komplementärkontrast bilden alle Farben, die sich im zwölfteiligen Farbkreis gegenüberstehen und die in ihrer Mischung als Körperfarbe ein neutrales Grau ergeben. Alle komplementären Farbenpaare bilden die größte Verschiedenheit innerhalb der Bunttöne und steigern sich dadurch zur höchsten Leuchtkraft. Komplementärfarbe bedeutet Ergänzungsfarbe, das heißt, die jeweiligen Farben ergänzen sich. Sie ergeben ein vollkommenes Gleichgewicht und bilden immer einen harmonischen Zweiklang. Achtung ist bei der Gestaltung mit Farben gleicher Helligkeit (Rot und Grün) geboten, es entstehen so starke Spannungen, dass ein Flimmereffekt vor dem Auge entsteht.

4 **Komplementärkontrast**

5 **Qualitäts- oder Sättigungskontrast**

- **Qualitäts- oder Sättigungskontrast**
  Die Spannung des Qualitätskontrastes entsteht durch die Kombination zwischen reinen (gesättigten) und gebrochenen (ungesättigten) Farben. Je größer die Sättigungsdifferenz ist, desto stärker erscheint der Kontrast, wobei die Farbintensität der reinen Farbe unterstrichen wird. Die gesättigten Farben wirken in einer Gestaltung immer nach vorne, wohingegen die ungesättigten nach hinten treten. Reine Farben werden in ihrer Leuchtkraft (Sättigung) reduziert, durch Zugabe von Schwarz, Weiß, Grau oder ihrer Komplementärfarbe.

1 bis 3
Gestaltungselement
Punkt

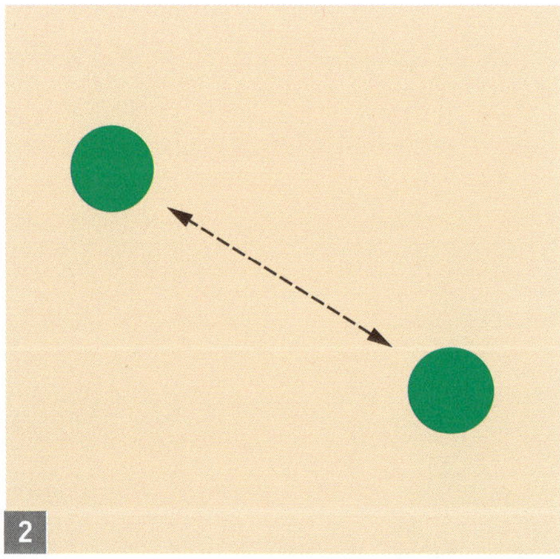

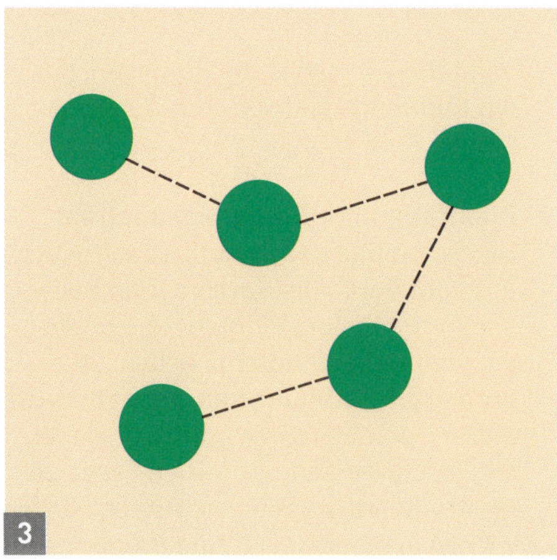

4.5 Gestaltungsgrundlagen

Der Gesamteindruck einer Fläche wird nicht nur durch Farbe, sondern auch durch das Gestaltungselement „Form" bestimmt. Formen schaffen Übersichtlichkeit für das Auge. Sie helfen, zu ordnen oder zu unterteilen. So können beispielsweise großflächige Objekte mit Hilfe von geschickten Formengestaltungen optisch verkleinert werden. Auch die Wiedererkennbarkeit von Logos kann durch eine klar gegliedert Form erhöht werden.

4.5.1 Gestaltungselemente Punkt, Linie und Fläche

Im Wesentlichen sind die Gestaltungselemente auf die drei Grundformen Punkt, Linie und Fläche in der zweidimensionalen Gestaltung zurückzuführen.

Formenwirkungen

Der Punkt ist die kleinste, einfachste Gestaltungsform. Er zieht den Blick sofort auf sich. Der Punkt wirkt immer statisch fest und ist niemals richtungsweisend (Abb. 1).

Bei einer Gestaltung mit zwei Punkten wirken diese zusammen. Die Punkte stehen in einer engen Beziehung, da das Auge zwischen den Punkten hin und her wandert (Abb. 2).

Beim Einsatz von mehr als zwei Punkten ergibt sich eine Richtung, weil eine imaginäre Linie entsteht. Durch die imaginären, optischen Linien wirken mehrere Punkte in ihrer Gesamtheit zusammen (Abb. 3).

Die Linie ist, im Gegensatz zum festen Punkt, immer richtungsweisend. Die Linien werden in geometrische (waagerechte, senkrechte, diagonale, gebogene) und organische (freie Linien, die sich aus den Formen der Natur ableiten) unterteilt.

- Die **waagerechten (horizontalen) Linien** vermitteln immer den Eindruck von Stabilität, Ferne, Distanz, Weite und Kälte, da sie an den Horizont erinnern.
- Die **senkrechten (vertikalen) Linien** stehen optisch dichter vor dem Betrachter. Sie sind statisch weniger stabil und erwecken das Gefühl von Nähe und Wärme, weil sie wie aufstrebendes Feuer wirken.
- **Die Diagonale** steht in ihrer Wirkung zwischen der Waagerechten und der Senkrechten, sie hat somit etwas von Nähe und von Distanz und wirkt immer harmonisch in einer Gestaltung.
- Geometrisch **konstruierte Kurven**, wie Halbkreis- und Spitzbögen, wirken lebendig und können im Übermaß zu Unruhe in der Gesamtform führen.
- **Organische, frei geschwungene Linien**, wie Blätter, die man in der Natur findet, werden immer vor streng geometrischen wahrgenommen. Sie bringen Bewegung ins Bild und benötigen, um harmonisch zu wirken, einen Ausgleich in Form von senkrechten oder waagerechten Linien.

Die Fläche hat zwei Dimensionen. Sie dehnt sich in Länge und Breite aus. Flächen werden in geometrische Formen wie Dreieck oder Rechteck und in organische, z. B. Kristall oder Blattformen, unterteilt.

Alle Flächen lassen sich auf die drei „Urformen" (Dreieck, Quadrat, Kreis) zurückführen. In der Gestaltung mit Flächen sollte möglichst nur mit den Grundformen gearbeitet werden, da einfachste, stilisierte Formen am leichtesten verstanden und behalten werden.

- Eine gestalterische Anordnung mit **Quadraten** wirkt harmonisch, kann aber schnell langweilig werden.
- **Dreiecke** sind in einer Komposition dominant. Durch eine nach oben zeigende Spitze entsteht eine starke Aufwärtsbewegung.
- Der **Kreis** als Zeichen der vollkommenen Geschlossenheit ist harmonisch und zugleich spannungsgeladen. Kreise können problemlos mit jeder anderen Gestaltungsform kombiniert werden.
- Bei der Verwendung von **organischen Flächen** sollten diese nicht realistisch abgebildet werden. Man stellt nur das Wesentliche dar, geht dabei in eine flächenhafte, einfache, stilisierte Wiedergabe in den Grundformen.

4 **Waagerechte Architekturgestaltung**

5 **Diagonale Gestaltung**

4

5

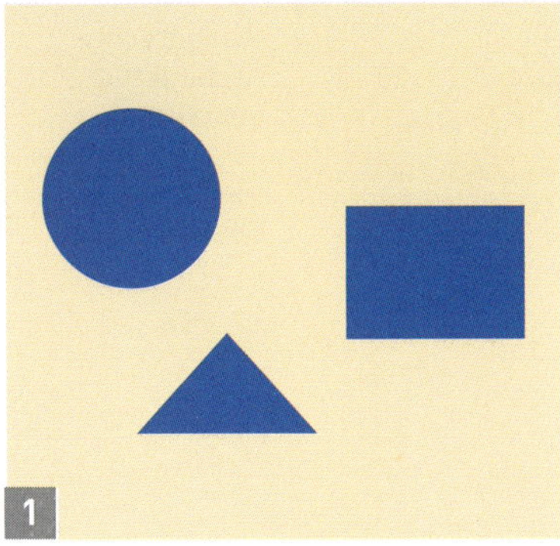

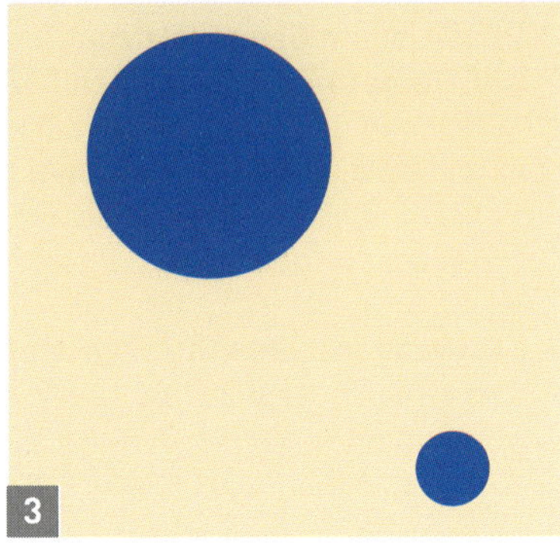

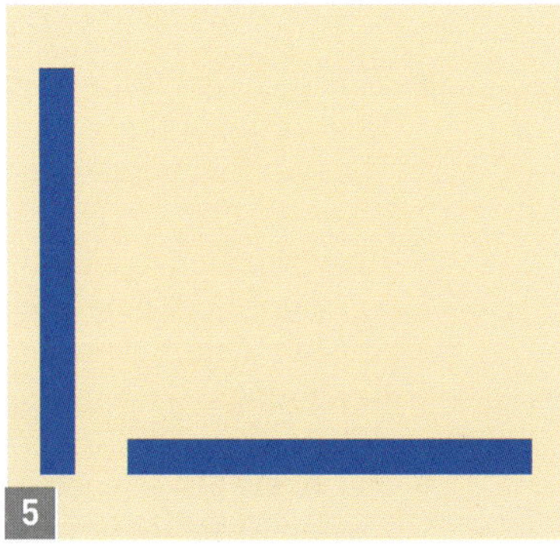

1 Form-an-sich-Kontrast

2 Form-an-sich-Kontrast (abgeschwächte Wirkung)

3 Quantitätskontrast (groß/klein)

4 Quantitätskontrast (lang/kurz)

5 Richtungskontrast (waagerecht/senkrecht)

6 Richtungskontrast (diagonal)

4.5.2 Formenkontraste

Ebenso wie bei der Farbgestaltung kann eine Gestaltung mit Formen durch die Anwendung von Kontrasten belebt werden, da gegensätzliche Formen sich stärker voneinander abheben. In der Hauptsache unterscheidet man drei Formenkontraste, den Form-an-sich-, Quantitäts- und Richtungskontrast.

- **Form-an-sich-Kontrast**
  Bei dem Form-an-sich-Kontrast bilden die drei Grundformen Rechteck, Dreieck, Quadrat (ähnlich wie der Farbe-an-sich-Kontrast mit den drei Primärfarben Rot, Blau, Gelb) den einfachsten und zugleich stärksten Kontrast (Abb. 1).

  Werden die Grundformen durch Addition oder Subtraktion verändert, schwächt sich die Wirkung ab (Abb. 2).

- **Quantitätskontrast**
  Bei der Verwendung des Quantitätskontrastes beleben Mengenunterschiede, z. B. viel/wenig, groß/klein, lang/kurz, dick/dünn, die Gesamterscheinung (Abb. 3–4).

- **Richtungskontrast**
  Richtungskontrast kann sich auf den Unterschied von horizontal und vertikal beziehen, also auf ein Gestaltung mit waagerecht und senkrecht gruppierten Formen (Abb. 5) oder auch auf diagonal angeordnete Strömung und Gegenströmung (Abb. 6).

4.5.3 Formenanordnung

Um Flächen mit Formen zu unterteilen und harmonisch zu gestalten, können die einzelnen Formen in drei verschiedenen Anordnungen arrangiert werden.

- **Reihung**
  Unterschiedliche Reihungen werden erreicht durch Wiederholung gleicher oder ähnlicher Elemente.

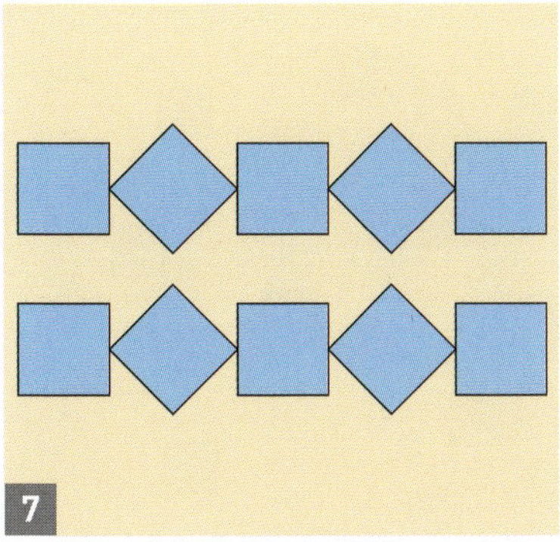

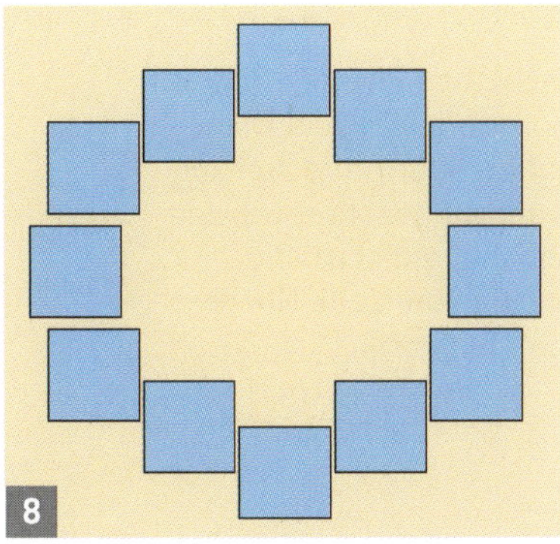

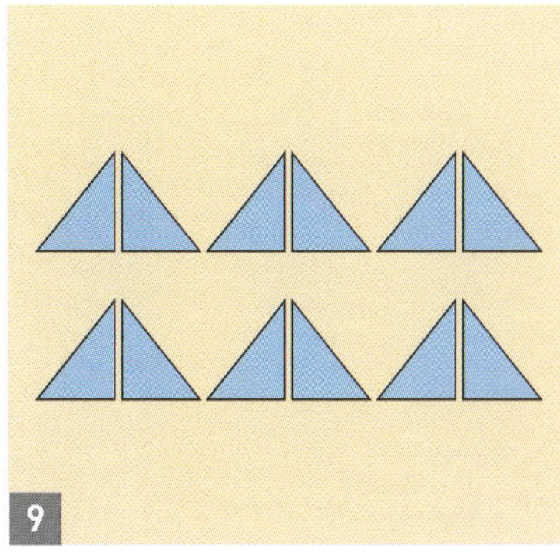

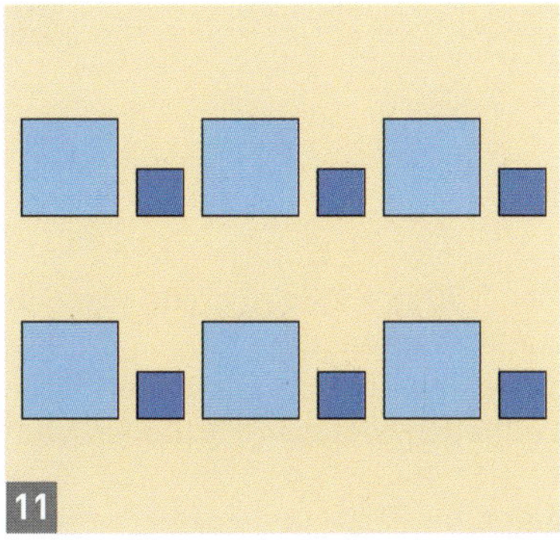

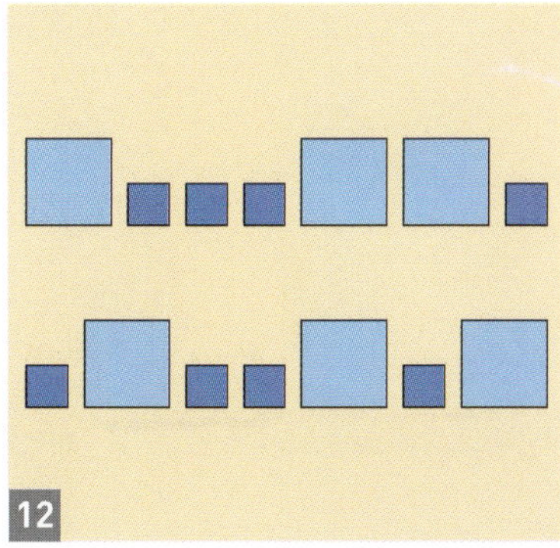

- **Gruppierung**
  Stellt man sich wiederholende Einzelelemente einer Reihe aneinander, entstehen gemusterte Flächen. Die entstandenen Gruppierungen, auch Verdichtung genannt, können sowohl symmetrische, als auch asymmetrische Gruppen ergeben.

7 Drehung gleicher Elemente

8 Anordnung gleicher Formen um einen Mittelpunkt

9 Spiegelung gleicher Elemente

10 Abwechslung ähnlicher Elemente

11 Rhythmische Reihen durch verschieden große, gleiche Formen

12 Wiederholung ähnlicher Formen in unregelmäßiger Reihe

13 Symmetrische Gruppierungen

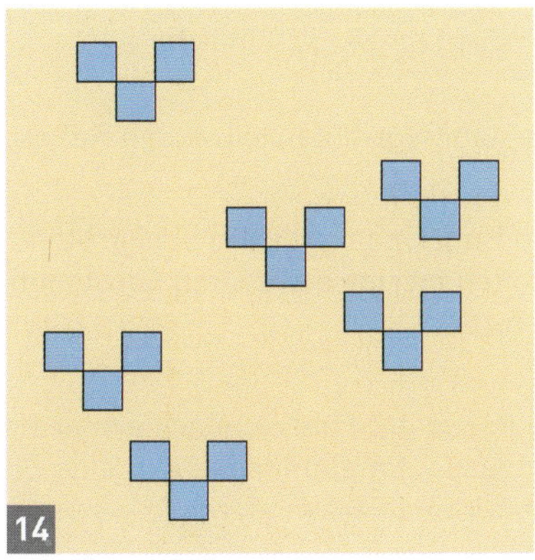

14 Asymmetrische Gruppierungen

1 Streuung

■ **Streuung**
Ordnet man dieselben Formen in größtmöglicher Unordnung an, so spricht man von Streuung oder Auflockerung. Hierbei muss darauf geachtet werden, dass eine möglichst gleichmäßige Verteilung, also das optische Gleichgewicht beibehalten wird.

1

Aufgaben

1. Die fensterlose 5,50 m × 2,30 m große Wand des Speiseraums im Waldkindergarten soll neu gestaltet werden.
a) Fertigen Sie einen Entwurf an, und erklären Sie den Erzieherinnen, weshalb Sie die Wand in hellen, warmen Farbtönen und in den Grundformen gestalten möchten.
b) Angenommen Ihr Farb- und Formkonzept wird in 3 Farbtönen gehalten, die sich auf je 25 %, 65 % und 10 % Anteile der Wandfläche verteilen. Wie viel ml Acryldispersionsfarbe benötigen Sie von der jeweiligen Farbe bei einem zweimaligen Anstrich?

2. a) Welche Primärfarben ergänzen sich zu weiß?
b) Wie nennt man diese Farbmischung?

3. a) Welche Farbenpaare ergänzen sich im Idealfall zu schwarz?
b) Wie nennt man diese Farbmischung?

4. Erklären Sie den Begriff der teilweisen Reflexion anhand einer roten Haustür.

5. Aus welchen Bunttönen mischen Sie Farbtöne Blaugrün, Orangerot und Violett? Ordnen Sie allen hierbei benötigten Farbtönen die Begriffe Primär-, Sekundär- und Tertiärfarben zu.

6. Ihr Chef möchte in der Fahrzeuglackiererei eine neue Beleuchtungsanlage installieren lassen. Empfehlen Sie ihm eine Beleuchtung, indem Sie die Begriffe Farbtemperatur und Farbwiedergabe verwenden.

7. Sie sollen für einen Kunden den Farbton seines Wohnzimmers zum Zweck von Ausbesserungsarbeiten genau nachmischen.
In Ihrer Werkstatt arbeiten Sie unter dem Licht einer Leuchtstoffröhre. Das Wohnzimmer des Kunden wird von Glühlampen beleuchtet. Erklären Sie, welche Wirkung eintreten kann.

4.6 Beschriftungen

Eine Aufgabe des Malers und auch des Fahrzeuglackierers ist es, Beschriftungen auszuführen.

In der Regel macht der Auftraggeber mehr oder weniger genaue Vorgaben, welcher Text enthalten sein soll, ob Bilder oder Piktogramme dazu gesetzt werden sollen und welche Wirkung erzeugt werden soll. Der die Beschriftung ausführende Fachmann muss dann den Vorgaben entsprechend z. B.

- die Schriftarten auswählen,
- die Schriftgrößen bestimmen,
- über Platzierung der Zeilen entscheiden,
- Farben auswählen und
- das passende Verfahren für das Anbringen der Beschriftung anwenden.

Für diese vielfältigen Entscheidungen braucht der Auftragnehmer ein breites Wissen über Schriften. Außerdem muss er ein Gespür für das passende Aussehen einer Beschriftung entwickeln.

4.6.1 Schriftarten

Die Handschrift jedes Menschen hat ihre charakteristischen Besonderheiten und sagt etwas über den Menschen aus. Genauso ist es mit Schriften, die gedruckt oder sorgfältig mit Pinsel geschrieben werden. Jede Schriftart hat bestimmte Merkmale, die sie in einzigartiger Weise wirken und sie deshalb für bestimmte Zwecke besser geeignet erscheinen lassen.

Handgeschriebene Schriften
Bis zur Erfindung des Buchdrucks Mitte des 15. Jahrhunderts wurde jedes Schriftstück mit der Hand geschrieben.

Die Schreibgeräte und Schreibuntergründe waren sehr unterschiedlich:

- Gespitzte Holzstöcke oder Knochen, mit denen in Wachs oder nassen Ton geritzt wurde (überschreibbar).
- Federkiele und Pinsel, mit denen Tinte auf Pergament (dünnes Leder) und später auf Papier geschrieben wurde.
- Für besonders dauerhafte Inschriften wurde der Text in Stein graviert.

Je nach Beschriftungsverfahren ergab sich ein bestimmtes Aussehen der Schrift.

Jeder Schreiber hatte auch seinen eigenen Duktus, d. h. eine bestimmte Art und Weise zu schreiben. Weil alle Schriftstücke von Hand abgeschrieben werden mussten, veränderte sich im Laufe der Jahrhunderte die in einer Gegend üblicherweise verwendete Schrift, die dann je nach Verwendungszweck mehr oder weniger sorgfältig ausgeführt wurde.

2 **Entwicklung der europäischen Schriften**

1 Unterschied zwischen Gleichstrich- und Wechselstrichschrift

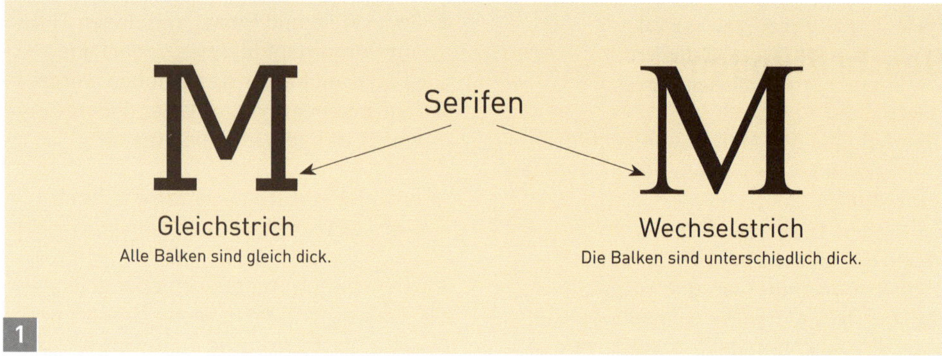

Gedruckte Schriften

Mit der Erfindung des Buchdrucks wurde es möglich, Schriftstücke in beliebig großer Zahl mit identischem Aussehen zu produzieren. Die verwendete Schrift wurde unabhängig vom Hersteller des Schriftstücks.

Zunächst kopierten die Druckletternhersteller das Aussehen der gebräuchlichen Handschriften, erst später entwarfen sie auch Schriftarten, die per Hand nicht geschrieben werden konnten. Seit dem 19. Jahrhundert entstand eine Vielzahl von verschiedenen Schriftarten, die sehr unterschiedlich aussahen.

Viele Firmen ließen eigene Schriftarten entwickeln, die zu einem einheitlichen Erscheinungsbild des Unternehmens (Corporate Design) beitragen sollten.

Mit dem Erstellen von Schriftsätzen am Computer sind die Möglichkeiten der Schriftgestaltung praktisch unbegrenzt. Damit bei Tausenden von Schriften, die auf einem Computer verwendet werden können, nicht der Überblick verloren wird und die Auswahl einer Schrift nicht nach Zufall erfolgt, muss man die Eigenheiten von Schriftgruppen kennen. Dann ist auch die Wirkung einer Schriftart einzuschätzen und kann passend für den entsprechenden Zweck ausgewählt werden.

Aufgrund von gemeinsamen Merkmalen lassen sich einzelne Schriftgruppen zusammenfassen. Die Unterscheidungskriterien sind allerdings recht unterschiedlich; die wichtigsten sind im Folgenden genannt.

4.6.2 Antiqua-Schriften

Vorbild für Antiqua-Schriften ist die Römische Capitalis, eine vor allem in Stein gemeißelte Schrift der römischen Antike. Während der Renaissance und im Barock entstanden eine Menge Variationen dieser Schriftgruppe. Kennzeichen sind der Wechselstrich und die Serifen. Antiqua-Schriften wirken vornehm und sind auch bei größerer Textmenge gut zu lesen. Deshalb werden sie auch heute noch für z. B. Bücher und Zeitungen verwendet (Abb. 1).

4.6.3 Grotesk-Schriften

Grotesk-Schriften wurden im 19. Jahrhundert entwickelt, zunächst für Überschriften, später auch für Mengentext. Kennzeichen sind der Gleichstrich und die fehlenden Serifen. Dadurch ergibt sich ein klares, gut lesbares Schriftbild, das allerdings etwas nüchtern wirken kann. Diese Schriften werden vor allem bei technischen oder informativen Texten eingesetzt.

4.6.4 Gebrochene Schriften

Kennzeichen der gebrochenen Schriften ist die Betonung der senkrechten Linien. Rundungen werden in gerade Linien aufgebrochen. Diese Schriften waren auch als gedruckte Schriften bis zum Ende des 2. Weltkrieges vor allem im deutschen Sprachraum üblich. Heute sind sie als Mengentext schwer zu lesen.

Gebrochene Schriften, vor allem die sehr blockhaften gotischen Schriften oder auch Frakturschriften, wirken starr und altertümlich.

Eine Besonderheit bei gebrochenen Schriften ist das lange „S“. Dieses S wird in der Mitte eines Wortes oder einem Teil eines zusammengesetzten Wortes verwendet. Bei Computer-Schriften ist dies meist nicht im Schriftsatz vorhanden.
Als VERSALSCHRIFT (Großbuchstabenschrift) sollten gebrochene Schriften nie verwendet werden, da sie kaum lesbar sind.

2 Fassadenbeschriftung: Richtige Verwendung des „S“

4.6.5 Schreibschriften

Diese gedruckten Schriften sind an die Handschrift angelehnt. Allerdings wirken sie durch die technische erzeugte Regelmäßigkeit nicht so lebendig wie eine Handschrift. Schreibschriften werden eingesetzt, um Individualität auszudrücken. Allerdings sind viele Schreibschriften in großer Menge schlecht zu lesen, das gilt auch für die Verwendung als VERSALSCHRIFT.

4.6.6 Variation einer Schriftart

Die Eigenheiten der verschiedenen Schriftgruppen können mit Hilfe eines Computers in allen Variationen gemischt und mit zusätzlichen Elementen bereichert werden. Dadurch ergibt sich eine Vielzahl an unterschiedlichen Schriftarten.

Man kann aber auch jede Schriftart allein durch den Schriftschnitt, d. h. durch Veränderung der Balkenstärke, der Buchstabenabstände und dem Verhältnis von Schrifthöhe und Schriftbreite auf vielfältige Weise variieren.

Schriftschnitte

Normal:
➡ Jede Schriftart kann auf vielfältige Weise variiert werden.

Fett: Die Balkenstärke wird größer.
➡ **Jede Schriftart kann auf vielfältige Weise variiert werden.**

Kursiv: Die Achsen der Zeichen sind nach rechts geneigt.
➡ *Jede Schriftart kann auf vielfältige Weise variiert werden.*

Weit: Die Buchstabenabstände sind größer.
➡ Jede Schriftart kann auf vielfältige Weise variiert werden.

Eng: Die Buchstabenabstände sind klein.
➡ Jede Schriftart kann auf vielfältige Weise variiert werden.

Schmal: Die Schrifthöhe ist groß im Verhältnis zur Schriftbreite.
➡ Jede Schriftart kann auf vielfältige Weise variiert werden.

Lang: Die Schriftbreite ist groß im Verhältnis zur Schrifthöhe.
➡ Jede Schriftart kann auf vielfältige Weise variiert werden.

4.7 Typografische Regeln

4.7.1 Grundbegriffe

Die Fachbegriffe der Schriftgestaltung sollte der Fachmann einheitlich verwenden, damit keine Missverständnisse entstehen (Abb. 1).

Grundlinie
Die Basislinie, auf der die Schrift ausgerichtet wird. Rundungen von Buchstaben werden ein wenig unter die Grundlinie gezogen.

Unterlänge
Alle Linien und Bögen einzelner Buchstaben, die unter die Grundlinie reichen.

Oberlänge
Alle Linien und Bögen, die über die Mittellinie ragen.

Schrifthöhe
Entfernung vom untersten Punkt des Schriftzuges zum obersten. Bei Schriftzügen ohne Unterlängen ist die Schrifthöhe einer Schriftart kleiner.

Schriftbreite
Länge des Schriftzugs vom äußersten rechten Punkt zum äußersten linken.

Versalie (Majuskel)
Großbuchstaben. Eine Versalschrift ist eine Schrift aus lauter Großbuchstaben.

Gemeine (Minuskel)
Kleinbuchstaben.

Spationierung
Damit ein gleichmäßiges Schriftbild entsteht, sind die Abstände der Buchstaben außer bei einer Proportionalschrift nie gleich groß (optischer Ausgleich). Wie weit ein Buchstabe vom anderen entfernt ist, hängt davon ab, wie viel Leerraum bei der Kombination von zwei Buchstaben aufeinander trifft. Bei viel Leerraum müssen die Buchstaben zusammengeschoben werden, unter Umständen so weit, dass sie sich überschneiden. Wenn geschlossene Flächen aufeinandertreffen, z. B. zwei Balken, müssen die Buchstaben auseinandergeschoben werden.

Die Spationierung wird bei vielen Computerschriften nur sehr ungenau ausgeführt, sodass sie vor dem Aufbringen der Schrift auf jeden Fall überprüft und möglicherweise korrigiert werden muss (Abb. 2).

2

1

1 Grundbegriffe

2 Spationierung

4.7.2 Anordnung der Elemente

Bei der Beschriftung einer Fläche werden verschiedene Schriftblöcke miteinander kombiniert aufgebracht. Jeder Schriftblock kann aus mehreren Schriftzügen bestehen, die wiederum mehrere Wörter enthalten. Zusätzlich werden häufig noch grafische Elemente oder Bilder mit eingesetzt.

Die typografische Anordnung der verschiedenen Teile der Beschriftung entscheidet darüber, ob sie als gelungen angesehen wird, d. h. ob der Kunde zufrieden ist, oder nicht.

Für die Anordnung von Beschriftungselementen gibt es einige Regeln, die man einhalten sollte. Gegen die Regeln kann man aber auch bewusst verstoßen, um eine besondere Wirkung zu erreichen.

- **Der Zweck bestimmt die Gestaltung**
  Jede Beschriftung erfüllt einen bestimmten Zweck, z. B. zur Information oder Werbezwecken, Beschriftung eines Gebäudes oder Fahrzeuges. Die Beschriftung muss diese Zusammenhänge berücksichtigen.

- **Nicht nur messen, sondern auch optisch beurteilen**
  Die Abstände von Schriftblöcken werden zwar sehr genau gemessen um eine schiefe Platzierung zu vermeiden. Trotzdem muss die Gesamtwirkung der Anordnung immer wieder überprüft werden, damit keine ungewollten Proportionen entstehen. Dies gilt besonders für Schriftarten mit lang gezogenen Unterlängen und weit nach links und rechts ausladenden Bögen.

- **Die Beschriftung sollte lesbar sein**
  Wesentliche Aufgabe einer Beschriftung ist die Vermittlung von Informationen. Dies kann nur gelingen, wenn die Schrift lesbar ist. Dazu muss beachtet werden, wie viel Zeit dem Betrachter bleibt, um z. B. ein Schild zu sehen und aus welcher Entfernung er es sieht. Meist werden bestimmte Schriftblöcke, die die wichtigsten Informationen enthalten, hervorgehoben.

3

3 **Fahrzeugbeschriftung**

4 **Gehäufte Anwendung von Schrifthervorhebung**

Zum Hervorheben gibt es neben den oben genannten Variationen einer Schriftart eine Reihe von weiteren Möglichkeiten, die einzeln oder kombiniert angewendet werden können:

- Farbe,
- Schatten,
- Dreidimensional,
- Drehen,
- geschwungene Schriftlinie und Bogen,
- Strukturen.

Hier gilt der Grundsatz „weniger ist mehr", denn wenn zu viel hervorgehoben ist, sticht nichts mehr ins Auge.

4

1 Pausen

2 Buchstaben-schablonen

4.8 Beschriftungstechniken

Die Technik zur Ausführung einer Beschriftung hängt von folgenden Faktoren ab:

- Rauer oder glatter Untergrund,
- Größe der Beschriftung,
- Anzahl der Beschriftungen,
- gewünschte Haltbarkeitsdauer.

Ziel ist es, die Beschriftung mit möglichst wenig zeitlichem Aufwand und damit kostengünstig dem Zweck entsprechend zu erstellen.

4.8.1 Konstruieren

Kurze und relativ große Schriftzüge können direkt auf dem Untergrund aufgezeichnet und anschließend ausgemalt werden. Dies ist allerdings nur bei Schriftarten mit klaren geometrischen Formen rationell durchführbar.

Der Vorteil dieses Verfahrens liegt darin, dass man eine größere Gestaltungsfreiheit bei der Ausgestaltung der Schrift hat. Außerdem kann man damit auch sehr raue und unebene Untergründe beschichten.

4.8.2 Pausen

Werden kompliziertere größere Schriften und Formen auf den Untergrund aufgebracht ist es sinnvoll, eine Pause zu erstellen.
Dazu wird der Schriftzug auf ein faserfreies Pauspapier übertragen und die Konturen anschließend perforiert – entweder mit einer Nadel oder mit einem Pausrädchen.

Das so durchlöcherte Papier wird dann auf der Fläche ausgerichtet und mit einem Pausbeutel entlang der Löcher „gestupft". Der Pausbeutel besteht aus einem Tuch, das zu einem Beutel gebunden wird. Darin befindet sich ein zur Farbe des Untergrundes kontrastierendes Pigment. Nach dem Entfernen des Pauspapiers ist die gepunktete Kontur der Schrift auf der Fläche sichtbar. Nun kann die Schrift mit geeigneten Farben ausgemalt werden, wobei darauf zu achten ist, dass das Paus-Pigment das Gemalte nicht verfärbt.

4.8.3 Schablonieren

Die Beschriftung mit Hilfe von Schablonen eignet sich besonders, wenn eine große Stückzahl des gleichen Schriftzugs aufgebracht werden muss, z. B. die Beschriftung einer Tiefgarage mit Nummern und Pfeilen.

1

2

3 Schablonierte Schrift mit Verlauf

4 Markierungen in einer Tiefgarage

Gegenüber dem Kleben von Folienbuchstaben hat das Schablonieren den Vorteil, dass man durch Verläufe, Schattierungen und Glanzlichter zusätzliche Effekte erzielen kann.

Die Schablone besteht entweder aus Blech, einer stabilen Kunststofffolie oder einem speziellen, wasserbeständigen und faserfreien Papier.

Beim Ausfüllen der Schablone muss man darauf achten, dass der Beschichtungsstoff nicht zu dünnflüssig ist und nur in geringer Schichtdicke aufgetragen wird. Wenn dies nicht beachtet wird, läuft die Farbe unter die Schablone und die Konturen der Schrift sehen dann entsprechend unsauber aus.

Deshalb wird auf die Schablone, mit ganz wenig Farbe und mit Hilfe eines Stupfpinsels, gestupft. Alternativ kann mit einer Spritzpistole nur leicht „angenebelt" werden.

Bei nicht geklebten Schablonen entsteht das Problem, dass die Binnenformen, die bei vielen Buchstaben vorhanden sind, durch Stege mit dem Äußeren verbunden sein müssen. Dies verleiht einer schablonierfähigen Schrift ein besonderes Aussehen.

4.8.4 Kleben

Eine moderne Methode zur Beschriftung ist das Kleben von selbstklebenden Folien. Die Folien bestehen meist aus PVC in unterschiedlichen Stärken und Farben. Sie sind auf der Rückseite mit einem Acrylkleber beschichtet, der je nach Verwendungszweck und -dauer eine unterschiedliche Klebkraft haben kann. Die Folie ist auf einem Trägerpapier aufgebracht, auf dem sie nur schwach haftet (→ LF 8).

Beschriftungen mit Selbstklebefolien können sehr schnell erstellt werden, vor allem, wenn große Stückzahlen der gleichen Art verlangt werden. Sie können auch wieder leicht entfernt werden, indem man die Folie mit einem Fön erwärmt und abzieht. Kleberreste können mit einem Lösemittel beseitigt werden.
Klebefolien sind nicht für alle Untergründe geeignet. Bei rauen Untergründen drücken sich die Erhebungen durch die Folie und bei unebenen Flächen lässt sich die Folie nicht faltenfrei aufziehen.

Arbeitsschritte
Die folgenden Arbeitsschritte zeigen die Entstehung einer Klebebeschriftung.

1. Ein Schneideplotter schneidet zunächst die Konturen der Schrift in die Folie.

2. Die umliegende Folie wird entfernt.

3. Das Trägerpapier wird möglichst knapp abgeschnitten.
4. Eine in der Breite passende Übertragungsfolie wird blasen- und faltenfrei auf die geschnittene Schrift aufgezogen und mit einer Rakel festgedrückt.

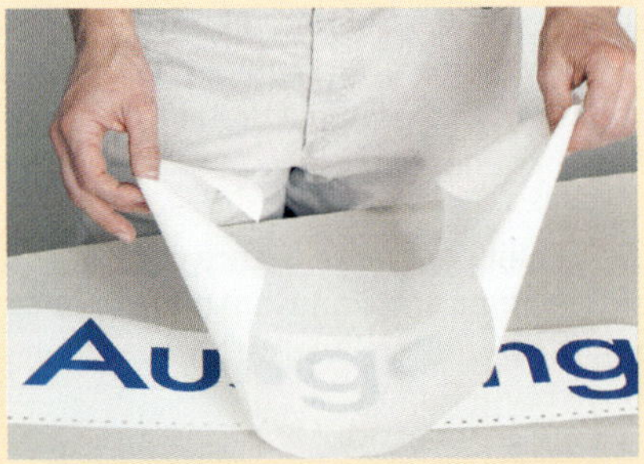

5. Meist ist es nötig, die Grundlinie und die linke und rechte Begrenzung der Schrift auf dem Trägerpapier einzuzeichnen.

6. Der Untergrund wird anschließend mit Spiritus oder Silikonentferner gereinigt und Unebenheiten beseitigt.

7. Dann kann die Schrift auf der Fläche ausgerichtet werden. Dazu legt man die Folie samt Trägerpapier und Übertragungsfolie entsprechend der Vorlage aus und fixiert nach nochmaliger optischer Kontrolle die einzelnen Teile mit den überstehenden Teilen der Übertragungsfolie.

8. Die Schriftzüge werden dann umgeklappt und das Trägerpapier vorsichtig abgezogen.

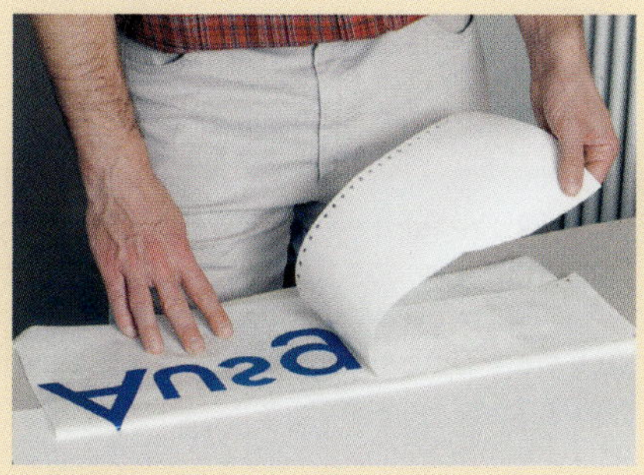

9. Nun kann man die Folie langsam auf dem Untergrund abrollen, wobei man darauf achten muss, dass keine Blasen entstehen. Bei harten Untergründen ist eine Korrektur möglich. Bei weichen Untergründen, z. B. Karton, lässt sich die Lage der Klebebuchstaben nicht mehr ändern.

Bei sehr kleinen Beschriftungsteilen kann man auch die vom Trägerpapier befreite Folie direkt auf den Untergrund auflegen.

10. Wenn der komplette Schriftzug auf dem Untergrund aufliegt streift man mit einer Rakel von innen nach außen über das Trägerpapier. Dabei ist darauf zu achten, dass keine Falten und Luftblasen in der Folie kommen.

11. Die Übertragungsfolie wird im spitzen Winkel abgezogen. Sollte sich die Folie vom Untergrund abheben muss nochmals „nachgerakelt" werden.

12. Zum Schluss muss kontrolliert werden, ob keine Teile verloren gegangen sind und alles richtig platziert ist. Vorhandene Luftblasen können mit einer feinen Nadel aufgestochen werden. Anschließend ist die Folie vorsichtig anzudrücken.

1 Folienbeschriftung

2 Handskizze

Ergänzende Hinweise
Bei größerer Fläche der Folie oder bei sehr exakt ausgerichteten Mehrfarbenbeschriftungen (Abb. 1) ist es besser, die Beschriftung nass aufzuziehen. Dazu wird der Untergrund mit einem Wasser-Netzmittelgemisch besprüht und die Folie anschließend direkt aufgelegt.

Die Folie schwimmt zunächst auf dem Wasserfilm und kann so noch korrigiert werden. Anschließend wird mit einer Rakel das Wasser – zunächst mit wenig Druck – von innen nach außen gedrückt. Anschließend wird mit stärker werdendem Druck weitergearbeitet, bis alle Luftblasen nach außen geschoben sind. Nach einiger Zeit ist das Wasser verdunstet und die Folie haftet fest auf dem Untergrund.

4.9 Darstellungsverfahren

Bevor mit der Arbeit begonnen werden kann, muss man eine genaue Vorstellung haben, wie das Objekt am Ende aussehen soll.

Im Beratungsgespräch muss dem Kunden ein möglichst deutlicher Eindruck vom neu gestalteten Raum oder der Fassade vermittelt werden.

Dazu gibt es verschiedene Darstellungsmöglichkeiten, die mehr oder weniger aufwändig sind.

4.9.1 Skizze

Eine Skizze ist eine freihändig gezeichnete Darstellung eines Raumes, Objektes oder einer Fassade. Mit einer Skizze lassen sich viele Dinge leichter erklären als mit Worten.

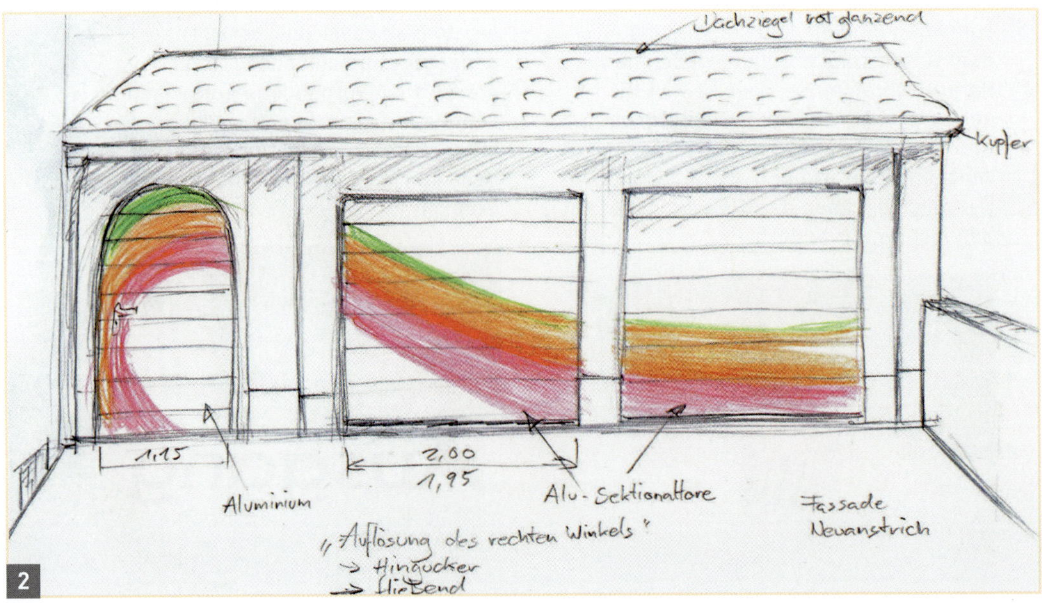

Die Skizze braucht nicht maßstabsgetreu zu sein, allerdings sollten die Größenverhältnisse einigermaßen eingehalten werden.

Eine Skizze wird angefertigt, um die Form und das Aussehen der zu bearbeitenden Flächen zu erfassen. Es können in die Skizze auch Maße eingezeichnet werden, die als Grundlage für die Flächen- und Mengenberechnung dienen. Dazu können die Gedanken notiert werden, die im Laufe eines Beratungsgespräches geäußert wurden.

Eine dreidimensionale Skizze ist am eindruckvollsten; Voraussetzung dafür ist aber, dass man die Grundregeln der Zentralpunkt- und Fluchtpunktperspektive kennt.

4.9.2 Entwurf

Auf der Grundlage einer Skizze wird schließlich ein Entwurf erstellt. Wie viel Aufwand dafür betrieben wird hängt von der Art und Größe des Auftrags ab.

Mit dem Entwurf werden meist verschiedene Gestaltungsalternativen dargestellt, sodass der Kunde eine Vorstellung vom späteren Aussehen bekommt und sich fundiert für eine Gestaltung entscheiden kann.

Manuelle Darstellungsverfahren
Einen guten, anschaulichen Entwurf mit Pinsel und Farbe zu erstellen, erfordert großes handwerkliches Geschick und viel Übung.

Es werden meist Aquarellfarben, Temperafarben, spezielle Dispersionsfarben oder Künstler-Acrylfarben verwendet. Mit diesen werden maßstäbliche Bleistift- oder Tuschezeichnungen auf Papier oder Karton farbig ausgelegt.

Es können auch Originalmaterialien (z. B. Tapeten, Bodenbeläge, Stoffe) als Collage aufgeklebt werden, um den Zusammenhang der einzelnen Materialien und Strukturen zu verdeutlichen.

Einen Gestaltungsentwurf auf diese Weise herzustellen, erfordert viel Zeit und ist meist sehr aufwändig. Die Anzahl der Variationen ist deshalb begrenzt. Allerdings erzeugen sorgfältig gemalte, ausdrucksstarke Entwürfe einen professionellen Eindruck beim Kunden und vermitteln auch das handwerkliche Können des Malers.

3 Ein mit Farbe und Pinsel erstellter Entwurf

1 **Programm-Screenshot zur Objektgestaltung**

Digitale Darstellungsverfahren
Farbentwürfe werden häufig am Computer erstellt. Dazu werden Fotos des Gebäudes oder Raumes mit Hilfe einer entsprechenden Software so eingefärbt, dass ein realistischer Eindruck entsteht. Es können auch Strukturen (z. B. Putz) oder Muster aufgebracht und Schriften platziert werden.

Farbentwürfe mit dem Computer sind relativ schnell erstellt. Man kann dem Kunden viele Gestaltungsalternativen zeigen und auch sofort auf Vorschläge reagieren. Bei schlechten Bildvorlagen muss allerdings zeitaufwändig nachgearbeitet werden.

In den Programmen sind die Farbpaletten der Farbhersteller enthalten. Man kann somit durch die Farbnummer der ausgewählten Farbe den entsprechenden Farbton als Beschichtungsstoff bestellen.

Man muss sich bewusst sein, dass die am Computer erzeugten Farben (additive Farbmischung) sich mit Pigmenten (subtraktive Farbmischung) nicht ganz exakt herstellen lassen und dadurch unter Umständen deutliche Unterschiede im Aussehen der Flächen entstehen (LF 9). Auch durch genauestes Abgleichen der Farbeinstellungen des Monitors und der Druckeinstellungen des Farbdruckers mit der Farbvorlage (Kalibrierung) können Abweichungen bei einzelnen Farben bestehen bleiben.

2 **Entwurf mit Hilfe eines Computers erstellt**

4.9.3 Räumliche Darstellung

Für Entwürfe werden die einzelnen Wände eines Raumes oder einer Fassade meist einzeln in der Abwicklung dargestellt. Dadurch geht aber der räumliche Eindruck verloren.

Um dies zu vermeiden, kann der Raum oder das Gebäude in dreidimensionaler Darstellung gezeichnet werden.

Eine Zeichnung hat gegenüber einer Fotografie den Vorteil, dass die Wirklichkeit idealisiert wird, d. h. störende und unwesentliche Dinge können weggelassen werden (z. B. parkende Autos, Laternenmasten). Außerdem können Räume nie vollständig mit einem einzigen Bild fotografiert werden, genauso wie die Sicht auf ein Gebäude häufig durch andere Gebäude oder Bewuchs versperrt ist.

Isometrie
Die Isometrie ist eine Parallelprojektion und wird vor allem für technische Zwecke verwendet. Es verlaufen hier alle Kanten, die in Wirklichkeit parallel sind, auch auf der Zeichnung parallel. Die nach hinten weggehenden Linien werden in einem Winkel von 30° gezeichnet. In der isometrischen Zeichnung können überall die wirklichen Maße – im Maßstab verkleinert – eingezeichnet werden. Somit ist diese Zeichnungsart sehr gut für die Planung eines Auftrags geeignet. Allerdings wirkt die Isometrie bei einer größeren Tiefe des dargestellten Objekts unrealistisch, weil die hinteren Teile zu groß erscheinen.

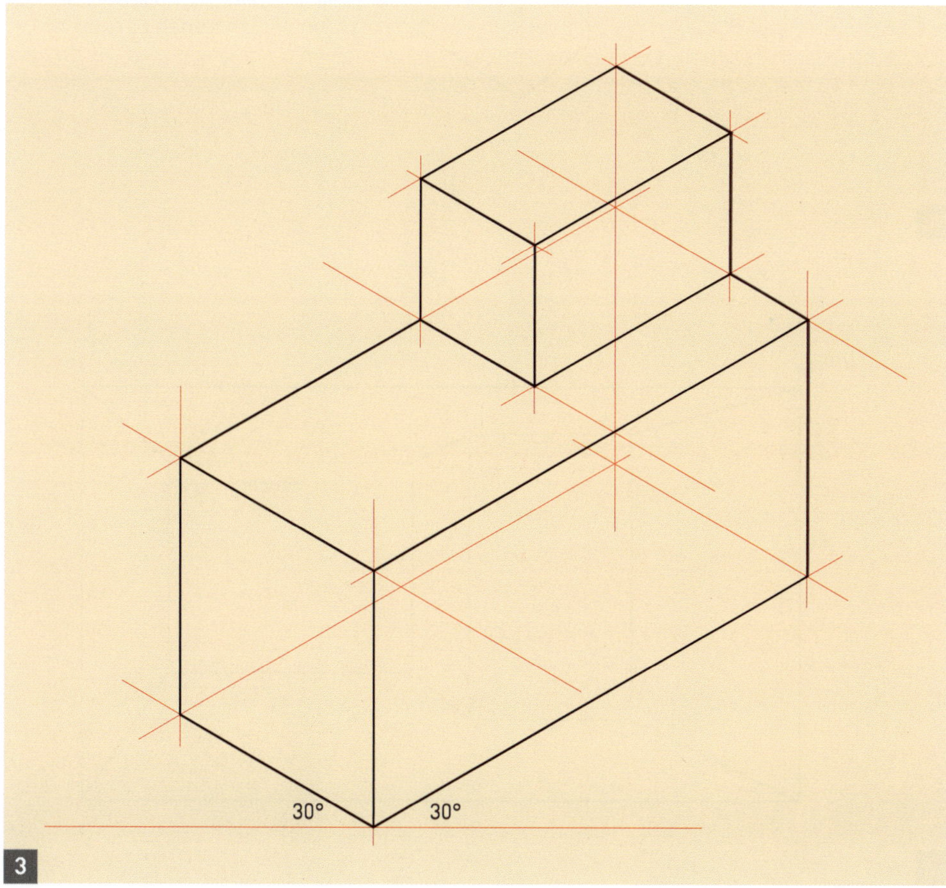

3

3 Isometrische Darstellung

1 Fluchtpunktperspektive mit zwei Fluchtpunkten

2 Zentralpunktperspektive

Fluchtpunktperspektive

Wenn man versucht, das menschliche dreidimensionale Sehen möglichst genau auf ein zweidimensionales Blatt zu übertragen stellt man fest, dass alle parallelen Linien, die vom Betrachter weg laufen, sich in einem Punkt treffen. Diesen Punkt nennt man den Fluchtpunkt. Steht das gezeichnete Objekt schräg zum Betrachter, entstehen zwei oder sogar drei Fluchtpunkte (→ LF 9).

Eine in Fluchtpunktperspektive gezeichnete Darstellung sieht sehr realistisch aus. Wenn aber alle Details eingezeichnet und genau konstruiert werden, ist sie sehr aufwändig herzustellen. Außerdem kann man aus dieser Darstellung Maße nur sehr schwer entnehmen, da die nach hinten laufenden Strecken sich progressiv verkürzen.
Ein Beispiel für eine zentrale Fluchtpunktperspektive zeigt die Abb. 2.

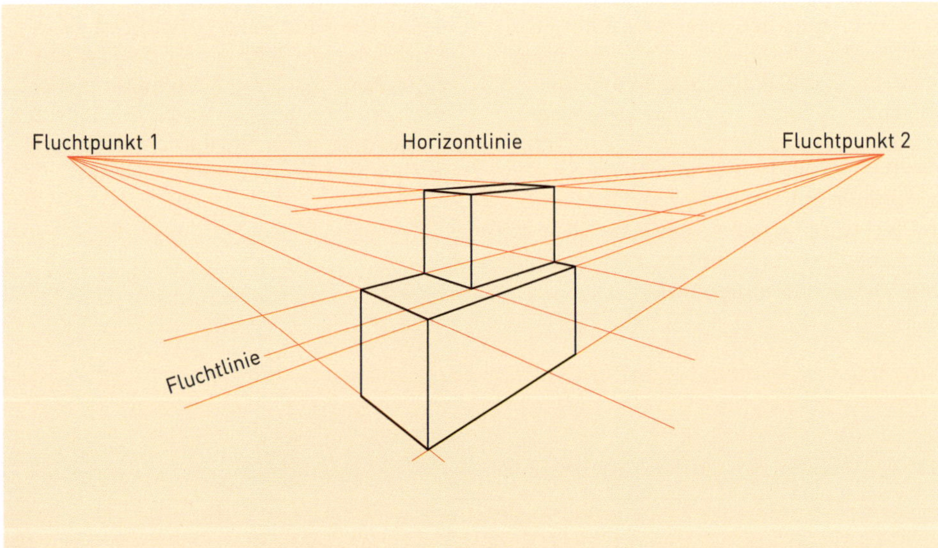

1

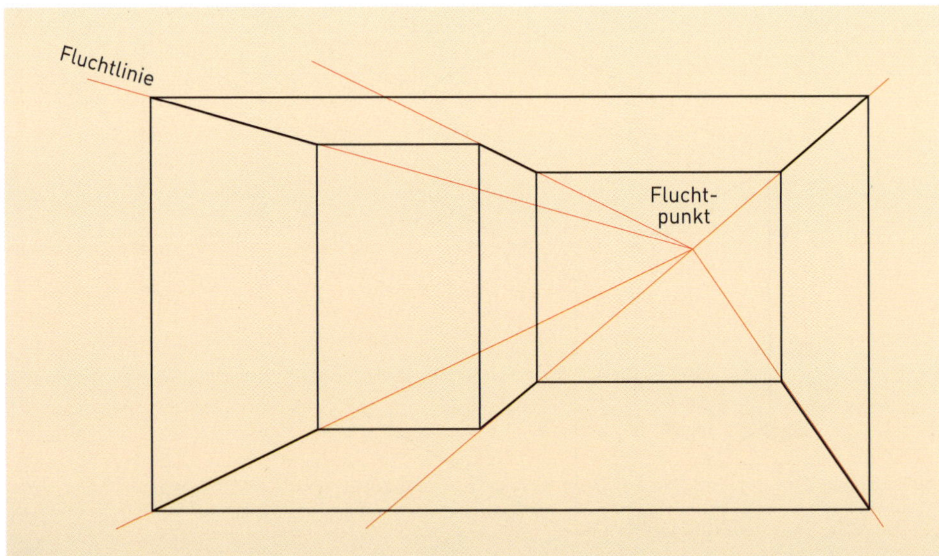

2

Aufgaben

1. Aus welchen Farben wird bei der additiven Farbmischung Gelb gemischt?

2. Mit welchen Begriffen kann man eine Farbe eindeutig beschreiben?

3. Beschreiben Sie die Farbe mit der NCS-Zahl S 50 20 – R 70 B.

4. Wieso muss man bei einer farbigen Gestaltung eines Raumes die Farbtemperatur und die Farbwiedergabestufen der vorhandenen Lichtquellen beachten?

5. Nennen Sie die Kennzeichen einer Antiqua-Schrift.

6. Auf eine Putzfläche soll eine 2,50 m hohe Beschriftung aufgebracht werden. Begründen Sie, welches Beschriftungsverfahren hier sinnvoll ist.

7. Wie kann man einen Schriftzug hervorheben?

8. Wodurch wird der Abstand der Buchstaben bei einem Wort bestimmt?

9. Beschriftungen werden oft mit Klebefolie aufgebracht. Nennen Sie die Gründe, die für dieses Beschichtungsverfahren sprechen.

10. Nennen Sie die Schritte zur Erstellung einer Beschriftung mit Klebefolie.

11. Welchen Vorteil hat die Darstellung einer Parallelperspektive gegenüber einer Fluchtpunktperspektive?

12. Für welche Art von Beschriftung ist das Aufpausen am besten geeignet?

13. Welche Vorteile bietet die Erstellung eines Farbentwurfs mit einem Computer im Vergleich zu einem manuell erstellten Entwurf?

14.

Tragen Sie im Wort „Gestaltung" die Fachbegriffe der Schriftgestaltung ein.

Lernfeldübergreifend

→ Präsentationstechniken und
→ Kundenorientierung

Präsentationstechniken

Um die eigenen Arbeitsergebnisse zu präsentieren, gibt es mehrere Techniken.

Die Qualität einer Präsentation hängt davon ab, ob es dem Präsentierenden gelingt, die Ergebnisse klar und verständlich zu vermitteln. Deshalb ist es notwendig, sich vorher über die Ziele im Klaren zu sein: Was sollen die Zuhörer im Anschluss an die Präsentation wissen, behalten und verstanden haben? Im Folgenden wird ein Leitfaden für drei Präsentationstechniken vorgestellt.

Vortrag

Bei der Vorbereitung und beim Halten eines erfolgreichen Vortrags sollten Sie vier Arbeitsschritte einhalten.

1. Informationsbeschaffung

- Legen Sie für sich das Ziel des Vortrags als Ausgangspunkt fest.
- Beschaffen Sie sich Informationen mit Hilfe aller verfügbaren Mittel, z. B.: Schulbücher, Lexika, Zeitschriften, Technische Merkblätter, Tabellenbücher, Firmenbroschüren, Bibliotheken, Internet.

2. Erarbeitung

- Wählen Sie die wesentlichen Informationen aus und überlegen, welche Aussagen für Ihre Zuhörer von Interesse sein könnten.
- Denken Sie daran, sämtliche verwendeten Fachbegriffe und Inhalte zu erklären. Ihre Zuhörer wissen viel weniger über das Thema als Sie.
- Erstellen Sie eine Gliederung, in der Sie die ausgewählten Informationen in eine logische Reihenfolge bringen.
- Strukturieren Sie den Vortrag in Einleitung, Hauptteil und zusammenfassenden Schluss.
- Verfassen Sie Stichworte für Ihren Vortrag und schreiben Sie diese z. B. auf einer Karteikarte nieder.
- Bereiten Sie ein Papier mit den Kernaussagen des Vortrags für Ihre Mitschüler vor.

3. Vortrag ausführen

- Reden Sie laut und deutlich, in kurzen, klaren Sätzen.
- Sprechen Sie sehr langsam und machen Sie Pausen, wenn ein neuer Abschnitt erfolgt.
- Nennen Sie zu Beginn das Thema, das Ziel und den Aufbau Ihres Vortrags.
- Sichern Sie sich die Aufmerksamkeit Ihrer Zuhörer, indem Sie Blickkontakt halten und sie durch Fragen miteinbeziehen.

1 Vortrag

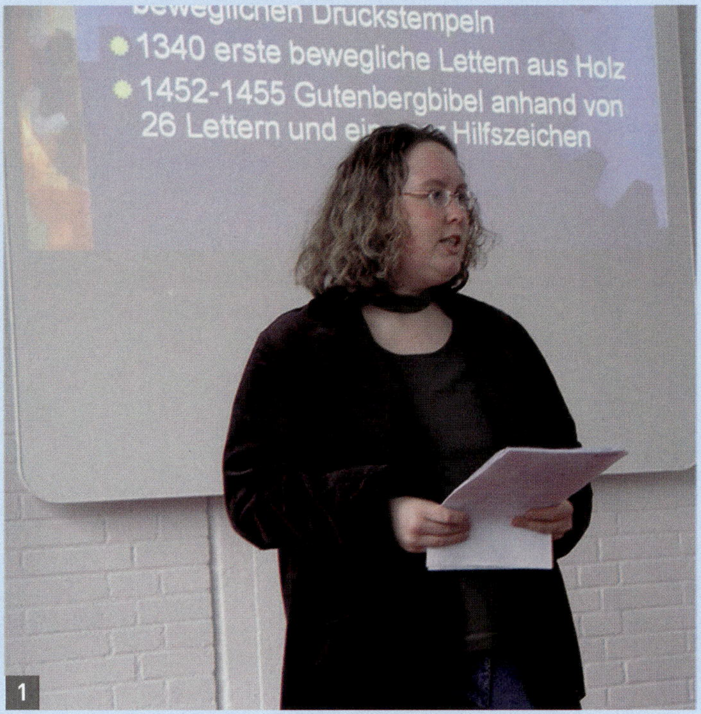

4. Auswertung

- Wiederholen Sie die wichtigsten Ergebnisse.
- Stellen Sie abschließende Fragen zum Verständnis.
- Bitten Sie Ihre Zuhörer, Fragen hinsichtlich unklarer Inhalte an Sie zu richten.
- Teilen Sie bei Bedarf ein Handout (Handsatz) aus.

Plakat

Um Ergebnisse bildlich darstellen zu können, bietet sich die Gestaltung eines Plakats an.

1 Schema für einen Plakataufbau

Sollen die Inhalte eines Plakats wahrgenommen werden und zum Lesen einladen, müssen bei dessen Erstellung einige Regeln beachtet werden.

1. Überschrift, Thema

- Formulieren Sie eine kurze Überschrift aus maximal sieben Wörtern.
- Schreiben Sie sauber und leserlich, mit großer Schrift.

2. Inhalt

- Wählen Sie die wichtigsten (Fach-)Begriffe zum Thema aus.
- Bringen Sie diese in eine sinnvolle Reihenfolge.
- Formulieren Sie zu jedem Begriff kurze, einfache und präzise Sätze.
- Verzichten Sie auf Abkürzungen, schreiben Sie alles aus.
- Bilden Sie aus den zusammenhängenden Einheiten gemeinsame Blöcke.
- Teilen Sie das Blatt übersichtlich auf.
- Verwenden Sie freie Flächen als Gestaltungselemente und halten Sie Ränder ein, sodass ca. ein Drittel der Plakatfläche frei bleibt.

3. Schrift

Achten Sie bei der Schriftwahl besonders auf die Lesbarkeit durch Verwendung von:

- einer ausreichenden Schriftgröße,
- nicht mehr als 2 Schrifttypen,
- Druckschrift (keine Schreibschriften),
- Groß- und Kleinbuchstaben,
- serifenloser Schrift.

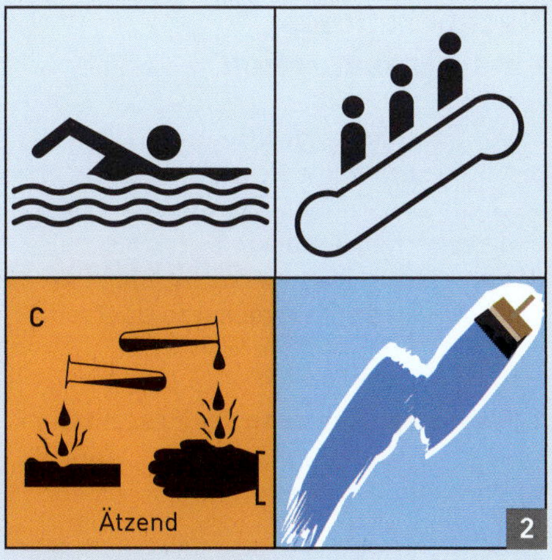

2

2 Piktogramme

4. Farbe und Form

- Betonen Sie nur wirklich Wichtiges durch Unterstreichungen, Umrahmungen, Schraffur, Farbe oder Ähnliches.
- Wählen Sie maximal zwei bis drei unterschiedliche Farbtöne und Hervorhebungen. Weniger ist mehr!
- Wählen Sie für zusammengehörende Sachverhalte stets dieselben Farben oder Formen.
- Verdeutlichen Sie komplizierte Sachverhalte mit Hilfe von Symbolen, Piktogrammen oder Grafiken (Abb. 2).

5. Abschluss (Visualisierung)

Überprüfen Sie abschließend die Deutlichkeit indem sie sich im Abstand von mindestens 3 m vor das Plakat stellen und es auf Lesbarkeit überprüfen.

Folie und Overheadprojektor

Mit der Präsentation von Overheadfolien kann ein Vortrag oder ein komplizierter Sachverhalt unterstützt werden. Ein Vorteil des Overheadprojektors besteht darin, dass Sie Blickkontakt zu den Zuhörern halten können, ihnen also nie den Rücken zudrehen müssen.

Damit Ihre Zuhörer beim Präsentieren mit Hilfe von Folien die Informationen schnell lesen und erfassen können, sollten Sie nachstehende Dinge beachten:

- Erklären Sie kurz was auf der Folie zu sehen ist, ohne lediglich die Folieninhalte vorzulesen.
- Zeigen Sie mit einem (Zeige)stift auf der Folie, nicht an der Projektionswand, worüber Sie gerade sprechen.
- Machen Sie ein bis zwei Sekunden Pause, bevor Sie eine neue Folie auflegen.
- Beschränken Sie sich pro Folie auf maximal auf fünf Kernaussagen.
- Gliedern Sie Texte durch Gruppierungen, Rahmen, Pfeile, Farben oder Ähnliches. Beachten Sie dabei die Regeln der Plakatherstellung.
- Vergewissern Sie sich im Vorfeld, ob Ihre Zuhörer die Folieninhalte deutlich erkennen können, und korrigieren Sie gegebenenfalls die Lage oder Schärfe der Folie.

3

3 Präsentation am Overheadprojektor

1 Konstruktive Kritik der Zuhörer

Nachbereitung einer Präsentation

In der abschließenden Reflexionsphase erhalten sowohl die Präsentierenden, als auch die Zuhörenden Gelegenheit, über den Lernerfolg zu reden. Durch dieses Verfahren wird klar, ob das Ziel der Präsentation erreicht wurde.

1. Eigene Einschätzung der Präsentation

- Was hat gut geklappt?
- Was lief nicht so gut, und worin lagen die Ursachen dafür?
- Wie kann man die Probleme beim nächsten Mal umgehen?
- Waren Sie in der Lage, die Fragen der Zuhörer zu beantworten?
- Besteht Zufriedenheit mit dem Ergebnis der eigenen Präsentation?

2. Einschätzung der Zuhörenden

- Konnten Sie den Inhalten folgen?
- Gab es zu viele oder zu wenige Fachinformationen?
- Wurden die Inhalte durch bildliche Darstellungen vereinfacht?
- Haben Ihnen Wortwahl und Körpersprache gefallen?
- Machen Sie Vorschläge, was beim nächsten Mal besser gemacht werden könnte.
- Werden Sie bei Ihren Empfehlungen niemals persönlich, sondern üben Sie ausschließlich konstruktive Kritik.

Kundenorientierung

Orientierung der Arbeit am Kunden

Jeder Maler- und Fahrzeuglackiererbetrieb lebt davon, dass der Kunde, an den er seine Leistung verkauft, zufrieden ist. Die Zufriedenheit ergibt sich aus unterschiedlichen Aspekten:

- Ergebnis der Arbeit,
- Ablauf und Organisation der Arbeit,
- Preis,
- nach dem äußeren Erscheinungsbild,
- Freundlichkeit der Mitarbeiter,
- Termintreue,
- Sauberkeit.

Der Kunde nimmt den Betrieb meist als Ganzes wahr, d. h. das Gesamtbild des Betriebes muss in allen Aspekten zur Ausrichtung des Betriebes passen. So müssen z. B. in einem Lackiererbetrieb, der hochwertige Designlackierungen durchführt, die Arbeiter entsprechend gekleidet sein, und die Sauberkeit der Werkstatt muss auf einem hohen Niveau liegen.

Dies bedeutet auch, dass alle Mitarbeiter auf jeder Hierarchiestufe (vom Hilfsarbeiter bis zum Chef) sich gemäß des betrieblichen Selbstverständnisses verhalten müssen.

Ablauf eines Kundenauftrags

Der Abwicklung eines Auftrags erfolgt nach einer Grundstruktur, die in vielen Gesetzen und Verordnungen festgelegt ist. Je nach Umfang und Bedeutung des Auftrags werden einzelne Schritte mehr oder weniger genau geplant und durchgeführt. Bei Standardaufträgen, z. B. Reparaturlackierung eines Kratzers an einem PKW, ist der Ablauf so selbstverständlich, dass die einzelnen Schritte im täglichen Ablauf gar nicht mehr unterschieden werden können.

Wesentliche Schritte beim Ablauf eines Kundenauftrages

■ Anfrage des Kunden
Üblicherweise geht die Initiative zu einer handwerklichen Leistung vom Kunden aus, d. h., der Kunde fragt beim Betrieb an, ob dieser eine bestimmte Arbeit an einem Objekt ausführen kann. Seltener tritt der Betrieb, dann meist im Rahmen einer Werbeaktion, an den Kunden heran und bietet ihm eine ganz gezielte Leistung an.

■ Besprechung und Beratung
Hier wird das Objekt genau geprüft, um zu entscheiden, was technologisch sinnvoll und möglich ist. Es können auch Vorschläge zur Farbgestaltung gemacht werden, die dann in entsprechenden Entwürfen präzisiert werden. Natürlich wird hier auch über den Preis gesprochen, die hier gemachten Angaben sind allerdings noch unverbindlich. Außerdem wird der Zeitraum der Ausführung und Fertigstellung der Arbeiten festgelegt.

Bei größeren Objekten müssen meist mehrere Besprechungen stattfinden, bis eine eindeutige Lösung gefunden ist.

■ Kalkulation und Angebot
Der Unternehmer kalkuliert nun auf der Basis der in der Besprechung getroffenen Absprachen alle notwendigen Arbeitsschritte, die notwendigen Materialen und Werkzeuge, die Arbeitszeit und die Anzahl der einzusetzenden Arbeiter.

Er errechnet daraus einen Preis für diesen Auftrag. Danach wird ein Angebot erstellt und dem Kunden zugeschickt. Ein Muster für ein Angebot zeigt die Abb. auf S. 140.

1 **Angebot, Beispiel**

Malermeister Jahn

GUT - SCHNELL - ZUVERLÄSSIG

Malermeister Jahn, Hauptstraße 2, 12346 Großstadt

Familie
Hans Mustermann
Gartenweg 10
12345 Musterhausen

Malerarbeiten aller Art
Trockenbau
Gerüstbau
Bodenbeläge

10.07.2009

Angebot – Erneuerungsanstrich der Garagentore

Sehr geehrter Herr Mustermann,

wir bedanken uns für Ihre Anfrage und bieten Ihnen die gewünschte Malerarbeit für den Erneuerungsanstrich der zwei Garagentore im Gebäude Gartenweg 10 wie folgt an:

Die Beschichtungsfläche beträgt 19,50 m².

1.	Vorhandenen Rost bis 30 % der Fläche von Hand mit Drahtbürste oder Maschine gründlich entfernen.	€	64,50
2.	Die gereingte Fläche zweimal mit einem Korrosionschutz-Grundbeschichtungsstoff beschichten.	€	107,60
3.	Eine Schlussbeschichtung mit Alkydharzlackfarbe, mittlerer Glanz, RAL 9010 reinweiß, auftragen.	€	101,20
	Gesamt Netto	€	273,30
	Mehrwertsteuer 19 %	€	51,93
	Gesamt Brutto	**€**	**325,23**

Wir hoffen, dass Ihnen unser Angebot zusagt.

Mit freundlichen Grüßen

H. Jahn

Horst Jahn

Malermeister Jahn GmbH
Hauptstr. 2
12346 Großstadt
Geschäftsführer Horst Jahn
UST.IdNr. DE 250 734 288

Tel. 0101-909318
Fax: 0101-909317
E-Mail: info@maler-meister-jahn.de
Internet: www.maler-meister-jahn.de

Handelsregister Nr. 987543
Volksbank Großstadt
Konto Nr. 10 101 000
BLZ 789 120 30

■ **Auftragserteilung**
Wenn der Kunde dem Angebot zustimmt, gilt der Auftrag als erteilt. Die Zustimmung kann mündlich oder schriftlich durch Unterschrift erfolgen.

■ **Arbeitsplanung**
Der Chef kann nun die eigentliche Arbeit planen. Er muss sich ggf. zunächst mit den anderen Gewerken (z. B. Elektriker, Bodenleger) absprechen, um einen reibungslosen Ablauf zu sichern. Er teilt dann seine Mitarbeiter ein und legt den zeitlichen Rahmen für die einzelnen Schritte fest. Außerdem muss noch Material in der benötigten Menge bestellt werden.
Die Mitarbeiter sollten möglichst genau über den Auftrag informiert werden.

■ **Ausführung der Arbeit**
Die Handwerker erscheinen zum vereinbarten Termin beim Kunden. Sie stellen sich vor und gehen mit ihm noch einmal alle auszuführenden Arbeiten durch. Anschließend richten sie die Baustelle ein, d. h., sie lagern die benötigten Materialien und Werkzeuge an einer geeigneten Stelle und decken alle Bauteile und Möbel ab, die beschmutzt werden könnten.
Nun werden die abgesprochenen Arbeiten entsprechend der Planung ausgeführt. Zum Schluss werden alle Abdeckmaterialien entfernt und sämtliche Verschmutzungen beseitigt, sodass die Baustelle in einem sauberen Zustand verlassen wird.

■ **Abnahme**
Nach Beendigung der Arbeiten schaut sich der Kunde zusammen mit dem Chef oder einem beauftragten Gesellen die durchgeführten Arbeiten an. Wenn der Kunde keine Einwände hat, gilt die erstellte Leistung als abgenommen. Wenn der Kunde berechtigte Mängel feststellt, müssen diese kostenlos behoben werden.

■ **Rechnungsstellung**
Der Unternehmer stellt nun die Rechnung über die ausgeführten Arbeiten aus, dabei darf der Endpreis den Angebotspreis nicht wesentlich übersteigen.

■ **Bezahlung**
Nachdem der Kunde den Rechnungsbetrag bezahlt hat, ist der Auftrag endgültig abgeschlossen.

Verhalten beim Kunden

Der Kunde hat von Anfang an bestimmte Vorstellungen vom Betrieb, bei dem er um eine bestimmte Leistung anfragt. Diese Vorstellung entsteht vor allem durch das angebotene Leistungsspektrum, aber auch durch den Ruf, den ein Betrieb hat und dem Eindruck, der durch das äußere Erscheinungsbild des Betriebs erzeugt wird.

Jeder Mitarbeiter trägt durch sein Verhalten und sein Äußeres zu einem positiven oder negativen Eindruck vom Betrieb bei. Einige Verhaltensregeln sollten dabei auf jeden Fall beachtet werden:

- Man sollte sich immer um eine freundliche Sprache und eine offene Körpersprache bemühen (→ Seite 142), auch wenn man unter Druck steht und der Kunde selbst unsympathisch oder aggressiv ist.
- Die Begrüßung ist der Einstieg zu einer guten Kundenbeziehung. Ein saloppes „Hallo" wird von vielen Kunden als zu kumpelhaft empfunden, ebenso wie manch andere Begrüßungen, die unter Kollegen üblich sind. Wenn der Kunde in seiner Wohnung aufgesucht wird, sollte man ihn mit Handschlag begrüßen und sich mit Namen vorstellen.
- Besondere Beachtung sollte man auch in Berufen, bei denen Schmutz unvermeidbar ist, auf das saubere Erscheinungsbild legen. Eine einheitliche, in regelmäßigen Abständen gewechselte Arbeitskleidung sollte in einem Maler- und auch Fahrzeuglackiererbetrieb selbstverständlich sein. Zur Sauberkeit gehört auch, dass die Hände, und wenn nötig auch das Gesicht, regelmäßig gewaschen werden.
- Wenn man in der bewohnten Wohnung eines Kunden eine Renovierungsarbeit ausführt, sollte man sich immer bewusst sein, dass man in die Privatsphäre eines Menschen eindringt. Deshalb muss man sich entsprechend rücksichtsvoll verhalten.

Körpersprache

Positive Signale

Dem Kunden gegenüber sollte durch die Körpersprache Offenheit demonstriert werden. Er muss das Gefühl haben, ernst genommen zu werden. Dies wird durch das Aussenden von positiven Signalen erreicht, indem man ihm immer erneut in die Augen sieht, allerdings ohne ihn anzustarren. Die Armhaltung ist offen, d. h., nicht vor dem Oberkörper verschränkt. Der Abstand zum Gesprächspartner sollte ca. eine Armlänge betragen.
Das beste Signal ist ein freundliches Lächeln zur richtigen Zeit.

- Der Körper ist dem Gesprächspartner zugewandt.
- Der Blick ist freundlich.
- Blickkontakt mit dem Kunden halten, aber ihn nicht Anstarren.

- Die Armhaltung ist offen.
- Auch wenn etwas gezeigt wird, sollte der Oberkörper in Richtung des Gesprächspartners gedreht sein.

Negative Signale

Durch negative Signale wird dem Kunden signalisiert „ich verschließe mich, ich lasse Deine Gedanken und Wünsche nicht an mich heran“. Dies wird deutlich durch abwehrende Arm- und Handbewegungen sowie durch eine nach unten gerichtete Kopfhaltung und Mimik.
Bewegungen in Richtung des Kunden werden meist als aggressiv und aufdringlich empfunden.

- Der Körper ist vom Gesprächspartner abgewandt.
- Gesten in Richtung des Kunden.
- Hände werden in den Hosentaschen versteckt.

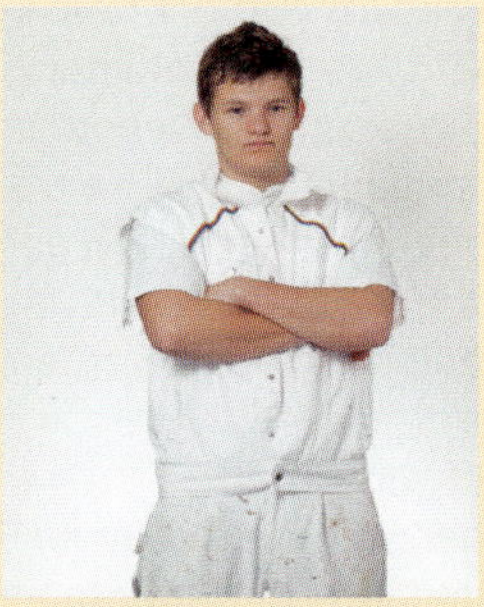

- Die Arme bauen eine Barriere auf.
- Der Blick ist abweisend.
- Der Oberkörper weicht vor dem Kunden zurück.

Kundentypen

Die meisten Kunden erwarten auch von einem Mitarbeiter eines Betriebes, dass er fachlich kompetent ist und bei entsprechenden Problemen Lösungen anbieten kann. Der Mitarbeiter muss dann in der Lage sein, den Kunden so zu beraten, dass dieser zufrieden ist und möglicherweise ein neuer Auftrag entsteht oder der bestehende Auftrag erweitert wird. Der Mitarbeiter sollte sich dabei auch im Klaren sein, dass die letztendliche Entscheidung immer beim Chef des Betriebes liegt.

Hilfreich ist hier die Zuordnung eines Kunden zu einem Kundentyp, damit man beim Umgang mit ihm angemessen kommunizieren kann. Selbstverständlich verhält sich selten ein Kunde ganz ausschließlich und eindeutig wie ein bestimmter Kundentyp, sondern meist steckt im Verhalten und den Einstellungen eines Kunden etwas von jedem Kundentyp, allerdings immer in verschiedenen Gewichtungen.

Unterschieden werden z. B. folgende Kundentypen:

- der Misstrauische,
- der Informierte,
- der Freundschaftliche,
- der Zufriedene.

Typ 1: Der Misstrauische

Er hat schon häufig schlechte Erfahrungen mit Handwerkern gemacht und hat sich erst nach langem Zögern dafür entschieden, den Auftrag zu vergeben. Er ist verunsichert, möchte aber alles im Griff haben. Daher kontrolliert er die Handwerker und die ausgeführten Arbeiten ganz genau und möchte die auszuführenden Arbeitsschritte ganz genau erklärt bekommen.

Man gewinnt bei einem solchen Kunden nur, wenn man in der Lage ist, die gestellten Fragen fachlich schlüssig zu erklären. Sein Misstrauen lässt sich allerdings nur beseitigen, wenn man zu den Punkten vordringt, die ihn so misstrauisch machen. Dies ist häufig nicht so einfach, da er die Kritik zu allem und jedem äußert.

Typ 2: Der Informierte

Er hat sich vor der Vergabe des Auftrags schon eingehend über alle anstehenden Arbeiten informiert und meint deshalb, dass er als Fachmann mitreden kann. Er versucht häufig zu bestimmen, welche Produkte verwendet werden sollen oder wie die Arbeitschritte auszuführen sind. Er kennt auch die entsprechenden Preise, die dafür üblich sind.

Seine Vorstellungen beruhen häufig auf Produktinformationen aus dem Internet, bei denen keine Nachteile genannt werden und noch keine langfristigen Erfahrungswerte vorliegen.

Man steht hier vor der Aufgabe, dem Kunden die negativen Seiten seiner Vorstellungen aufzuzeigen, ohne aber seine Kompetenz in Frage zu stellen. Die beste Strategie ist hier zu sagen „Sie haben im Prinzip völlig recht, aber bei Ihrem Auftrag..." Wenn der Informierte sich ernst genommen fühlt, ist er auch zu einem Kompromiss bereit, und gelegentlich kann so ein Kunde auch ein Anreiz sein, sich fachlich weiterzuentwickeln.

Typ 3: Der Freundschaftliche

Er ist daran zu erkennen, dass er schon am Anfang sehr freundlich grüßt. Er ist besorgt um die Handwerker und bietet oft etwas zum Essen und Trinken an.
Er hat selbst viel Zeit und unterhält sich mit den Handwerkern auch über private Dinge.

Da der freundschaftliche Kunde den Kontakt sucht und dadurch viel Zeit in Anspruch nimmt, verzögert sich häufig die auszuführende Arbeit.

Man muss versuchen, das Gespräch mit diesem an sich angenehmen Kundentyp abzukürzen, um nicht mit den Zeitvorgaben des Chefs in Konflikt zu kommen. Wenn die verlorene Zeit dem Kunden in Rechnung gestellt wird, könnte auch der freundschaftliche Kundentyp dies reklamieren.

Typ 4: Der Zufriedene

Dieser Kundentyp investiert wenig Zeit und Energie in seinen erteilten Auftrag. Er will, dass die Arbeiten möglichst zügig und mit wenigen Komplikationen erledigt werden. Er kontrolliert nur sehr oberflächlich und möchte nur das wichtigste darüber wissen.

Man sollte ihn nicht mit langen Erklärungen belästigen, sondern die notwendigen Informationen möglichst kurz und knapp liefern. Die Oberflächlichkeit des Kunden verleitet dazu, es mit der Ausführung der Arbeit nicht allzu genau zu nehmen. Man sollte aber auch hier die Arbeit in der gewohnt hohen Qualität abliefern, denn ein z.B. beschichtetes Gebäude oder Fahrzeug wird auch von vielen anderen Personen gesehen.

Maßnahmen zur Qualitätssicherung

In jedem Betrieb passieren Fehler und nicht immer sind die Abläufe optimal. Jeder Mitarbeiter – und auch der Chef – hat besondere Fähigkeiten aber auch Defizite in bestimmten Bereichen.

Ziel in jedem Betrieb sollte es ein, die Stärken zu fördern und die Schwächen zu beseitigen, damit die Qualität der Arbeit erhalten oder weiter erhöht werden kann. Es sollten die Fähigkeiten und Fertigkeiten der einzelnen Mitarbeiter richtig genutzt, aber auch Betriebsabläufe optimiert werden, sodass die aufgewendete Arbeitsleistung möglichst gut für die eigentliche Auftragsarbeit eingesetzt werden kann. Für größere Betriebe lohnt es sich, ein umfassendes Qualitätsmanagment einzuführen und sich dies nach DIN ISO 9000 zertifizieren zu lassen. Aber auch kleinere Handwerksbetriebe können durch einfache Maßnahmen erreichen, dass die Arbeit im Betrieb optimiert wird:

- Es sollte im Betrieb eine offene Atmosphäre vorhanden sein, in der jeder Mitarbeiter einen begangenen Fehler zugeben kann.
- Reklamationen müssen vorurteilsfrei analysiert werden. In jeder Reklamation steckt die Chance zu einer Verbesserung.
- Der Informationsfluss innerhalb des Betriebes sollte so sein, dass die Mitarbeiter selbständig und kompetent handeln können.
- Die Mitarbeiter sollten die Möglichkeiten haben, sich ständig weiterzubilden, damit der Betrieb mit der technologischen Weiterentwicklung Schritt halten kann.

Verhalten bei Reklamationsgesprächen

Eine besonders schwierige Situation für einen Mitarbeiter besteht, wenn sich ein Kunde über eine fehlerhafte Arbeit beschwert. Er braucht zum einen das entsprechende Fachwissen um beurteilen zu können, ob die Reklamation möglicherweise berechtigt ist. Er muss aber auch das Reklamationsgespräch so führen könenn, dass der Kunde zufrieden ist, aber trotzdem die Belange des Betriebes berücksichtigt sind.

Folgende Regeln können hier hilfreich sein:

- Man sollte versuchen, freundlich, sachlich und offen zu kommunizieren, auch wenn der Kunde aggressiv und unhöflich auftritt.
- Durch Nachfragen und gutes Zuhören kann man zusammen mit dem Kunden herausfinden, wo der Fehler genau liegt und wie er entstanden ist.
- Man kann dann das weitere Vorgehen vereinbaren.
- Der Chef und die Mitarbeiter müssen unverzüglich über die Reklamation informiert werden.

Der Geselle sollte sich immer bewusst sein, dass die Entscheidung über die Berechtigung der Reklamation und das weitere Vorgehen immer beim Chef liegt. Deshalb sollte er keine Zusagen machen oder vorschnell die Schuld an einer fehlerhaften Leistung eingestehen.

Aufgaben Präsentationstechniken

1. Was beachten Sie, wenn Sie Ihre Arbeitsergebnisse vor einer Gruppe vortragen?

2. Woran erkennen Sie, ob Ihre Präsentation gelungen ist?

3. In welche Hauptbestandteile sollte ein Plakat gegliedert sein?

4. Worauf ist bei der Wahl von Schriften für ein Plakat zu achten?

5. Wie viel Kernaussagen sollten maximal auf einer Folie stehen?

6. Geben Sie an, welche Fehler Sie auf der Folie in Abb. 1 entdecken und was für eine gute Präsentationsfolie zu ändern wäre.

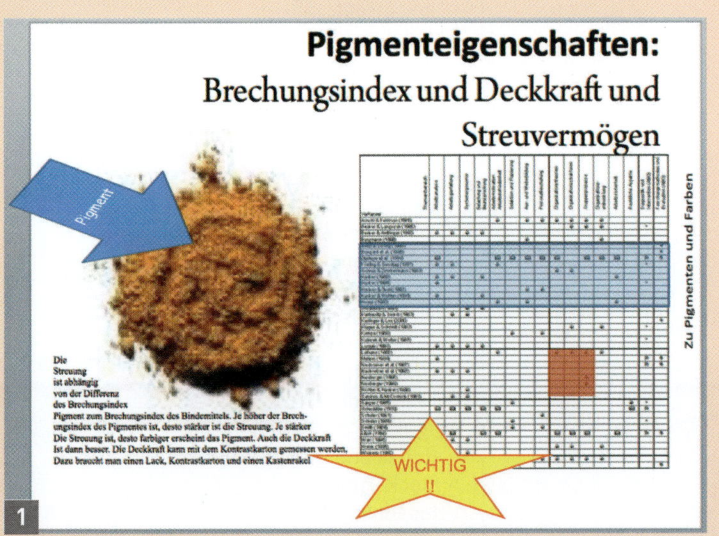

1 Beispiel einer schlecht gestalteten Folie

Aufgaben Kundenorientierung

1. Woraus ergibt sich die Zufriedenheit eines Kunden mit einem Betrieb? Ordnen Sie die verschiedenen Aspekte nach ihrer Wichtigkeit.

2. Nennen Sie drei Körpersignale, die beim Kundengespräch Offenheit und Freundlichkeit anzeigen.

3. Nennen Sie die Schritte zum Ablauf eines Kundenauftrages.

4. Bei welchen Schritten eines Kundenauftrags sind die Gesellen und Lehrlinge vor allem beteiligt?

5. Wie sollte man sich einem Kunden gegenüber verhalten, der sich genau über die auszuführenden Arbeiten informiert hat, immer wieder Fragen stellt und häufig vermeintliche Verbesserungsvorschläge macht.

6. Worauf müssen Sie achten, wenn Sie einen Kunden in dessen Wohnung zum Arbeiten aufsuchen?

Sachwortverzeichnis

G

H

U

V

W

Englische Übersetzungen: Martin Krojer, Uffing

Bildquellenverzeichnis

Verlag und Autoren danken den Firmen und Einzelpersonen für die Bereitstellung von Informationen und Abbildungen.

AKR GmbH, Östringen-Odenheim: 85.5;
Archiv für Kunst und Geschichte, Berlin: 8.2;
argum, München: 17.1;
Asian Art Museum, CA-San Francisco: 74.2;
Autorenteam Hannover, Hannover: 9.3, 18.1–3, 19.1, 19.2, 25.1, 25.2, 26.1, 26.2, 27.3, 28.1–3, 30.1–4, 33.1, 35.1, 36.1, 37.2, 37.3, 39.4, 40.1–4, 42, 45.1 (drei Bilder), 46.1, 47.2, 48.2, 49.4, 49.5, 53.3, 54.2 (zwei Bilder), 55.3 (vier Bilder), 55.4 (vier Bilder), 57.2, 72.1, 73 (alle), 77 (3d–e), 79.5, 80.1, 80.2, 82.1–8, 84.1, 84.2, 89 (alle), 90.3–4, 91.5–9, 93.3, 96, 115.4–5, 123.2, 134, 135.1, 137.3, 138.1, 145.1;
BASF, Ludwigshafen: 38.2;
Bettermann, Antje, Wendhausen: 86.3;
Bildarchiv Preußischer Kulturbesitz, Berlin: 8.1, 75.6;
BilderBox, Breitbrunn: 64 (Erwin Wodicka);
BMW AG, München: 59.4;
Brillux GmbH, Münster: 86.2;
Crawford Hafa, Wennigsen: 13.1;
Daimler Chrysler, Stuttgart: 75.5;
Dempf, Markus, Buchloe: 7.1, 104.2, 105.3, 121.2, 124.1, 125.3, 128.1–2, 129.3, 130.1–2;
Deutsches Kupferinstitut, Düsseldorf: 18.4;
DIN Deutsches Institut für Normung, Berlin: 104.1;
Druwe & Polastri, Cremlingen: 108.5–7, 126–127 (alle Bilder), 142 (alle Bilder);
DVA, Stuttgart: 99.2 (Otmar Guckenberger);
Eberhardt, Armin, Ulm: 63.3;
F1 Online, Frankfurt am Main: 12.1;
Filmakademie Baden-Württemberg, Ludwigsburg: 112.1–3, 113.4. 113.5;
Finkenzeller, Bernhard (München): 85.5j, 86.1, 124.2;
Führ & Stenkel GmbH, Bechhofen: 85.8, 85.9;
Fullhaus Marketing + Welny, Neutraubling: 94;
Goethezeitportal Gesellschaft, München: 103.4;
GUD, Braunschweig & Fox-Fotoagentur, Lindlar: Titel; Model: Sebastian Albus, Bergisch-Gladbach;
Günzburger Steigtechnik GmbH, Günzburg: 92.2;
Hauptverband Farbe Gestaltung Bautenschutz, Frankfurt am Main: 123.1;
Inobjekt Bürogestaltung, Wiesbaden: 65, 67;
Institut Feuerverzinken GmbH, Düsseldorf: 19.3;
Karl Dahm GmbH, Seebruck: 86.1;
Kube GmbH, Marktoberdorf: 19.4;
Kroppach, Harry, Mainz: 63.4;
licht.de, Frankfurt am Main: 110.1;
Maxit Deutschland GmbH, Breisach: 52.1 (alle);
Mesko Pinsel GmbH, Wieseth: 5.1, 77.3 (a–c);
OSRAM GmbH, München: 108.1–4;
pixelquelle.de: 6.1;
Prondzinski, Sandra, Wendeburg: 90.2;
RS Farbroller System, Baienfurt: 73.2;
SATA GmbH & Co KG, Kornwestheim: 4.1, 39.5, 39.6, 75.7;
Scandinavian Colour Institute, S-Stockholm: 105.4, 106.1, 106.2;
Sehestedter Naturfarben, Sehestedt: 74.3;
Sprachenzentrum Erfurt, Erfurt: 103.6;
Stefan-Markierungen.de: 125.4;
Steffen, Andrea, Braunschweig: 85.7, 85.10, 85.11;
Ströver Schellack, Bremen: 74.4;
Tapofix GMbH & Co KG, Wolfsburg: 85.6;
Trend Massivhaus, Magdeburg: 43.1, 44 (alle);
TÜV NORD, Hannover: 60 (oben links);
TV Versandshop: 92.1;
VITRULAN Textilglas GmbH, Marktschorgast: 84.4;
Wagner Group, Markgraf: 86.4;
Wirtschaftsministerium Baden-Württemberg, Stuttgart: 38.1, 39.3;
Wolk Gruppe AG, Wuppertal: 79 (linke Spalte).

Gefahrstoffverordnung: Kennzeichnungsschilder für gefährliche Stoffe

GefStoffV: 2006-07

Lfd. Nr.	Erklärung
1	Gefahrensymbol
2	Gefahrenbezeichnung
3	Stoffbezeichnung
4	Gefahrenhinweise (R-Sätze)
5	Sicherheitsratschläge (S-Sätze)
6	Name und Anschrift des Herstellers/Lieferanten

Die Kennzeichnungsschilder müssen haltbar (z. B. lösemittel- und säurefest), deutlich und von bestimmter Größe sein.

	Rauminhalt des Gebindes	
	0,25 ... 3 l	3 ... 50 l
Mindestgröße Kennzeichnungsschild	52 mm × 74 mm	74 mm × 105 mm
Mindestgröße Gefahrensymbol	20 mm × 20 mm	28 mm × 28 mm

Gefahrstoffverordnung: Sicherheitsratschläge (S-Sätze)

Satz-Nr.	Bedeutung
S1	Unter Verschluss aufbewahren
S2	Darf nicht in die Hände von Kindern gelangen
S3	Kühl aufbewahren
S4	Von Wohnplätzen fernhalten
S5	Unter ... aufbewahren (geeignete Flüssigkeit vom Hersteller anzugeben)
S6	Unter ... aufbewahren (inertes Gas vom Hersteller anzugeben)
S7	Behälter dicht geschlossen halten
S8	Behälter trocken halten
S9	Behälter an einem gut gelüfteten Ort aufbewahren
S12	Behälter nicht gasdicht verschließen
S13	Von Nahrungsmitteln, Getränken und Futtermitteln fernhalten
S14	Von ... fernhalten (inkompatible Substanzen sind vom Hersteller anzugeben)
S15	Vor Hitze schützen
S16	Von Zündquellen fernhalten – Nicht rauchen
S17	Von brennbaren Stoffen fernhalten
S18	Behälter mit Vorsicht öffnen und handhaben
S20	Bei der Arbeit nicht essen und trinken
S21	Bei der Arbeit nicht rauchen
S22	Staub nicht einatmen
S23	Gas/Rauch/Dampf/Aerosol nicht einatmen (geeignete Bezeichnung(en) vom Hersteller anzugeben)
S24	Berührung mit der Haut vermeiden
S25	Berührung mit den Augen vermeiden
S26	Bei Berührung mit den Augen gründlich mit Wasser abspülen und Arzt konsultieren
S27	Beschmutzte, getränkte Kleidung sofort ausziehen
S28	Bei Berührung mit der Haut sofort abwaschen mit viel ... (vom Hersteller anzugeben)
S29	Nicht in die Kanalisation gelangen lassen
S30	Niemals Wasser hinzugießen
S33	Maßnahmen gegen elektrostatische Aufladungen treffen
S34	Schlag und Reibung vermeiden
S35	Abfälle und Behälter müssen in gesicherter Weise beseitigt werden
S36	Bei der Arbeit geeignete Schutzkleidung tragen
S37	Geeignete Schutzhandschuhe tragen
S38	Bei unzureichender Belüftung Atemschutzgerät anlegen
S39	Schutzbrille/Gesichtsschutz tragen
S40	Fußboden und verunreinigte Gegenstände mit ... reinigen (vom Hersteller anzugeben)
S41	Explosions- und Brandgase nicht einatmen
S42	Beim Räuchern/Versprühen geeignetes Atemschutzgerät anlegen (geeignete Bezeichnung(en) vom Hersteller anzugeben)
S43	Zum Löschen ... (vom Hersteller anzugeben) verwenden (wenn Wasser die Gefahr erhöht, anfügen: Kein Wasser verwenden)
S44	Bei Unwohlsein ärztlichen Rat einholen (wenn möglich, dieses Etikett vorzeigen)
S45	Bei Unfall oder Unwohlsein sofort Arzt zuziehen (wenn möglich, dieses Etikett vorzeigen)
S46	Bei Verschlucken sofort ärztlichen Rat einholen und Verpackung oder Etikett vorzeigen
S47	Nicht bei Temperaturen über ... °C aufbewahren (vom Hersteller anzugeben)
S48	Feucht halten mit ... (geeignetes Mittel vom Hersteller anzugeben)
S49	Nur im Originalbehälter aufbewahren
S50	Nicht mischen mit ... (vom Hersteller anzugeben)
S51	Nur in gut gelüfteten Bereichen verwenden
S52	Nicht großflächig für Wohn- und Aufenthaltsräume zu verwenden
S53	Exposition vermeiden – vor Gebrauch besondere Anweisungen einholen

Gefahrstoffverordnung: Beseitigungsratschläge (E-Sätze)

Satz-Nr.	Bedeutung
E1	verdünnen, in den Ausguss geben
E2	neutralisieren, in den Ausguss geben
E3	in den Hausmüll geben (gegebenenfalls in Kunststoffbeutel [Stäube])
E4	als Sulfid fällen
E5	mit Calcium-Ionen fällen, dann E1 oder E3
E6	nicht in den Hausmüll geben
E7	nicht in den Müll geben, der in einer Verbrennungsanlage verbrannt wird, nach E8 verfahren
E8	der Sondermüllbeseitigung zuführen (Adresse zu erfragen bei Kreis- oder Stadtverwaltung)
E9	in kleinsten Portionen im Freien verbrennen
E10	in gekennzeichneten Glasbehältern „Organische Abfälle" sammeln, dann E8
E11	als Hydroxid fällen (ph 8), Niederschlag nach E8
E12	nicht in die Kanalisation gelangen lassen
E13	aus der Lösung mit unedlerem Metall (z. B. Eisen) als Metall abscheiden
E14	Recycling-geeignet (Recyclingunternehmen zuführen)
E15	Mit Wasser vorsichtig umsetzen, evtl. frei werdende Gase verbrennen oder absorbieren oder stark verdünnt ableiten
E16	entsprechend den „Beseitigungsratschlägen für besondere Stoffe" beseitigen

Gefahrstoffverordnung: Kennzeichnung gefährlicher Stoffe

GefStoffV: 2006-07

Gefahrenbezeichnung; Gefahrensymbol	Kennbuchstabe; Hinweise auf besondere Gefahren	Gefahrenbezeichnung; Gefahrensymbol	Kennbuchstabe; Hinweise auf besondere Gefahren	Gefahrenbezeichnung; Gefahrensymbol	Kennbuchstabe; Hinweise auf besondere Gefahren
Sehr giftig 	**T+** (T: toxic) R26 R27 R28 R39	Reizend 	**Xi** (X: für Andreaskreuz i: irritating) R26 R37 R38 R41 R43	Brandfördernd 	**O** (O: oxidizing) R8 R9 R11
Giftig 	**T** (T: toxic) R23 R24 R25 R39 R48	Hochentzündlich 	**F+** (F: flammable) R12	Explosionsgefährlich 	**E** (E: explosive) R2 R3
Gesundheitsschädlich 	**Xn** (X: für Andreaskreuz n: noxious) R20 R21 R22 R40 R42 R48	Leichtentzündlich 	**F** (F: flammable) R11 R12 R13 R15 R17	Krebserzeugend 	**T** (T: toxic) R45
Ätzend 	**C** (C: corrosive) R34 R35	Umweltgefährlich 	**N** (N: nocious) R54 R55 R56	Fruchtschädigend 	**T** (T: toxic) R47

Gefahrstoffverordnung: Hinweise auf besondere Gefahren (R-Sätze)

Hinweis	Bedeutung
R1	In trockenem Zustand explosionsgefährlich
R2	Durch Schlag, Reibung, Feuer oder andere Zündquellen explosionsgefährlich
R3	Durch Schlag, Reibung, Feuer oder andere Zündquellen besonders explosionsgefährlich
R4	Bildet hochempfindliche explosionsgefährliche Metallverbindungen
R5	Beim Erwärmen explosionsfähig
R6	Mit und ohne Luft explosionsfähig
R7	Kann Brand verursachen
R8	Feuergefahr bei Berührung mit brennbaren Stoffen
R9	Explosionsgefahr bei Mischung mit brennbaren Stoffen
R10	Entzündlich
R11	Leichtentzündlich
R12	Hochentzündlich
R13	Hochentzündliches Flüssiggas
R14	Reagiert heftig mit Wasser
R15	Reagiert mit Wasser unter Bildung leichtentzündlicher Gase
R16	Explosionsgefährlich in Mischung mit brandfördernden Stoffen
R17	Selbstentzündlich an der Luft
R18	Bei Gebrauch Bildung explosionsfähiger/leichtentzündlicher Dampf-Luftgemische möglich
R19	Kann explosionsfähige Peroxide bilden
R20	Gesundheitsschädlich beim Einatmen
R21	Gesundheitsschädlich bei Berührung mit der Haut
R22	Gesundheitsschädlich beim Verschlucken
R23	Giftig beim Einatmen
R24	Giftig bei Berührung mit der Haut
R25	Giftig beim Verschlucken
R26	Sehr giftig beim Einatmen
R27	Sehr giftig bei Berührung mit der Haut
R28	Sehr giftig beim Verschlucken
R29	Entwickelt bei Berührung mit Wasser giftige Gase
R30	Kann bei Gebrauch leicht entzündlich werden
R31	Entwickelt bei Berührung mit Säure giftige Gase
R32	Entwickelt bei Berührung mit Säure sehr giftige Gase
R33	Gefahr kumulativer Wirkungen
R34	Verursacht Verätzungen
R35	Verursacht schwere Verätzungen
R36	Reizt die Augen
R37	Reizt die Atmungsorgane
R38	Reizt die Haut
R39	Ernste Gefahr irreversiblen Schadens
R40	Irreversibler Schaden möglich
R41	Gefahr ernster Augenschäden
R42	Sensibilisierung durch Einatmen möglich
R43	Sensibilisierung durch Hautkontakt möglich
R44	Explosionsgefahr bei Erhitzung unter Einschluss
R45	Kann Krebs erzeugen
R46	Kann vererbbare Schäden verursachen
R47	Kann Missbildungen verursachen
R48	Gefahr ernster Gesundheitsschäden bei längerer Exposition